CECÍLIA MACDOWELL DOS SANTOS
(Org.)

A Mobilização Transnacional do Direito

Portugal e o Tribunal Europeu
dos Direitos Humanos

A MOBILIZAÇÃO TRANSNACIONAL DO DIREITO: PORTUGAL E O TRIBUNAL EUROPEU DOS DIREITOS HUMANOS

ORGANIZAÇÃO
Cecília MacDowell dos Santos

AUTORES
Ana Cristina Santos | Cecília MacDowell dos Santos | Ireneu Cabral Barreto | Jayme Benvenuto
Loveday Hodson | Madalena Duarte | Mikael Madsen | Rodrigo Deodato de Souza Silva
Teresa Maneca Lima

REVISOR
Victor Ferreira
EDITOR
EDIÇÕES ALMEDINA, S.A.
Rua Fernandes Tomás, n.os 76, 78 e 80 – 3000-167 Coimbra
Tel.: 239 851 904 · Fax: 239 851 901
www.almedina.net · editora@almedina.net
DESIGN DE CAPA
FBA.
PAGINAÇÃO
Jorge Sêco
IMPRESSÃO E ACABAMENTO
PAPELMUNDE, SMG, LDA.
Vila Nova de Famalicão

Outubro, 2012
DEPÓSITO LEGAL
349715/12

Os dados e as opiniões inseridos na presente publicação são da exclusiva responsabilidade do(s) seu(s) autor(es).
Toda a reprodução desta obra, por fotocópia ou outro qualquer processo, sem prévia autorização escrita do Editor, é ilícita e passível de procedimento judicial contra o infrator.

 GRUPOALMEDINA

BIBLIOTECA NACIONAL DE PORTUGAL – CATALOGAÇÃO NA PUBLICAÇÃO

SANTOS, Cecília MacDowell dos, e outros

A Mobilização Transnacional do Direito /
Org. Cecília MacDowell dos Santos
ISBN 978-972-40-4619-8

CDU 316
     34

ÍNDICE

PREFÁCIO   9
José Manuel Pureza

INTRODUÇÃO: A mobilização transnacional do direito e a reconstrução
dos direitos humanos   13
Cecília MacDowell dos Santos

PARTE 1 – O TEDH: do Surgimento à Jurisprudência

CAPÍTULO 1 – O surgimento do tribunal de direitos humanos progressista:
o TEDH e a transformação da Europa   31
Mikael Madsen

CAPÍTULO 2 – O TEDH e Portugal: 30 anos de uma relação   55
Ireneu Cabral Barreto

CAPÍTULO 3 – Normas e decisões do Tribunal Europeu e da Corte Interamericana
de Direitos Humanos: aproximações comparativas em matéria de direitos
económicos, sociais e culturais   93
Jayme Benvenuto e Rodrigo Deodato de Souza Silva

PARTE 2 – A Rotinização da Litigância Transnacional

CAPÍTULO 4 – Portugal e o TEDH: um retrato da litigação transnacional   115
Cecília MacDowell dos Santos e Teresa Maneca Lima

CAPÍTULO 5 – Da morosidade ao acesso aos tribunais: casos contra Portugal
no TEDH   143
Teresa Maneca Lima

CAPÍTULO 6 – Entre a honra e o direito a informar: redefinir a liberdade
de expressão e imprensa   169
Teresa Maneca Lima e Cecília MacDowell dos Santos

PARTE 3 – Os Direitos Humanos entre Mobilizações Sociais e Judiciais

CAPÍTULO 7 – Direitos humanos e movimentos sociais em Portugal:
apropriação, ressignificação e des/politização   193
Ana Cristina Santos

CAPÍTULO 8 – Estados de impunidade: o papel das ONG na denúncia das violações
graves e sistemáticas da Convenção Europeia dos Direitos Humanos   215
Loveday Hodson

CAPÍTULO 9 – Homoparentalidade e uso dos tribunais: a reconstrução dos direitos
humanos no caso Silva Mouta   239
*Cecília MacDowell dos Santos, Ana Cristina Santos, Teresa Maneca Lima
e Madalena Duarte*

CAPÍTULO 10 – Fazer ondas nos mares da justiça: dos direitos das mulheres
aos direitos humanos das ONG   265
Cecília MacDowell dos Santos e Madalena Duarte

NOTA SOBRE OS AUTORES   295

LISTA DE GRÁFICOS E TABELAS

Gráficos

3.1 Casos contenciosos julgados pelo TEDH (1959-2010)   97
4.1 Queixas apresentadas contra Portugal, 1997-2007   123
4.2 Julgamentos das queixas apresentadas contra Portugal, 1997-2007   124
4.3 Caracterização da pessoa requerente, 1997-2007   126
4.4 Autor/a do processo nacional   128
4.5 Réu no processo nacional   128
4.6 Tipo de disputa no processo nacional, segundo a caracterização jurídica   129
4.7 Tipo de conflitualidade social subjacente à disputa no processo nacional   130
4.8 Direitos humanos violados, 1997-2007   131
4.9 Queixas apresentadas no TEDH, segundo os direitos humanos violados   132

4.10 Tipologia da conflitualidade social no TEDH, 1997-2007   134
4.11 Tipologia da conflitualidade social no TEDH, por subcategoria   136
4.12 Os denunciados na queixa contra Portugal   136
4.13 Tentativa de conciliação entre o Estado Português e a parte requerente   137
4.14 Decisão do TEDH sobre violação da CEDH   138
5.1 Queixas apresentadas no TEDH, segundo os direitos humanos violados   151
5.2 Tipologia da Morosidade   152
6.1 Queixas apresentadas no TEDH, segundo os direitos humanos violados, 1997-2007   176

Tabelas

3.1 Casos contenciosos julgados pela Corte IDH, por país (1980-2010)   98
3.2 Casos contenciosos julgados pelo TEDH, por país (1959-2010)   99

PREFÁCIO

José Manuel Pureza

A Europa, enquanto quadro de referência da identidade dos países que dela fazem parte, tem no Conselho da Europa um dos seus pilares mais importantes. Infelizmente, um pilar quase ignorado por uma opinião pública rotinada na convicção de que construção europeia é somente sinónimo de construção de um mercado comum, relegando tudo o mais para um estatuto residual. A Europa do Conselho da Europa não é isso. Criado para defender o património comum dos europeus – e em especial a democracia e os direitos humanos –, o Conselho da Europa tem dado expressão a esse propósito, quer no plano normativo, quer no plano da progressiva construção de uma cultura cívica partilhada. Naquela primeira dimensão cabe evidente destaque para a adoção da Convenção Europeia de Direitos Humanos e dos seus protocolos adicionais, para além de uma série de outros textos jurídicos, quer formalmente vinculativos dos Estados que os ratificam, quer dotados de uma efetiva influência prática no modo de agir dos governos e dos outros atores sociais. Na segunda das dimensões referidas, deve ser sublinhado o trabalho desenvolvido pela Comissão Europeia dos Direitos Humanos (até à adoção do Protocolo XI) e do Tribunal Europeu dos Direitos Humanos, enquanto instituições garantes da aplicação da Convenção Europeia. A jurisprudência do Tribunal tem vindo a moldar, de facto, quase sempre no sentido do reforço, o espaço da liberdade e da defesa dos direitos dos cidadãos e cidadãs da Europa. Contra as diferentes expressões da *raison d'État*, contra a inércia ou a opacidade dos poderes públicos, contra o cerceamento da liberdade por conveniências políticas de momento, o Tribunal Europeu dos Direitos Humanos tem sido uma referência nas lutas nacionais pela liberdade e pelos direitos.

É essa referência, essa utilização da Convenção e do trabalho do Tribunal como argumentos estratégicos essenciais nas lutas desenvolvidas por diferentes campos das sociedades nacionais europeias – ou seja, a mobilização social deste direito – que é analisada neste livro. Ao contrário do que uma compreensão formalista faria supor, o relacionamento entre o direito (nacional ou internacional) e as lutas sociais pelo reconhecimento da dignidade não se esgota no binómio tudo ou nada, ou seja, não se confina à alternativa entre vinculação jurídica (das normas por imperativo constitucional, das decisões judiciais pela aplicação do princípio do primado dos precedentes) e ausência de obrigação. A influência de textos como a Convenção Europeia ou de decisões como as do Tribunal Europeu vai muito além da dimensão formal e passa sobretudo pelo desenho, progressivamente mais apurado, de interpretações e de entendimentos dos direitos que vão definindo, à medida que se sedimentam na cultura das instituições e dos movimentos sociais, um contorno e um conteúdo de cada direito e de cada liberdade em permanente diálogo com a capacidade de argumentação e de pressão social dos diferentes atores a eles referenciados.

Sabemos bem que os direitos humanos são sempre muito mais do que aquilo que o direito diz deles. A relação entre direito e direitos humanos supera em muito uma relação de justaposição e coincidência. O direito é apenas uma das ferramentas para o reconhecimento e a aplicação dos direitos. A montante e a jusante do direito, a força dos direitos humanos tem muitas outras condicionantes. Mas engana-se quem pensar que o direito é irrelevante ou até inevitavelmente adverso para a ampliação do espaço dos direitos e a afirmação de uma agenda da dignidade contra todos os entendimentos hegemónicos que os espartilham e limitam. A história de tantos direitos – dos direitos das mulheres aos direitos dos trabalhadores e trabalhadoras, passando pelos direitos ambientais ou pelos direitos de diversidade cultural e social – mostra-nos que o uso sábio do direito, muitas vezes voltando-o contra os interesses sociais que o geraram ou confrontando-os com as contradições que uma aplicação plena desse seu direito lhes provoca, é uma arma poderosíssima.

A mobilização transnacional do direito constitui um elemento essencial da afirmação de uma proteção internacional dos direitos humanos que supere os limites de uma conceção liberal, individualista e legalista dos direitos. O uso do direito e das instituições internacionais tem provado poder ser um fator de afirmação dessa legalidade cosmopolita alternativa em benefício das pessoas e dos povos. Como é óbvio, a mobilização do direito tanto é operada por atores que têm hegemonia na definição da agenda económica e social global como por outros que vão abrindo espaços de contestação e dinâmicas de contra-hegemonia. A capacidade de cada um desses campos sociais para essa mobilização em escala transnacional é naturalmente muito diferente, como muito diferentes são os resultados obtidos por cada um deles. Mas importa trazer ao debate público as condições, os procedimentos e os constrangimentos de uma mobilização social transnacional do direito vocacionada para dar corpo a um entendimento mais denso e, sobretudo, mais transformador dos direitos.

É, por isso, outra Europa que não a de cidadãos docilmente aquietados pelos *diktats* dos poderes políticos, económicos ou financeiros aquela que se exprime nas páginas deste livro. Em boa hora.

INTRODUÇÃO

A MOBILIZAÇÃO TRANSNACIONAL DO DIREITO
E A RECONSTRUÇÃO DOS DIREITOS HUMANOS

Cecília MacDowell dos Santos

Este livro aborda um tema atual e relevante que tem sido pouco estudado em Portugal, nomeadamente a mobilização transnacional do direito no campo dos direitos humanos, com enfoque na forma como o Tribunal Europeu dos Direitos Humanos (TEDH) é utilizado no contexto europeu e português. O livro baseia-se nos principais resultados de um projeto de investigação sobre Portugal e o TEDH, realizado no Centro de Estudos Sociais da Universidade de Coimbra.[1] Além de apresentar e analisar esses resultados, o livro inclui contribuições dos consultores do projeto.[2]

Desde o início da década de 1990, temos vindo a assistir à crescente globalização das instituições jurídicas, com a reforma dos tribunais em diversos países e com a criação e o fortalecimento de tribunais internacionais (Jenson e Santos, B.S., 2000; Garth, 2008). Ao mesmo tempo, assistimos a uma crescente mobilização do direito internacional dos direitos humanos por parte de indivíduos, empresas e organizações não-governamentais (ONG), um fenómeno que alguns juristas designam por «litigância transnacional» (Slaughter, 2003). Esse fenómeno inclui a transnacionalização da litigância para lidar com conflitos de natureza tanto comercial quanto relativos aos direitos humanos. As mudanças

---

[1] Este projeto de investigação, intitulado «Reconstruindo direitos humanos pelo uso transnacional do direito? Portugal e o Tribunal Europeu dos Direitos Humanos», foi financiado pela Fundação para a Ciência e Tecnologia (FCT FCOMP-01-0124-FEDER-007551). Os resultados do projeto encontram-se publicados no Relatório Final (Santos, C.M. *et al.*, 2010).

[2] Agradeço a valiosa contribuição dos coautores, com quem tive a oportunidade de travar um diálogo enriquecedor sobre o TEDH e a mobilização dos direitos humanos, aprendendo com as suas diferentes perspetivas de análise. Agradeço à Fundação para a Ciência e Tecnologia, que financiou o projeto em que se baseia este livro. Um agradecimento especial é devido a Victor Ferreira, revisor do livro e tradutor dos Capítulos 1 e 8, e ao Centro de Estudos Sociais da Universidade de Coimbra pelo apoio institucional que permitiu a realização deste trabalho. Estou grata também a Teresa Henriques pela inspiração e motivação em todas as fases de organização deste livro.

do direito no contexto da globalização geram perguntas sobre os objetivos, as estratégias, os fatores condicionantes e os efeitos da mobilização transnacional do direito para a promoção e a proteção dos direitos humanos em escalas local, nacional, regional e internacional.

Num sentido amplo e numa perspetiva sociojurídica, a «mobilização do direito», também denominada de «mobilização jurídica», refere-se em geral ao uso do direito dentro e fora dos tribunais. O uso judicial ou extrajudicial do direito pode ser de caráter individual ou coletivo. Para além do «uso» do direito, a mobilização jurídica pode referir-se, ainda, aos processos sociais e jurídicos de significação e conscientização dos direitos individuais e coletivos (McCann, 2008). Portanto, a mobilização do direito (mobilização jurídica) é mais ampla do que a litigância (mobilização judicial), incluindo, por exemplo, o uso individual e coletivo dos tribunais, mobilizações na esfera legislativa, lutas em torno da aplicação das leis, projetos educativos com enfoque no conhecimento das leis e dos tribunais, modos de resolução de conflitos dentro e fora das instituições do Estado. Os objetivos da mobilização jurídica e da litigância não se restringem, necessariamente, à obtenção de uma reparação por danos individuais. Os mobilizadores do direito, dentro ou fora dos tribunais, podem ter como objetivo a ressignificação dos direitos humanos, a constituição de «novos» sujeitos de direitos humanos e/ou a promoção mais ampla de transformações sociais, culturais, políticas, jurídicas e/ou económicas.

A mobilização «transnacional» do direito refere-se, por sua vez, às mobilizações do direito que vão além das fronteiras do Estado-nação, a exemplo do uso do TEDH ou de outros tribunais supranacionais, como a Corte Interamericana de Direitos Humanos e o Tribunal Penal Internacional. As mobilizações sociais de âmbito nacional ou internacional que têm por objeto ou se valem de referenciais jurídicos supranacionais, tais como os movimentos sociais que incorporam em seu repertório de ação os valores, os ideais e as conceções globalizadas dos direitos humanos, também exemplificam ou se relacionam com práticas de mobilização *transnacional* do direito. De referir que esta mobilização ocorre num mundo cada vez mais globalizado e marcado por múltiplas formas de pluralismo jurídico, onde diferentes ordens jurídicas interagem de maneira complexa e por vezes contraditória, no âmbito de uma mesma escala de atuação (local, nacional, regional ou internacional) ou num âmbito de ação interestatal e transescalar (Santos, B.S., 2002), como é o caso da relação entre o TEDH e os Estados-parte da Convenção para a Proteção dos Direitos Humanos e das Liberdades Fundamentais (CEDH).

O TEDH foi criado em 1949 para implementar a CEDH. Em 1998, o TEDH foi reformado, substituindo a Comissão Europeia dos Direitos Humanos e o Tribunal dos Direitos Humanos, com o objetivo de lidar com os desafios advindos do novo contexto europeu de integração e globalização. Desde então, cidadãos europeus têm crescentemente enviado petições ao TEDH. No período de 1997--2007, por exemplo, foram registadas 1329 queixas contra Portugal no TEDH.

Portugal tornou-se membro do Conselho da Europa em 1976 e ratificou a CEDH através da Lei n.º 65, de 13 de outubro de 1978, embora estabelecendo uma série de reservas.[3] Somente em 1987 foi publicada a Lei n.º 12/87, que procedeu à eliminação da maioria das reservas feitas à CEDH em 1978. Tal como indicado em alguns relatórios de organizações internacionais, Portugal é um dos Estados-membro da União Europeia em que há um elevado índice de violação dos direitos humanos e de impunidade (Santos, A.C., 2005). Mas que tipo de violações à CEDH são alegadas nas queixas apresentadas contra Portugal junto do TEDH? Que tipo de mobilização transnacional do direito é levada a cabo por aqueles que usam o TEDH como um recurso para garantir o exercício dos seus direitos humanos em Portugal? A mobilização do TEDH enseja a ressignificação dos direitos humanos contemplados na CEDH? A mobilização do TEDH reflete uma cultura individualista e despolitizada dos direitos humanos? Ou esta mobilização transnacional do direito é articulada com lutas coletivas e movimentos sociais? Qual é a relação entre as mobilizações sociais e judiciais dos direitos humanos? Qual é o papel das ONG na mobilização do TEDH?

Não obstante alguns estudos doutrinais e análises jurídicas da jurisprudência relativa aos casos apresentados contra Portugal no TEDH (Silva, 1999; Barreto e Campos, 2004; Teixeira da Mota, 2009), não existem estudos sociojurídicos amplos e sistematizados sobre o uso deste tribunal no contexto português. Este livro procura preencher tal lacuna. A obra está dividida em três partes, que apresento de seguida, situando as análises dos autores no âmbito de determinadas abordagens jurídicas, sociológicas, políticas e antropológicas que podem ser identificadas nos estudos recentes sobre a mobilização transnacional do direito e dos direitos humanos em diferentes contextos regionais e nacionais.

---

[3] As reservas diziam respeito a matérias consideradas politicamente mais sensíveis, nomeadamente a incriminação e o julgamento dos agentes e responsáveis da PIDE, a prisão disciplinar dos militares, o monopólio estatal da televisão, a proibição do *lock-out*, o serviço cívico para objetores de consciência, a proibição de organizações fascistas, as expropriações e o ensino público e particular.

O TEDH: do surgimento à jurisprudência

A primeira parte do livro centra-se no surgimento e na jurisprudência do TEDH. Inclui três capítulos que contextualizam, a partir quer de uma perspetiva político-jurídica, quer de uma abordagem normativa e jurisprudencial, os capítulos que integram as duas partes subsequentes da obra, dedicadas a uma análise sociojurídica das mobilizações dos direitos humanos e do TEDH em Portugal e na Europa. O primeiro capítulo, de autoria de Mikael Madsen, aborda o surgimento do TEDH numa perspetiva histórica e política, mostrando a relevância deste tribunal na formação político-jurídica da União Europeia. O trabalho de Madsen insere-se num conjunto de estudos políticos que emergiu na década de 2000 sobre a criação e a aplicação das normas internacionais de direitos humanos. Esses estudos examinam as forças políticas que contribuem para a criação e a implementação das normas internacionais e regionais de direitos humanos, bem como as mudanças institucionais em diferentes contextos nacionais (Halliday e Schmidt, 2004). Inspiram-se no trabalho de cientistas políticas como Keck e Sikkink (1998) sobre as redes transnacionais de *advocacy* e nas análises, realizadas por Risse *et al.* (1999) no campo das relações internacionais, sobre o poder das normas internacionais de direitos humanos em promover mudanças em escala nacional.

Embora esta literatura esteja atenta às relações jurídicas transnacionais tanto numa perspetiva de «cima para baixo» (*top-down*) como «de baixo para cima» (*bottom-up*), os processos de *mobilização* e *ressignificação* dos direitos humanos por parte de indivíduos, associações civis e movimentos sociais tendem a ser ignorados. Há uma ênfase nos atores estatais e na *absorção, implementação* e *efetividade* das normas regionais e internacionais de direitos humanos por parte das instituições do Estado em cada contexto nacional. Contudo, a abordagem de Madsen no capítulo incluído neste volume, que tem por base trabalhos publicados anteriormente (entre eles, Madsen, 2004), desvia-se um pouco deste tipo de análise sobre os *efeitos* das normas, «de cima para baixo», nos sistemas estatais e jurídicos nacionais, na medida em que o autor examina as forças políticas e a ação da «diplomacia legal» que constituíram o TEDH em escalas nacional, regional e transnacional.

Os demais capítulos da primeira parte trazem uma abordagem normativa e jurisprudencial do TEDH. Ireneu Cabral Barreto, ex-juiz do Tribunal Europeu dos Direitos Humanos, analisa a relação entre Portugal e o TEDH no período de 30 anos, desde a década de 1980 até meados de 2011. A análise centra-se no impacto da jurisprudência do TEDH sobre os tribunais portugueses, nos artigos da CEDH mais invocados pelas queixas apresentadas contra Portugal, bem como nos acórdãos e decisões do TEDH relativamente aos casos que o autor considera mais significativos. De acordo com Barreto, os tribunais portugueses têm estado cada vez mais atentos à jurisprudência do TEDH. Nos últimos anos, as decisões destes tribunais têm vindo a invocar e a aplicar a CEDH. O artigo 6.º da CEDH, que se refere ao direito ao processo equitativo num prazo razoável, foi e continua sendo o principal objeto das queixas. Posteriormente, o artigo 8.º da CEDH, relativo ao direito à vida privada, tornou-se objeto de algumas queixas. O direito à liberdade de expressão, contemplado no artigo 10.º da CEDH, passou também a ser invocado e tem sido alegado frequentemente perante o TEDH nos últimos anos. A violação do direito de propriedade, garantido pelo artigo 1.º do Protocolo 1, tem sido objeto de diversas queixas contra Portugal. Tais queixas decorrem de atrasos no pagamento de indemnizações devidas em consequência das nacionalizações e expropriações após a Revolução de 25 Abril de 1974.

O capítulo de coautoria de Jayme Benvenuto e Rodrigo Deodato de Souza Silva também se vale de uma abordagem normativa e jurisprudencial do TEDH. Mas complementa o retrato jurisprudencial apresentado por Barreto ao examinar, numa perspetiva comparada, alguns acórdãos do TEDH e da Corte Interamericana de Direitos Humanos em matéria de direitos económicos, sociais e culturais. Os autores comparam o quadro normativo dos dois tribunais, bem como os conteúdos de quatro acórdãos selecionados para análise. De acordo com os autores, há uma menor aceitação das normas relacionadas com os direitos económicos, sociais e culturais, em comparação com os direitos civis e políticos, pelos Estados-parte das Convenções de Direitos Humanos tanto no contexto europeu como no interamericano. Apesar das limitações, existem possibilidades práticas da mobilização judicial dos direitos económicos, sociais e culturais. Todavia, os acórdãos em análise reduzem a discussão social de cada caso a princípios de igualdade que se aplicam aos direitos individuais em detrimento dos direitos coletivos. Nesse sentido, os dois sistemas regionais ainda não contemplam a indivisibilidade dos direitos humanos e a judiciabilidade plena dos direitos económicos, sociais e culturais.

A análise normativa e jurisprudencial desenvolvida por Barreto sobre o TEDH, e por Benvenuto e Silva sobre os tribunais europeu e interamericano dos direitos humanos, situa-se no âmbito dos estudos jurídicos contemporâneos sobre os sistemas internacionais e regionais de proteção dos direitos humanos. Embora tenham em conta as limitações do direito internacional dos direitos humanos, esses estudos sublinham a importância da jurisprudência internacional

A MOBILIZAÇÃO TRANSNACIONAL DO DIREITO

e do estabelecimento de sanções mais eficazes para a proteção dos direitos humanos (Cançado Trindade, 1997; Barreto, 2010).

A abordagem normativa e jurisprudencial dos direitos humanos é importante para o exame do desenvolvimento das normas do TEDH e de outras instituições internacionais e regionais de direitos humanos. Oferece também uma compreensão das transformações da jurisprudência e da doutrina de direitos humanos na Europa e em outros continentes. No entanto, esta abordagem, que utiliza uma definição legalista dos direitos humanos, não é suficiente para o exame das práticas de diferentes atores sociais que mobilizam o direito. O significado e a ressignificação dos direitos humanos não emanam apenas das normas e das decisões judiciais. A mobilização jurídica não se limita à litigância e pode nem mesmo incluir esta dimensão da mobilização do direito. Além disso, a mobilização jurídica pode contribuir para a reconstrução do significado das ideias, conceções e normas de direitos humanos, bem como para o reconhecimento e a conscientização dos sujeitos de direitos humanos.

A segunda e a terceira partes deste livro complementam as análises política, normativa e jurisprudencial do TEDH desenvolvidas nos capítulos que integram a primeira parte. Os capítulos 4 a 10 baseiam as suas análises numa abordagem sociojurídica crítica da mobilização jurídica transnacional e numa perspetiva antropológica da «prática dos direitos humanos entre o global e o local». De seguida apresento as principais características destas abordagens.

A mobilização jurídica dos direitos humanos «entre o global e o local»
Estudos sociojurídicos e críticos do direito têm dado especial atenção à temática da mobilização jurídica desde a década de 1970 (McCann, 2008). O principal debate centra-se na possibilidade do uso do direito como uma «arma no conflito social» (Turk, 1976). Alguns autores concebem o direito e o Estado como um instrumento necessariamente de controle e de dominação em favor dos interesses de grupos sociais e ideologias dominantes (Barkan, 2006). Outros autores analisam historicamente o papel do direito nas lutas sociais e consideram que este tem constituído uma alavanca para transformações sociais (McCann, 2004). Outros ainda, não obstante entenderem que o direito está enraizado no paradigma dominante e que, por isso, dificilmente pode servir propósitos transformadores na constituição de um novo paradigma jurídico--político e epistemológico, não deixam de reconhecer o seu potencial em lutas locais e transnacionais, desde que a mobilização jurídica seja articulada com a mobilização social e política (Santos, B.S., 2002; Duarte, 2011).

INTRODUÇÃO 19

A partir da década de 1990, os processos de globalização vieram influenciar esta literatura, que passou a examinar as relações entre o direito, os movimentos sociais e a globalização. A este respeito, podem ser identificadas duas principais perspetivas de análise da mobilização transnacional do direito. Primeiro, análises sobre os limites e as possibilidades do uso do direito pelos movimentos sociais que lutam contra os efeitos negativos da globalização neoliberal (Santos, B.S., 2002; Ragajopal, 2003; Santos, B.S. e Rodríguez-Garavito, 2005; Santos, C.M., 2007). Estas análises destacam o papel ambíguo e contraditório do direito e dos Estados na promoção e proteção dos direitos humanos. Embora a globalização neoliberal tenha transformado e, sob certos aspetos, diminuído o poder dos Estados, Boaventura de Sousa Santos (2002) sublinha que o direito internacional dos direitos humanos pode, apesar das suas limitações e contradições, ser utilizado pelos movimentos sociais para a promoção de uma cultura de direitos humanos que vá além de uma conceção liberal e individualista dos direitos. Contudo, Santos e Rodríguez-Garavito (2005) advertem que, para ser contra-hegemónico e constituir aquilo que designam por «legalidade cosmopolita subalterna», o uso do direito deve satisfazer as seguintes condições: a mobilização jurídica deve ser combinada com a mobilização política; as lutas sociais devem estar articuladas em diferentes escalas – local, nacional e internacional; os conflitos sociais devem ser politizados antes de serem legalizados; e os direitos humanos devem ser concebidos numa perspetiva coletiva, para além de uma visão individualista.

Em segundo lugar, na última década, novos estudos no âmbito do campo emergente da «antropologia dos direitos humanos» têm vindo a ocupar um lugar de destaque nos estudos sociojurídicos da mobilização jurídica transnacional. Esta literatura centra-se na «prática dos direitos humanos entre o global e o local» (Goodale e Merry, 2007). Incorpora a conceção de «legalidade cosmopolita subalterna» proposta por Santos e Rodríguez-Garavito (2005) e adota a análise discursiva dos direitos humanos desenvolvida por Baxi (2006). De acordo com Baxi (2006), as normas de direitos humanos são simultaneamente constituídas por, e constitutivas das, relações de poder saber, tanto incluindo como excluindo representações de diferentes necessidades sociais e de sujeitos de direitos humanos.

Na esteira de Baxi, a abordagem antropológica que informa os estudos sobre a «prática dos direitos humanos entre o global e o local» defende que a normatividade dos direitos humanos não deve ser presumida; ao contrário, esta normatividade deve ser objeto de investigação, sendo entendida como uma «categoria de análise» e um «campo de lutas discursivas» (Goodale, 2007: 8). O significado dos direitos humanos é criado e transformado através da «prática dos direitos humanos». Na definição de Goodale, «a prática dos direitos humanos descreve todas as maneiras pelas quais diferentes atores sociais falam sobre, lutam por, criticam, estudam, legalizam, vernacularizam, etc. a ideia de direitos humanos em suas diferentes formas» (2007: 24).[4] Nesta ampla definição da «prática dos direitos humanos» podemos incluir a mobilização jurídica e transnacional dos direitos humanos. A relação entre o global e o local é concebida aqui de uma maneira menos linear do que a visão apresentada pelos estudos políticos sobre a absorção e os efeitos das normas internacionais de direitos humanos nos espaços nacionais. A prática dos direitos humanos «entre o global e o local» não ultrapassa a dicotomia «global-local», mas problematiza esta dicotomia e possibilita uma análise mais acurada da interação entre culturas de direitos humanos produzidas em diferentes escalas da ação social, política e jurídica (Goodale, 2007: 13-14).

A perspetiva antropológica da «prática dos direitos humanos entre o global e o local» e as abordagens sociojurídicas críticas e discursivas dos direitos humanos têm, portanto, em comum uma ênfase nas lutas de poder entre diferentes atores, nomeadamente os Estados, as organizações internacionais, indivíduos, grupos sociais, organizações não-governamentais, movimentos sociais, empresas multinacionais, entre outros. Esses atores participam de diferentes maneiras e com objetivos variados na *definição*, *legalização* e *implementação* dos ideais, valores, princípios e normas de direitos humanos. Estas abordagens destacam, ainda, os significados ambíguos e contraditórios dos direitos humanos em diferentes contextos sociais, culturais e políticos. De um modo geral, no cerne dos estudos que adotam estas abordagens estão os discursos e as estratégias de atores sociais coletivos, donde uma ênfase no ativismo transnacional.

Os capítulos que integram a segunda e a terceira partes deste livro valem-se de uma perspetiva de análise crítica, discursiva e prática dos direitos humanos entre o global e o local, propondo-se compreender o tipo e o significado da mobilização jurídica transnacional no contexto europeu e português, e como esta mobilização contribui para a ressignificação dos direitos humanos. Contudo, como se verá adiante, a mobilização do TEDH em Portugal tem um perfil

---

[4] Tradução da autora. No original, em inglês, lê-se: «*the practice of human rights describes all of the many ways in which social actors across the range talk about, advocate for, criticize, study, legally enact, vernacularize, and so on, the idea of human rights in its different forms*» (Goodale, 2007: 24).

predominantemente individualista e em regra não corresponde a uma prática contra-hegemónica da mobilização dos direitos humanos. Além disso, a abordagem normativa e jurisprudencial não deve ser desprezada. Ela é necessária para a compreensão dos contextos e dos limites normativos da mobilização jurídica. De facto, como se indica no Capítulo 4 deste volume, o contexto normativo do TEDH, que restringe a apresentação das queixas apenas às vítimas, é um fator relevante a influenciar o tipo de mobilização deste tribunal.

A rotinização da litigância transnacional

Os três capítulos que integram a segunda parte deste livro baseiam-se nos resultados do projeto de investigação sobre Portugal e o TEDH, realizado no Centro de Estudos Sociais da Universidade de Coimbra. Em seu conjunto, estes capítulos apresentam uma análise aprofundada, com respaldo numa investigação sociojurídica, do tipo de litigação perante o TEDH que predomina em Portugal. Trata-se de uma litigância transnacional de caráter liberal e individualista, que em regra não apresenta desafios à jurisprudência do TEDH e não dá ensejo à reconstrução do significado dos direitos humanos emanados deste tribunal.

No Capítulo 4, Cecília MacDowell dos Santos e Teresa Maneca Lima apresentam a metodologia adotada pelo projeto acima referido e um retrato da mobilização do TEDH no contexto português, no período de 1997 a 2007. Tal como o projeto, este capítulo centra-se nas queixas julgadas neste período (total de 144 queixas), acrescentando ainda a queixa julgada em 2009 sobre o caso *Women on Waves e Outros c. Portugal* (TEDH, 2009). Este acréscimo deveu-se ao facto de esta ter sido a única queixa de iniciativa de organizações não-governamentais. O Capítulo 4 confirma o retrato jurisprudencial apresentado por Barreto no Capítulo 2 deste volume, além de trazer dados sistematizados, num período de dez anos, sobre o perfil dos mobilizadores do TEDH em Portugal, as origens das queixas nos tribunais nacionais, os tipos de queixas de acordo com os direitos humanos violados, os tipos de queixas segundo a conflitualidade social que está na base dos litígios, bem como os resultados das queixas. Os dados demonstram que a mobilização do TEDH no contexto português tem como enfoque principal os direitos humanos de natureza civil. Em regra, os litigantes são indivíduos que buscam a obtenção de uma reparação por danos individuais. A *morosidade e a ineficiência da justiça portuguesa* constituem o principal objeto da litigância transnacional perante o TEDH oriunda de Portugal. O Capítulo 5, de autoria de Teresa Maneca Lima, examina esta problemática mais de perto, a partir da análise de queixas representativas, e demonstra que estas queixas não apresentam, de facto, desafios à jurisprudência do TEDH, contribuindo para a *rotinização* da mobilização do TEDH.

No Capítulo 6, Teresa Maneca Lima e Cecília MacDowell dos Santos analisam as queixas relativas ao direito à liberdade de expressão e imprensa. Tal como salientam as autoras, corroborando as observações de Barreto, queixas desta natureza têm-se tornado mais frequentes nos últimos anos e têm recebido maior visibilidade nos meios de comunicação social. A análise do caso *Colaço Mestre e SIC – Sociedade Independente de Comunicação, S.A. c. Portugal* (TEDH, 2007) mostra que o TEDH tem conferido uma interpretação mais alargada do direito à liberdade de expressão e imprensa do que os tribunais nacionais. No caso em apreço, o TEDH restringe o recurso à proteção do «bom nome» e da «honra» como justificativa para a limitação da liberdade de expressão e imprensa. As autoras consideram que esta interpretação sinaliza a necessidade de se aprofundar a democracia na sociedade portuguesa.

Os direitos humanos entre mobilizações sociais e judiciais
A terceira e última parte deste livro é dedicada à relação entre a mobilização judicial e a mobilização social dos direitos humanos, examinando os limites e as possibilidades da mobilização transnacional do direito para a ressignificação e/ou promoção dos ideais, valores, conceções e normas de direitos humanos na Europa e especialmente em Portugal.

O projeto de investigação no qual se baseia este livro identificou dois casos excecionais que fugiram ao padrão de mobilização do TEDH em Portugal. Num dos casos, o tipo de conflitualidade social subjacente à disputa judicial relaciona-se com o direito à parentalidade de minorias sexuais; no outro caso, a conflituosidade social subjacente à litigância transnacional está relacionada com os direitos reprodutivos das mulheres e com a liberdade de expressão de organizações não-governamentais. Ambos os casos criaram jurisprudência na Europa e foram utilizados no argumentário dos respetivos movimentos sociais de minorias sexuais e de mulheres em Portugal. Ambos contribuíram quer para a reconstrução do significado dos direitos humanos emanados do TEDH, quer para a clarificação dos direitos consagrados na CEDH. Mas, entre outros aspetos, os casos diferem entre si relativamente à natureza da mobilização judicial: individual ou coletiva. Diferem também no tocante à relação de maior ou menor proximidade entre a mobilização judicial e a mobilização social em torno dos direitos humanos em questão.

O caso *Salgueiro da Silva Mouta c. Portugal* (TEDH, 1999), analisado no Capítulo 9, trata de uma mobilização *individual* do direito que resultou na ampliação do reconhecimento dos direitos humanos de indivíduos que sofrem discriminação em função da sua orientação sexual. Neste caso, o poder parental de um pai que se identificava como «homossexual» foi indeferido pelos tribunais nacionais devido à sua orientação sexual. O TEDH condenou o Estado português por discriminação com base na orientação sexual, estabelecendo uma jurisprudência que veio estender a aplicação do princípio da não-discriminação ao exercício da parentalidade por indivíduos não-heterossexuais. É importante notar que, embora Silva Mouta, que foi vítima da discriminação em causa, tenha beneficiado de conhecimentos adquiridos por via da globalização dos direitos humanos e do ativismo LGBT, a apresentação e o acompanhamento do seu caso junto do TEDH foram feitos de maneira individual, sem a assistência de uma ONG.

O segundo caso, *Women on Waves e Outros c. Portugal* (TEDH, 2009), examinado no Capítulo 10 por Cecília MacDowell dos Santos e Madalena Duarte, refere-se a uma mobilização jurídica transnacional de natureza *coletiva* levada a cabo, desde os tribunais nacionais até ao TEDH, pela ONG *Women on Waves*, sediada na Holanda, e por associações civis com sede em Portugal. Neste caso, a inovação na jurisprudência do TEDH consistiu na clarificação do direito à liberdade de expressão, no sentido de que a *forma* de exercício deste direito, e não apenas o seu *conteúdo*, passou a constituir um aspeto intrínseco ao direito em causa. Ao contrário do caso *Salgueiro da Silva Mouta c. Portugal*, este caso inseriu-se num conjunto de lutas e estratégias mais amplas de mobilização social, cujo objetivo consistia em promover os direitos reprodutivos das mulheres, com enfoque na despenalização do aborto. Esta mobilização social precedeu e articulou a mobilização judicial, que teve como objeto a liberdade de expressão das ONG e que conectou as lutas locais com as lutas transnacionais em prol dos direitos reprodutivos das mulheres. Neste caso, a mobilização transnacional do direito apresentou todas as condições daquilo que Santos e Rodríguez-Garavito (2005) designam por «legalidade cosmopolita subalterna».

É interessante observar que o objeto da mobilização social que deu ensejo ao caso (os direitos das mulheres) não coincidiu com o objeto da mobilização judicial (os direitos das ONG), ainda que ambos estivessem vinculados. Por outro lado, neste caso, a mobilização judicial diferiu das práticas das ONG que em regra mobilizam judicialmente o direito para a defesa dos direitos humanos de terceiros, a exemplo dos casos analisados por Loveday Hodson no Capítulo 8 deste livro. No caso *Women on Waves e Outros c. Portugal*, as ONG eram as vítimas da violação do direito humano à liberdade de expressão, tendo mobilizado os tribunais em causa própria. Note-se ainda que, ao tomarem a iniciativa de mobilizar os tribunais nacionais e o TEDH, as ONG portuguesas não o fizeram com os mesmos objetivos estratégicos que orientaram a mobilização judicial levada a cabo pela *Women on Waves*. Ao mobilizar os tribunais, esta tinha como objetivo garantir a legalidade das suas futuras ações *transnacionais* em outros países. As ONG portuguesas, cuja atuação se restringia a uma luta de âmbito *nacional* pelos direitos das mulheres, tinham como objetivo «repor a justiça» num caso concreto de violação de direitos humanos.

Os dois outros capítulos que integram a terceira parte deste livro vão além do escopo dos Capítulos 9 e 10 em dois aspetos principais. Em primeiro lugar, o Capítulo 8, de autoria de Loveday Hodson, aborda a defesa de direitos humanos fora de Portugal e analisa o papel das ONG na denúncia das violações «graves e sistemáticas» da CEDH, que se referem à proteção do direito à vida e à proibição da tortura. Estas violações incluem casos de execuções extrajudiciais, desaparecimentos forçados, mortes inexplicáveis de presos e a prática de tortura. Valendo-se de uma abordagem sociopolítica, Hodson discute o papel das ONG na apresentação de queixas de violações desta natureza junto do TEDH através da análise de casos patrocinados pelo Centro Europeu para os Direitos dos Ciganos (*European Roma Rights Centre*) e pelo Projeto Curdo de Direitos Humanos (*Kurdish Human Rights Project*). Adotando uma perspetiva teórica semelhante à que informou o projeto de investigação sobre Portugal e o TEDH, a autora concebe o TEDH como um espaço onde «atores politicamente motivados procuram ter impacto no significado que é dado à linguagem da CEDH e utilizar a Convenção como um mecanismo que pode contribuir para a mudança social». Hodson argumenta que as ONG de direitos humanos desempenham um papel de extrema relevância no apoio à denúncia das violações graves e sistemáticas da CEDH. Ao mesmo tempo, as ONG têm os seus próprios interesses e agendas de direitos humanos. A representação dos interesses das vítimas deve ser analisada numa perspetiva crítica.

Em segundo lugar, o Capítulo 7, de autoria de Ana Cristina Santos, aborda a forma como os movimentos sociais em Portugal absorvem, ressignificam e/ou despolitizam as conceções de direitos humanos que incorporam em seus repertórios de ação. De modo geral, os movimentos sociais utilizam uma conceção universalista dos direitos humanos. Esta apropriação simbólica dos direitos humanos dá-se de maneira acrítica e despolitizada. No entanto, ela possibilita a articulação de discursos transversais e interseccionais de variadas lutas sociais. Nesse sentido, esta apropriação produz efeitos políticos relevantes para a articulação dos direitos de diferentes grupos sociais. A autora propõe que os movimentos sociais adotem um «universalismo situado», adaptando o imaginário oferecido pelo conceito universalista de direitos humanos às especificidades culturais locais. Para além da forma como os movimentos sociais concebem ou devam conceber os direitos humanos, depreende-se da análise de Ana Cristina Santos sobre os movimentos sociais em Portugal que estes em geral não mobilizam os tribunais para reivindicar e imprimir novos significados aos direitos humanos. Não por acaso, o projeto que serviu de base para este livro identificou, num período de dez anos, apenas uma queixa apresentada por ONG portuguesas junto do TEDH. Nos demais casos, não se verificou tampouco o envolvimento de ONG portuguesas em apoio à apresentação das queixas neste tribunal. De facto, Portugal carece de organizações não-governamentais com experiência na litigação transnacional.

Do ponto de vista da ação social e política e da reflexão sobre as práticas dos direitos humanos, espera-se que este livro possa contribuir para um maior interesse teórico e prático na mobilização transnacional do direito em Portugal. No seu conjunto, esta obra oferece um amplo e aprofundado quadro de reflexões, com base em sólidas investigações empíricas e teóricas, sobre o TEDH, a mobilização deste tribunal e variadas práticas de direitos humanos no contexto europeu e especialmente português. Espera-se, assim, que este livro possa servir de base para futuras investigações em Portugal e em outros países da Europa sobre as práticas dos direitos humanos e a mobilização do sistema europeu de direitos humanos, incluindo estudos comparativos sobre as mobilizações deste sistema e as de outros sistemas regionais de direitos humanos.

Referências bibliográficas

Barkan, Steven E. (2006), "Criminal prosecution and the legal control of protest", *Mobilization*, 11(2), 181-194 [disponível em: <http://mobilization.metapress.com/link.asp?id=a8671t532kww2722>].

Barreto, Ireneu Cabral (2010), *A Convenção Europeia dos Direitos do Homem*, 4.ª edição. Coimbra: Wolters Kluwer e Coimbra Editora.

Barreto, Ireneu Cabral; e Campos, Abel (2004), "Portugal e o Tribunal Europeu dos Direitos do Homem", *Janus* [disponível em: <http://www.janusonline.pt/2004/2004_3_2_1.html>].

Baxi, Upendra (2006), "Politics of reading human rights: Inclusion and exclusion within the production of human rights", *in* Saladin Meckled-García e Basak Çali (orgs.), *The legalization of human rights: Multidisciplinary perspectives on human rights and human rights law*. New York: Routledge, pp. 182-200.

26 A MOBILIZAÇÃO TRANSNACIONAL DO DIREITO

Cançado Trindade, António Augusto (1997), "Dilemas e desafios da Proteção Internacional dos Direitos Humanos no limiar do séc. XXI", *Revista Brasileira de Política Internacional*, 40(1), 167-177 [disponível em: <http://dx.doi.org/10.1590/S0034-73291997000100007>].

Duarte, Madalena (2011), *Movimentos na Justiça. O direito e o movimento ambientalista em Portugal* (Série Direito e Sociedade). Coimbra: CES/Almedina.

Garth, Bryant G. (2008), "The globalization of the law", *in* K. E. Willington, R. D. Kelemen e G. A. Caldeira (orgs.), *The Oxford handbook of law and politics*. New York: Oxford University Press, pp. 245-264.

Goodale, Mark (2007), "Introduction. Localizing rights, envisioning law between the global and the local," *in* M. Goodale e S. E. Merry (orgs.), *The practice of human rights: Tracking law between the global and the local*. Cambridge, UK: Cambridge University Press, pp. 1-38.

Goodale, Mark e Merry, Sally Engle (orgs.) (2007), *The practice of human rights: Tracking law between the global and the local*. Cambridge, UK: Cambridge University Press.

Halliday, Simon; e Schmidt, Patrick (orgs.) (2004), *Human rights brought home: Socio-legal studies of human rights in the national context*. Portland, OR: Hart Publishing.

Jenson, Jane; e Santos, Boaventura de Sousa (2000), "Introduction: Case studies and common trends in globalization", *in* J. Jenson e B. S. Santos (orgs.), *Globalizing institutions: Case studies in social regulation and innovation*. Burlington, VT: Ashgate, pp. 9-28.

Keck, Margaret E.; e Sikkink, Kathryn (1998), *Activists beyond borders: Advocacy networks in international politics*. Ithaca, NY/London: Cornell University Press.

Madsen, Mikael Rask (2004), "France, the UK and the 'Boomerang' of the internationalisation of human rights (1945-2000)", *in* S. Halliday e P. Smith (orgs.), *Human rights brought home: socio-legal studies of human rights in the national context*. Portland, OR: Hart Publishing, pp. 57-86.

McCann, Michael W. (2004), "Law and social movements", *in* A. Sarat (org.), *The Blackwell companion to law and society*. Oxford, UK: Blackwell, pp. 506-522.

McCann, Michael (2008), "Litigation and legal mobilization", *in* K. E. Willington, R. D. Kelemen e G. A. Caldeira (orgs.), *The Oxford handbook of law and politics*. New York: Oxford University Press, pp. 522-540.

Ragajopal, Balakrishnan (2003), *International law from below: Development, social movements, and third world resistance*. Cambridge, UK: Cambridge University Press.

Risse, Thomas; Ropp, Stephen C.; e Sikkink, Kathryn (orgs.) (1999), *The power of human rights: International norms and domestic change*. Cambridge, UK: Cambridge University Press.

Santos, Ana Cristina (2005), *A Lei do desejo: Direitos humanos e minorias sexuais em Portugal*. Porto: Afrontamento.

Santos, Boaventura de Sousa (2002), *Toward a new legal common sense: Law, emancipation and globalisation*. London: LexisNexis Butterworths Trolley.

Santos, Boaventura de Sousa; e Rodríguez-Garavito, César A. (orgs.) (2005), *Law and globalization from below: Towards a cosmopolitan legality*. Cambridge, UK: Cambridge University Press.

Santos, Cecília MacDowell (2007), "Ativismo jurídico transnacional e o Estado: reflexões sobre os casos apresentados contra o Brasil na Corte Interamericana de Direitos Humanos", *Sur – Revista Internacional de Direitos Humanos*, 7, 29-59 [disponível em: <http://www.surjournal.org/index7.php>].

Santos, Cecília MacDowel; Santos, Ana Cristina; Duarte, Madalena; e Lima, Teresa Maneca (2010), *Reconstruindo direitos humanos pelo uso transnacional do direito? Portugal e o Tribunal Europeu dos Direitos Humanos,* Relatório Final de Investigação. Coimbra: Centro de Estudos Sociais da Universidade de Coimbra.

Silva, Germano Marques (1999), "O processo penal português e a Convenção Européia dos Direitos do Homem", *Revista CEJ,* 3(7), 84-92 [disponível em: <http://www2.cjf.jus.br/ojs2/index.php/cej/article/view/182/344>].

Slaughter, Anne-Marie (2003), "A global community of courts", *Harvard International Law Journal,* 44(1), 191-219 [disponível em: <http://www.princeton.edu/~slaughtr/Articles/GlobalCourts.pdf>].

TEDH – Tribunal Europeu dos Direitos Humanos (1999), *Salgueiro da Silva Mouta c. Portugal,* queixa n.º 33290/96, acórdão de 21 de dezembro de 2009, R1999-IX [tradução disponível em: <http://www.gddc.pt/direitos-humanos/portugal-dh/acordaos/traducoes/Trad_Q33290_96.pdf>].

TEDH (2007), *Colaço Mestre e SIC – Sociedade Independente de Comunicação, S.A. c. Portugal,* queixas n.ºs 11182/03 e 11319/03, acórdão de 26 de abril [tradução disponível em: <http://www.gddc.pt/direitos-humanos/portugal-dh/acordaos/traducoes/ac%F3rd%E3o%20sic-mestre%20port.2.pdf>].

TEDH (2009), *Women on Waves e Outros c. Portugal,* queixa n.º 31276/05, acórdão de 3 de fevereiro de 2009 [disponível em: <http://cmiskp.echr.coe.int/tkp197/view.asp?action=html&documentId=846488&portal=hbkm&source=externalbydocnumber&table=F69A27FD8FB86142BF01C1166DEA398649>].

Teixeira da Mota, Francisco (2009), *O Tribunal Europeu dos Direitos do Homem e a Liberdade de Expressão. Os casos portugueses.* Coimbra: Coimbra Editora.

Turk, Austin T. (1976), "Law as a weapon in social conflict", *Social Problems,* 23, 276-291 [disponível em: <http://www.jstor.org/stable/799774>].

PARTE 1

O TEDH:
DO SURGIMENTO À JURISPRUDÊNCIA

CAPÍTULO 1

O SURGIMENTO DO TRIBUNAL DE DIREITOS HUMANOS PROGRESSISTA: O TEDH E A TRANSFORMAÇÃO DA EUROPA*

Mikael Rask Madsen

As mobilizações jurídicas transnacionais na área dos direitos humanos europeus têm sido em grande parte influenciadas pelo percurso jurídico específico do Tribunal Europeu dos Direitos Humanos (TEDH). Conforme foi defendido em trabalhos sobre a elaboração de ações judiciais, a apresentação de queixas e os eventuais julgamentos dos tribunais constituem um processo profundamente interdependente e recíproco. De um modo geral, mudar o rumo da jurisprudência requer casos estratégicos, o desenvolvimento de um conhecimento jurídico específico e partilhado e uma dinâmica política. No entanto, como defendo neste capítulo, a mudança jurídica numa escala mais ampla, e particularmente quando estão em causa tribunais internacionais, requer antes de mais uma transformação societal. A transformação mais significativa do TEDH ocorreu no final da década de 1970, quando o TEDH passou de um estado de profundo enraizamento na política da Guerra Fria para a assunção da liderança no desenvolvimento progressista dos direitos humanos europeus. Esta mudança marcante do TEDH constitui, de facto, um exemplo emblemático do profundo enraizamento societal e geopolítico dos tribunais internacionais enquanto variável fundamental para explicar a sua transformação. A transformação específica em questão pode ser designada de forma mais apropriada por «a transformação europeia», isto é, a altura em que praticamente todos os países da Europa Ocidental se juntaram finalmente na procura comum da integração europeia na década de 1970, num contexto de mudanças radicais na política social. Tendo como foco esta transformação decisiva do TEDH, neste capítulo examina-se não só a cristalização da legislação dos direitos humanos europeus de meados a finais da década de 1970, mas também o momento exato da história dos direitos humanos europeus em

---

* Este capítulo é fruto de uma série de trabalhos sobre a institucionalização e juridificação da CEDH já publicados antes. No entanto, a análise baseia-se particularmente em Madsen (2011a: 43-60). Este capítulo foi traduzido do inglês por Victor Ferreira.

que Portugal, após a queda do regime salazarista, se tornou parte da Convenção Europeia dos Direitos Humanos (CEDH).

Assim, quando Portugal aderiu ao regime da CEDH, passou a fazer parte da jurisdição de um Tribunal que tinha acabado de embarcar na elaboração do que é hoje conhecido como a sua doutrina dinâmica dos direitos humanos, desenvolvendo noções como «instrumento vivo», «prático e efetivo», entre outras. Esta abordagem interpretativa iria mudar progressivamente o rumo dos direitos humanos europeus ao longo das décadas subsequentes.[1] À luz das primeiras práticas do TEDH, incertas e até mesmo relutantes, no seu período inicial de funcionamento, que começou em 1959, esta nova jurisprudência era admirável, quase revolucionária. A Convenção original tinha procurado principalmente garantir a democracia liberal na Europa – «Europa Livre» – no contexto do conflito da Guerra Fria. Assim sendo, o objetivo inicial não era mudar substancialmente a proteção dos direitos humanos nos Estados-Membros mas, sim, a proteção coletiva contra o regresso ao totalitarismo na Europa Ocidental. O resultado foi um desenvolvimento jurídico muito comedido durante os primeiros 15 anos, em que o objetivo de proporcionar justiça individual foi cuidadosamente equilibrado com os interesses nacionais e geopolíticos, aquilo a que noutro local designei de «diplomacia legal» (Madsen, 2011b).

Neste capítulo coloca-se a questão de como é que, a partir deste contexto, o TEDH mudou subitamente de rumo, de meados a finais da década de 1970, e passou da «diplomacia legal» para a legislação progressista dos direitos humanos. Para lhe responder, examino a estrutura e a ação do TEDH e as mudanças que sofreram ao longo do período de 1959 a 1979. Concluo situando a transformação decisiva do tribunal e da sua jurisprudência no que designo por transformação europeia, isto é, a grande transformação da sociedade europeia que ocorreu na década de 1970, quer em resultado de mudanças geopolíticas, quer das novas políticas sociais que surgiram no final da década de 1960 e início da de 1970. Defendo que estes processos combinados estruturaram e facilitaram o desenvolvimento da jurisprudência dinâmica dos direitos humanos do TEDH.

A Institucionalização do Compromisso Europeu dos Direitos Humanos
Em última instância, a elaboração da CEDH destacou o problema inerente da europeização dos direitos humanos. Se houve um tema que dominou estas

---

[1] Particularmente entre 1975 e 1979, o Tribunal proferiu uma série de decisões marcantes (TEDH, 1975a; 1975b; 1976a; 1976b; 1978a; 1978b; 1978c; 1979a; 1979b; 1979c; 1979d).

negociações foi o de que os direitos humanos estavam simultaneamente demasiado integrados no direito e na política nacional para serem totalmente confiados a um novo tribunal europeu e eram demasiado importantes para a ideia da integração europeia para continuarem a ser uma questão de política e de direito nacional.[2] Na prática, isto materializou-se nalguns compromissos bastante delicados. No que se refere a esta análise, os mais importantes diziam respeito ao direito de petição individual e à jurisdição do Tribunal, que ficaram opcionais na Convenção de 1950. Isto resultou de uma manobra de última hora para evitar uma rutura nas negociações sobre os mecanismos institucionais dos direitos humanos europeus, o que, em conjunto com outras escapatórias incluídas na última parte das negociações, implicou que a negociação política dos direitos humanos europeus não ficasse arrumada de vez com a assinatura da CEDH em 1950. E estas negociações morosas referiam-se não só à elaboração de Protocolos adicionais à Convenção, mas também, e provavelmente mais importante ainda, a garantir de facto o quadro institucional estipulado pela CEDH. O que aconteceu na prática foi que os Estados-Membros optaram por um compromisso limitado em relação aos direitos humanos que, de forma notória, excluía as duas marcas distintivas dos direitos humanos europeus contemporâneos: a jurisdição do TEDH e o direito de petição individual perante o Tribunal. Assim, a Comissão, primeiro, e o Tribunal, depois, ficaram na situação inusitada de ter que provar os seus padrões de direitos humanos aos Estados-Membros reticentes a fim de os convencer a aceitar o pacote completo de direitos humanos europeus. Na verdade, deste modo o ónus da prova foi invertido.

Era bem conhecido na altura, particularmente à luz da forma como a Declaração Universal dos Direitos Humanos (DUDH) fora vítima das bipolaridades da Guerra Fria, que, se os direitos humanos eram para ser assegurados a nível europeu, isso exigia a sua institucionalização e juridificação. Esta última parecia ter sido alcançada logo em 1953, quando dez Estados-Membros, incluindo o Reino Unido, mas não a França, ratificaram a Convenção,[3] que, desse modo,

---

[2] Para mais pormenores sobre a elaboração da CEDH, ver Ed Bates (2011) e Simpson (2004).

[3] Para além do Reino Unido, que a ratificou logo em 1951, os outros Estados-Membros que ratificaram a CEDH foram a Noruega, em 1952; a República Federal da Alemanha, em 1952; a Dinamarca, em 1953; a Grécia, em 1953 (denunciando-a em 1969 e voltando a ratificá-la em 1974); a Irlanda, em 1953; a Islândia, em 1953; o Luxemburgo, em 1953; o Sarre, em 1953 (que passou a integrar a República Federal da Alemanha em 1957); e a Suécia, em 1952.

entrou em vigor. Mas esta conquista foi ofuscada pelo facto de, em última análise, a institucionalização efetiva do sistema CEDH exigir que os Estados-Membros aceitassem as duas principais cláusulas opcionais sobre o direito de petição individual e a jurisdição do Tribunal. Na prática, acabou por ser um processo mais demorado. A petição individual acabou por entrar em vigor em 1955, quando se obtiveram as seis aprovações exigidas. Os primeiros países a dar este passo foram, por ordem cronológica: a Suécia (1952), a Irlanda (1953), a Dinamarca (1953), a Islândia (1955), a República Federal da Alemanha (1955) e a Bélgica (1955). Quanto à jurisdição do Tribunal, só em Setembro de 1958 foram confirmadas as oito aceitações necessárias. Os países em causa foram, por ordem cronológica: a Irlanda (1953), a Dinamarca (1953), os Países Baixos (1954), a Bélgica (1955), a República Federal da Alemanha (1955), o Luxemburgo (1958), a Áustria (1958) e a Islândia (1958). Apenas em 1959, nove anos após a assinatura da CEDH, é que o Tribunal ficou finalmente operacional.

A lista de países que acabaram por aceitar os dois poderes centrais do sistema CEDH no decorrer da década de 1950 tem três ausências marcantes. Para além da República Federal da Alemanha, todos os outros países que apoiaram a CEDH eram países de menor dimensão. Em contrapartida, as duas principais potências europeias, França e Reino Unido, assim como a Itália, não faziam parte dos países que apoiavam a formação de um verdadeiro sistema europeu de direitos humanos. Isto contrastou profundamente com o facto de haver pessoas destes mesmos três países entre os atores mais influentes na elaboração dos mecanismos institucionais do sistema. No que diz respeito à França e ao Reino Unido, a sua mudança de posição em relação aos direitos humanos europeus tem necessariamente de ser explicada à luz dos seus problemas ultramarinos durante a década de 1950 e início da de 1960, quando o grito pela descolonização estava a ganhar uma dinâmica renovada. Embora tenha havido também uma relutância mais geral entre muitos políticos e advogados contra o facto de se confiar a um tribunal internacional a monitorização do que consideravam como os seus padrões ímpares dos direitos humanos (Evans, 1997), a maior causa de preocupação era a escalada da situação em várias colónias, o que fez com que o desejo de soberania nacional se tornasse ainda mais acentuado do que o habitual. Paradoxalmente, apesar disso os autoproclamados campeões dos direitos humanos não foram excluídos da construção do sistema europeu de direitos humanos. A Convenção de 1950 determinava que todos os Estados-Membros do Conselho da Europa tivessem direito a um juiz no TEDH. A ratificação da CEDH era, porém, uma condição para se estar (plenamente) representado na Comissão. Isto significou que ambos os países estivessem representados no TEDH, mas que apenas o Reino Unido tivesse um comissário, uma vez que a França tinha apenas assinado mas não ratificado a Convenção.

Estes pormenores sobre o processo inicial para tornar o TEDH operacional sublinham, em última instância, a conversão em grande parte incompleta dos Estados europeus a um quadro jurídico europeu comum. A «integração europeia através do direito» em contraponto à soberania nacional estava longe de ser uma questão resolvida. Isto implicou que na fase inicial o Tribunal tivesse de levar a cabo a tarefa delicada de conseguir a adesão das principais potências e de, ao mesmo tempo, desenvolver uma jurisprudência que levasse a sério os casos que a partir de então eram apresentados perante as instituições de Estrasburgo relacionados com os Estados Contratantes. Neste contexto, a indicação e nomeação de comissários e juízes para as duas instituições tornou-se um exercício importante para se conseguir um equilíbrio que pudesse cumprir estes objetivos potencialmente conflituantes. Os primeiros juízes definiram de forma impressionante quais os critérios *de facto* para se ser juiz (e comissário) nas instituições de Estrasburgo. O que se pode deduzir é que, entre os políticos europeus da altura, os candidatos preferidos eram todos juristas com elevado nível académico – normalmente doutorados –, além de estarem familiarizados com a política internacional e a diplomacia. Por outras palavras, os candidatos que acabaram por ser selecionados não eram atores unidimensionais em termos de serem apenas juízes, académicos, advogados, etc., eram, sim, atores multidimensionais, no sentido em que tinham conhecimentos noutras áreas relevantes.[4] Os juristas que pareciam formalmente independentes – normalmente académicos ou juristas com carreira académica – e com algum tipo de percurso no direito e na política internacional foram, na prática, preferidos em relação a outros candidatos.[5]

Esta orientação, no sentido de privilegiar recursos intelectuais com um percurso académico na área do direito combinado com a exposição a assuntos internacionais, pode parecer previsível, tendo em conta a perceção geral existente na altura de o direito internacional dos direitos humanos ser um

---

[4] Trata-se de um fenómeno vividamente descrito na obra de Yves Dezalay e Garth Bryant sobre os corretores do internacional. Ver, por exemplo, Dezalay (2004: 151-152).

[5] De uma forma geral, os comissários tinham perfis comparáveis aos dos juízes, embora com um maior número de atores com experiência prática do sistema legal, incluindo juízes, advogados e procuradores.

corolário do direito internacional público. Por isso, para além de serem todos do sexo masculino e de a sua idade rondar, em média, os 65 anos, os membros do Tribunal de 1959 constituíam um conjunto altamente experiente de juízes, na sua maioria doutorados em direito, mas também com experiência para além do percurso académico na área do direito.[6] Nesse sentido, o Tribunal de 1959 foi, acima de tudo, um prolongamento da construção do direito internacional desde o final do século XIX, em que a linha de separação entre direito internacional e política internacional tinha tacitamente permanecido mais ou menos imprecisa.[7] Como defendem Guillaume Sacriste e Antoine Vauchez (2005), o direito internacional serviu, preferencialmente, como um quadro para a estabilização política internacional, um instrumento civilizado de ordenação da política internacional e da paz. Além disso, neste processo de civilizar a política internacional por lei, os próprios atores nomeados para executar esta tarefa foram fundamentais para legitimar essa mesma tarefa e as instituições. Por outras palavras, as suas eminentes competências individuais e profissionais foram a chave para legitimar as instituições nascentes, tanto em termos das práticas jurídicas como da institucionalização (Cf. Dezalay e Garth, 2002).

Encontrar o Equilíbrio através da Diplomacia Legal
A afirmação subjacente a esta análise é de que as características individuais e coletivas dos juízes e comissários proporcionam um meio para a compreensão do processo legislativo inicial dessas instituições. Para além do que tem sido apontado por realistas da área jurídica[8] em termos da influência de fatores extralegais nas decisões legais, as ações destes atores tiveram particular importância no que diz respeito ao sistema de Estrasburgo, uma vez que o quadro institucional e o conteúdo normativo da CEDH ainda tinham de ser plenamente desenvolvidos. E esta tarefa foi confiada em grande parte a este mesmo grupo de atores. Dito isto, a importância das suas características individuais e coletivas deve ser correlacionada com a dinâmica mais ampla da área emergente dos direitos humanos daquela época. De um modo geral, para além da dimensão jurídica internacional da questão acima descrita, na década de 1950 esta área era dominada por duas

---

[6] E, por isso, distinguiam-se muito significativamente dos juízes do Tribunal de Justiça Europeu (Cohen e Madsen, 2007).

[7] Ver Koskenniemi (2001).

[8] Como Karl Llewellyn nos EUA e os realistas escandinavos, de entre os quais destaco Alf Ross.

questões que, em termos de direitos humanos, estavam intimamente ligadas: a Guerra Fria e a descolonização.[9] Por conseguinte, na década de 1950 a questão dos direitos humanos era mais uma questão de política do que de direito. Embora as principais ONG da altura fossem, na sua maioria, organizações jurídicas, tinham vínculos mais ou menos explícitos, umas, a Washington e, outras, a Moscovo, fazendo com que estivessem inseridas num esquema de oposição típico da Guerra Fria. O exemplo mais marcante talvez tenha sido o que se refere às práticas de organizações de advogados como a Comissão Internacional de Juristas (CIJ), que prosseguia uma campanha pró-ocidental pelas liberdades civis e políticas, e a Associação Internacional dos Juristas Democratas (AIJD), de orientação comunista, e o seu confronto no âmbito da Guerra Fria cultural (cf. Tolley, 1994). Enquanto a CIJ procurava fazer dos direitos humanos uma questão de liberdade ocidental, a IADJ virou a retórica da liberdade contra o Ocidente, numa tentativa de denunciar o imperialismo e de defender o direito dos povos à autodeterminação.

Foi no auge destes confrontos que o TEDH abriu as suas portas, em 1959.[10] Escusado será dizer que as sociedades mais expostas a estes confrontos sobre os direitos humanos foram as dos Estados tardo-imperiais do Reino Unido e da França.[11] Não obstante a hesitação manifestada precisamente por estes Estados, na prática seriam eles a dominar o Tribunal durante este período tumultuoso. Concretamente, eram do Reino Unido e da França os dois primeiros presidentes do Tribunal, respetivamente, Lord McNair (de 1959 a 1964) e René Cassin (Vice-Presidente de 1959 a 1964 e Presidente de 1965 a 1967). A Cassin sucedeu o advogado e estadista belga Henri Rolin, de 1968 a 1971 (depois de ter sido Vice-Presidente de 1965 a 1967). Rolin foi substituído por Humphrey Waldock, do Reino Unido (Presidente de 1971 a 1974 e, antes, Vice-Presidente de 1968 a 1970), e este pelo italiano G. Balladore-Pallieri (de 1974 a 1979 e antes disso Vice-Presidente). Paradoxalmente, foram a França, o Reino Unido e a Itália, os três países menos comprometidos, institucional e juridicamente, com o sistema CEDH, mas sem dúvida os mais

---

[9] Para uma análise geral, ver Madsen (2010).

[10] A Comissão estava a funcionar desde 1955. No entanto, foi preciso esperar por 1958 para que, pela primeira vez, a Comissão considerasse uma queixa como admissível.

[11] No entanto, a Bélgica também estava profundamente exposta a estas dinâmicas, como ficou claro durante a crise do Congo na década de 1960, que, em certa medida, também foi uma guerra por procuração da Guerra Fria, interligada com a política de descolonização.

importantes para o projeto mais amplo da integração europeia, que assumiram a liderança do Tribunal.[12]

O primeiro caso apresentado perante o sistema europeu de direitos humanos foi a confirmação, em muitos aspetos, quer dos piores receios de alguns dos redatores, quer da inevitabilidade de não ser possível manter a geopolítica afastada das instituições de Estrasburgo. Em 1956, a Grécia apresentou uma queixa interestatal relativamente às práticas britânicas em Chipre, que na altura era uma colónia da Coroa Britânica. A Grécia alegou que a resposta violenta do Reino Unido à insurreição desencadeada, entre outros, pelo movimento de resistência EOKA, que pretendia a autodeterminação e a unificação com a Grécia, constituía uma violação da CEDH. O caso era explosivo, uma vez que não só tinha o potencial de abrir caminho para uma confrontação geral do historial do Império Britânico em matéria de direitos humanos nas colónias, mas também porque envolvia um longo e complexo conflito entre a Grécia e a Turquia em relação a Chipre. Mas, acima de tudo, era um desenvolvimento indesejável para o Reino Unido. Em Londres, o entendimento até aí tinha sido de que as restrições importantes asseguradas pelas cláusulas opcionais permitiam, em contrapartida, que o Reino Unido usasse a CEDH como uma ferramenta de propaganda no que respeita às colónias. Na verdade, o Reino Unido tinha optado por estender a aplicação da CEDH a grande parte do seu império ao aplicar o Artigo 63.º da CEDH («cláusula colonial»). No entanto, com a apresentação por parte da Grécia de uma queixa interestatal perante a Comissão, a estratégia do Reino Unido de evitar o sistema CEDH esquivando-se ao Tribunal e à petição individual foi, assim, ela própria evitada. Decididamente, tratou-se de um desenvolvimento imprevisto, uma vez que a assunção geral durante as negociações tinha sido de que as queixas interestatais eram altamente improváveis já que a Convenção era, na verdade, uma Convenção entre aliados ocidentais, a maioria dos quais também eram aliados na OTAN (Simpson, 2004: 4).

A única resposta legal possível que o Reino Unido tinha à mão era invocar o Art.º 15.º, relativo ao «perigo público que ameaça a vida da nação». No entanto, isto não impediu que o Conselho da Europa autorizasse uma missão para investigar as denúncias de violações apresentadas pela Grécia. Consciente da gravidade da situação e dos seus potenciais efeitos sobre todas as possessões imperiais que ainda mantinha, a única verdadeira saída para o governo britânico era contornar

---

[12] O papel do Presidente era dirigir o trabalho e a administração do Tribunal, assim como presidir às sessões plenárias.

por completo o sistema de Estrasburgo através do recurso à diplomacia. Com a apresentação à CEDH dos Acordos de Zurique e Londres sobre Chipre, a Comissão teve de decidir «que não se impunha qualquer ação adicional». Era obviamente um preço elevado a pagar para implodir o caso, mas foi considerado necessário face ao quadro geral. O mal-estar que o caso provocou não se limitou, porém, ao Estado requerido. No que diz respeito ao sistema de Estrasburgo em termos mais gerais, este caso não constituía a ocasião ideal para estabelecer o equilíbrio descrito entre a justiça individual e a tarefa de convencer os Estados tardo-imperiais a aderir como membros plenos do sistema. Isto é evidente no próprio processo. Emblematicamente, o advogado de acusação no caso *Grécia c. Reino Unido*, o distinto advogado internacional e senador belga Henri Rolin – que dois anos depois seria nomeado para o TEDH e viria a ser seu presidente (de 1968 a1971) –, começou a sua intervenção perante a Comissão Europeia de Direitos Humanos da seguinte forma:

> Sou o primeiro a admitir o paradoxo – e, pessoalmente, lamento-o – de que por um acaso do destino o primeiro governo a ser trazido a tribunal por um outro governo seja o do Reino Unido, que governa um país que, mais do que qual-quer outro na Europa, sempre mostrou preocupação com os direitos humanos (*apud* Simpson, 2004).

Talvez fosse inadequado numa sala de tribunal, mas o ponto levantado por Rolin era difícil de não ser notado.

Se o resultado do caso de Chipre era afinal aceitável à luz do que estava em jogo, também constituiu um lembrete da fragilidade da tarefa de institucionalização e juridificação dos direitos humanos europeus. Pouco depois, um outro caso, *Lawless c. Irlanda* (TEDH, 1961), estava a seguir os trâmites do sistema e veio a ser o primeiro do TEDH. Este caso foi interposto contra a Irlanda, mas era relevante para vários outros países, incluindo nomeadamente o Reino Unido, e dizia respeito à prática de detenção sem julgamento na Irlanda no contexto de um confronto com o IRA. Neste caso, a Comissão Europeia de Direitos Humanos, primeiro, e o TEDH, depois, consideraram que estas práticas estavam em conflito com o Art.º 5.º da CEDH; no entanto, aceitaram a derrogação através do Art.º 15.º e deste modo não consideraram haver uma violação da Convenção. Nesta ocasião, as próprias instituições europeias parecem ter disponibilizado a «diplomacia legal» necessária para conseguir um equilíbrio. O caso também sugere de forma mais genérica que as instituições de Estrasburgo estavam relutantes em dar rédea solta à Convenção e isso era, sem dúvida, percetível diplomaticamente quando se tratava de questões de soberania nacional e insegurança, parecendo tratar-se de um fenómeno geral. Na verdade, uma análise do número de queixas admitidas aos dois órgãos durante o seu período inicial de funcionamento sustenta o argumento de que as instituições de Estrasburgo só muito gradualmente começaram a elaborar jurisprudência sobre os direitos humanos europeus.

A Comissão admitiu cinco queixas ao longo da década de 1950 e cerca de 54 durante a década seguinte. É importante referir que só um número muito restrito destes casos deu realmente lugar a decisões concretas. A situação no caso do TEDH foi ainda mais impressionante. Após dez anos de funcionamento, apenas proferiu acórdão em dez casos e, destes, somente num pequeno número é que encontrou violações da CEDH (Dickson, 1997: 19). O Tribunal esteve praticamente sem funcionar no início da década de 1960, depois de ter estado envolvido em dois casos, *Lawless c. Irlanda* (TEDH, 1961) e *De Becker c. Bélgica* (TEDH, 1962), e de em nenhum deles ter encontrando qualquer violação.[13] Isto tem que ser visto no contexto do número bastante elevado de queixas apresentadas durante esse mesmo período. Certo é que a Comissão utilizou plenamente a sua competência de triagem para reduzir o volume de processos e desse modo desenvolveu uma jurisprudência muito importante sobre a noção de queixas «manifestamente infundadas», ou seja, uma jurisprudência sobre o que não são violações dos direitos humanos ao abrigo da CEDH. Acima de tudo, o que se pode interpretar a partir destes desenvolvimentos é que, após a agitação dos casos de Chipre, os direitos humanos na Europa desenvolveram-se de uma forma bastante comedida. Isto tem que ser visto necessariamente à luz do objetivo de garantir a aceitação das duas principais cláusulas opcionais pelos principais Estados europeus.

O Surgimento do Tribunal Progressista
Também restam poucas dúvidas de que as estratégias institucionais concebidas em Estrasburgo foram bem acolhidas pelos Estados-Membros, tendo essas estratégias demonstrado o discernimento e as competências necessárias à «diplomacia legal». A relutância e o talento diplomático já referidos das instituições de Estrasburgo desempenharam um papel significativo quando o Reino Unido tomou finalmente a decisão de aceitar as cláusulas opcionais de petição

---

[13] Outro elemento que influenciou a institucionalização da CEDH foi a interface entre o Tribunal e a Comissão. Deixei esta questão fora desta análise.

individual e da jurisdição do Tribunal em 1966.[14] Obviamente, conforme foi salientado por Anthony Lester (1988), as coisas ainda eram mais complicadas, uma vez que a aceitação das cláusulas tinha que ser considerada não apenas em relação à jurisprudência ainda reduzida, mas também relativamente à descolonização e a algumas questões não resolvidas decorrentes da Segunda Guerra Mundial. No entanto, independentemente das várias conjeturas efetuadas pelo Ministério dos Negócios Estrangeiros do Reino Unido, a mensagem era clara: o Reino Unido tinha apanhado o comboio dos direitos humanos europeus, mesmo que a aceitação estivesse limitada a um período inicial de três anos com subsequente prorrogação.[15] Em 1973, a Itália e a Suíça seguiram o exemplo, tornando a França o único Estado de entre os signatários da CEDH que continuava sem a ratificar.[16] No entanto, em 1974, na sequência da morte súbita do presidente Pompidou e já com algum distanciamento em relação aos traumas da guerra na Argélia, a França decidiu finalmente ratificar a Convenção, assim como aceitar a jurisdição do Tribunal. Seria, porém, necessário esperar pela eleição de François Mitterrand, em 1981, para que o direito de petição individual fosse aceite como parte de um compromisso eleitoral mais geral para com os direitos humanos.[17] Todavia, o padrão estava definido em termos de um sistema europeu de direitos humanos agora finalmente legitimado e em pleno funcionamento. Esta segunda encarnação do Tribunal iria levar os direitos humanos europeus para um nível diferente, transformando a Convenção em autêntico direito europeu, tornando-a, assim, um ator na integração europeia.

Considerando-se o ativismo bastante limitado manifestado durante o período anterior, a transformação do Tribunal no final da década de 1970 foi de facto impressionante. Numa série de decisões marcantes, o TEDH lançou as bases para o entendimento futuro da Convenção. Se houve uma tendência comum a estas sentenças, foi a de que elas impulsionaram o TEDH para além do mero

---

[14] Em 1967, a petição individual passou a ser permitida a muitas pessoas dos chamados territórios dependentes.

[15] Esta última situação não era tão suspeita como pode parecer à primeira vista, até porque sete das oito primeiras declarações de aceitação da jurisdição do Tribunal estavam limitadas a um período de tempo determinado e, por isso, sujeitas a prorrogação. A Áustria, a Dinamarca, a Islândia, o Luxemburgo e a República Federal da Alemanha tinham especificado o mesmo período de três anos – a Bélgica e os Países Baixos aceitaram a jurisdição por um período inicial de cinco anos. Ver Robertson (1960: 18).

[16] A Grécia também a iria rerratificar em 1974 depois de ter abandonado o Conselho da Europa em 1969. Ver mais à frente.

[17] Ver, por exemplo, Agrikoliansky (2003).

intergovernamentalismo do período anterior. No limitado campo de ação dos direitos humanos europeus, a única saída viável em relação à hegemonia da soberania nacional que marcou o período inicial foi através da atribuição de uma maior importância aos indivíduos – e aos direitos individuais – no equilíbrio entre os direitos humanos europeus e a soberania nacional. Em retrospetiva, a importância decisiva da institucionalização da petição individual na década de 1970 foi precisamente porque esta previa ajustar a equação básica dos direitos humanos de uma forma mais favorável aos indivíduos e, desse modo, à Convenção. O grau de mudança ilustra-se melhor se se fizer primeiro uma breve revisão da jurisprudência até meados da década de 1970 antes de examinar a jurisprudência progressista da segunda metade dessa década.

Em termos gerais, até meados da década de 1970 a jurisprudência foi marcada pelo desenvolvimento comedido atrás descrito. No entanto, dois casos decididos, respetivamente, pela Comissão e pelo Tribunal no final da década de 1960, depois do período de letargia do Tribunal, destacam-se cada um deles à sua maneira.[18] O *Caso grego* serviu para muitos como uma ocasião importante para confirmar o *ethos* antitotalitário prezado por muitos dos redatores da Convenção, que tinham encarado a Convenção principalmente como uma garantia coletiva contra o retorno do totalitarismo de qualquer espécie à Europa Ocidental. Independentemente da importância destes interesses, tratava-se no entanto de um caso intergovernamental, que, tal como o *Caso de Chipre*, acabaria por culminar numa solução extralegal.[19] Depois de a Comissão ter concluído, em 1969, que os coronéis gregos tinham violado a Convenção, a Junta Miliar decidiu pura e simplesmente abandonar o Conselho da Europa, fazendo um discurso de despedida na Comissão em que a apelidava de «conspiração de homossexuais e comunistas contra os valores helénicos» (Simpson, 2004: 144). No entanto, o nível da retórica da Junta não foi o ponto mais baixo do caso. Já era por si extremamente problemático que um Estado-Membro fundador (e membro da OTAN) abandonasse a organização, mas, pior ainda, no curto prazo a repressão violenta aumentou ainda mais após a saída grega do Conselho da Europa.[20]

---

[18] Dois outros casos do mesmo período devem também ser mencionados – *Neumeister c. Áustria* (TEDH, 1968a) e *Wemhoff c. Alemanha* (TEDH, 1968b).

[19] A queixa interestatal tinha sido submetida em 1967 pelos governos escandinavos e pelos Países Baixos.

[20] De modo semelhante, o caso de Chipre tinha sido um desastre, uma vez que a situação após os Acordos de Londres e Zurique ainda ficou pior em termos de direitos humanos.

com um processo de separação implicavam que a requerente, a Sra. Airey, tinha sido privada do direito de acesso efetivo aos tribunais. Independentemente da ausência de qualquer barreira formal, o facto de a requerente não poder pagar a um advogado e de não estar disponível qualquer apoio judiciário infringiu o seu direito de acesso aos tribunais e a um julgamento justo. No parágrafo 24 do acórdão encontra-se uma afirmação célebre: «A Convenção destina-se a garantir, não direitos teóricos ou ilusórios mas, sim, direitos que sejam práticos e efetivos» (TEDH, 1979c: § 24).

A doutrina do «prático e efetivo» era em si mesma de importância considerável para a interpretação da Convenção, uma vez que enunciava claramente que a proteção dos direitos da CEDH era uma obrigação concreta e não abstrata dos Estados-Membros e que o seu incumprimento podia constituir uma violação da Convenção. Nos casos *Tyrer c. o Reino Unido* (TEDH, 1978b) e *Marckx c. Bélgica* (TEDH, 1979b), as implicações desta nova abordagem foram levadas ainda mais longe. Em *Tyrer c. o Reino Unido* (TEDH, 1978b), o Tribunal foi confrontado com a questão de saber se um jovem britânico, Anthony M. Tyrer, tinha sido sujeito a «punição degradante», contrariando o Art.º 3.º da CEDH, ao ter sido condenado a «três vergastadas» por ter agredido um colega na escola. Saber se o seu direito à dignidade e à integridade física tinha sido violado exigia determinar quais os padrões gerais da sociedade a este respeito. No Parágrafo 31.º, o TEDH afirma, numa passagem célebre, que a «Convenção é um instrumento vivo [...] [e] deve ser interpretada à luz das condições atuais [...] e dos padrões comumente aceites nos [...] Estados-Membros» (TEDH, 1978b: § 31). Pouco tempo depois, em *Marckx c. Bélgica* (TEDH, 1979b), o TEDH confirmou que fazia uma interpretação dinâmica da CEDH de modo a garantir uma proteção atualizada dos direitos humanos na Europa. Um último desenvolvimento jurisprudencial importante, e que deve aqui ser mencionado, está também ligado à interpretação do Art.º 3.º, nomeadamente, a decisão no caso *Irlanda c. o Reino Unido* (TEDH, 1978a), em que se afirma que nem a margem nacional de discrição nem a derrogação ao abrigo do Art.º 15.º poderiam justificar a prática de tratamento desumano e degradante. O Artigo 3.º da CEDH é um direito fundamental dos direitos humanos europeus que não pode ser derrogado mesmo em casos de perigo público e de autoproclamada emergência. Com este julgamento, o caso *Lawless c. Irlanda* (TEDH, 1961) passou de um momento para o outro a parecer que fazia parte de um passado distante.

Os direitos humanos tinham sido defendidos, mas de uma forma mais abstrata do que concreta.[21]

Outro caso, que se pode qualificar mais diretamente como um prenúncio da jurisprudência do final da década de 1970, foi o *Caso «Relacionado com Determinados Aspetos das Leis sobre o Uso das Línguas na Educação na Bélgica»* (TEDH, 1968c), que, por ter um nome extenso, ficou conhecido simplesmente como o caso *Linguístico Belga*. Neste caso veementemente contestado, o Tribunal considerou, por uma maioria de oito contra sete, que uma lei belga sobre o acesso à educação não respeitava o Art.º 14.º da CEDH, uma vez que não tinha uma fundamentação objetiva e razoável, não visava um propósito legítimo e não era uma medida proporcional ao propósito visado. Ainda que estivesse longe de ser unânime, constituiu um primeiro aviso aos Estados-Membros de que, embora houvesse uma certa margem de discrição no que respeita ao cumprimento das suas obrigações, nem todas as medidas – ou falta delas – poderiam ser consideradas sob a bandeira da subsidiariedade. Por outras palavras, a interpretação da CEDH seria efetuada à luz do *effet utile* das normas da Convenção.

Embora os dois casos indiquem uma mudança no sentido de uma aplicação mais efetiva da CEDH, pouco transformaram o sistema. Foi apenas com a jurisprudência pós-1975 de casos notáveis como *Irlanda c. o Reino Unido* (TEDH, 1978a), *Tyrer c. o Reino Unido* (TEDH, 1978b), *Marckx c. Bélgica* (TEDH, 1979b), *Airey c. Irlanda* (TEDH, 1979c), entre outros,[22] que os direitos humanos europeus tomaram um novo rumo. Noções-chave como «instrumento vivo» e «prático e efetivo» desenvolveram-se num fluxo de casos sucessivos em que o Tribunal não se coibiu de encontrar violações. Em *Golder c. Reino Unido* (TEDH, 1975a), o primeiro caso do Reino Unido a chegar ao TEDH após a sua aceitação da petição individual e da jurisdição do Tribunal, o TEDH considerou – com um parecer extenso e separado do juiz inglês, Sir Gerald Fitzmaurize – que tinha sido negado o direito a um julgamento justo nos termos do Art.º 6.º da CEDH a um preso que se viu privado do acesso a um advogado para propor uma ação por difamação contra um guarda prisional. Neste caso, basicamente clarificava-se que, sem o acesso a um tribunal, o Estado de direito poderia tornar-se uma ilusão. Alguns anos mais tarde, em *Airey c. Irlanda* (TEDH, 1979c), o Tribunal avançou ainda mais nessa direção e considerou que, na Irlanda, os custos reais

---

[21] Pode argumentar-se, porém, que a longo prazo o caso serviu de suporte aos ativistas que se opunham aos coronéis gregos.

[22] Para a lista dos julgamentos relevantes, consultar a nota n.º 1.

com um processo de separação implicavam que a requerente, a Sra. Airey, tinha sido privada do direito de acesso efetivo aos tribunais. Independentemente da ausência de qualquer barreira formal, o facto de a requerente não poder pagar a um advogado e de não estar disponível qualquer apoio judiciário infringiu o seu direito de acesso aos tribunais e a um julgamento justo. No parágrafo 24 do acórdão encontra-se uma afirmação célebre: «A Convenção destina-se a garantir, não direitos teóricos ou ilusórios mas, sim, direitos que sejam práticos e efetivos» (TEDH, 1979c: § 24).

A doutrina do «prático e efetivo» era em si mesma de importância considerável para a interpretação da Convenção, uma vez que enunciava claramente que a proteção dos direitos da CEDH era uma obrigação concreta e não abstrata dos Estados-Membros e que o seu incumprimento podia constituir uma violação da Convenção. Nos casos *Tyrer c. o Reino Unido* (TEDH, 1978b) e *Marckx c. Bélgica* (TEDH, 1979b), as implicações desta nova abordagem foram levadas ainda mais longe. Em *Tyrer c. o Reino Unido* (TEDH, 1978b), o Tribunal foi confrontado com a questão de saber se um jovem britânico, Anthony M. Tyrer, tinha sido sujeito a «punição degradante», contrariando o Art.º 3.º da CEDH, ao ter sido condenado a «três vergastadas» por ter agredido um colega na escola. Saber se o seu direito à dignidade e à integridade física tinha sido violado exigia determinar quais os padrões gerais da sociedade a este respeito. No Parágrafo 31.º, o TEDH afirma, numa passagem célebre, que a «Convenção é um instrumento vivo [...] [e] deve ser interpretada à luz das condições atuais [...] e dos padrões comummente aceites nos [...] Estados-Membros» (TEDH, 1978b: § 31). Pouco tempo depois, em *Marckx c. Bélgica* (TEDH, 1979b), o TEDH confirmou que fazia uma interpretação dinâmica da CEDH de modo a garantir uma proteção atualizada dos direitos humanos na Europa. Um último desenvolvimento jurisprudencial importante, e que deve aqui ser mencionado, está também ligado à interpretação do Art.º 3.º, nomeadamente, a decisão no caso *Irlanda c. o Reino Unido* (TEDH, 1978a), em que se afirma que nem a margem nacional de discrição nem a derrogação ao abrigo do Art.º 15.º poderiam justificar a prática de tratamento desumano e degradante. O Artigo 3.º da CEDH é um direito fundamental dos direitos humanos europeus que não pode ser derrogado mesmo em casos de perigo público e de autoproclamada emergência. Com este julgamento, o caso *Lawless c. Irlanda* (TEDH, 1961) passou de um momento para o outro a parecer que fazia parte de um passado distante.

Um Tribunal Europeu na Transformação da Europa

O que é aparente a partir desta breve análise da jurisprudência do final da década de 1970 é que, num período de poucos anos, o TEDH deixou para trás a diplomacia dos direitos humanos e criou uma doutrina que estabeleceu pelo menos três matérias importantes em relação à CEDH: uma noção de direitos fundamentais – *Irlanda c. o Reino Unido* (TEDH, 1978a) –, uma abordagem dinâmica para o entendimento da CEDH – *Tyrer c. o Reino Unido* (TEDH, 1978b) e *Marckx c. Bélgica* (TEDH, 1979b) – e, finalmente, a obrigação de os Estados--Membros protegerem de forma efetiva e prática os direitos da Convenção – *Airey c. Irlanda* (TEDH, 1979c) e *Golder c. Reino Unido* (TEDH, 1975a). É claro que estas decisões não foram todas unânimes ou isentas de tensões entre o Tribunal e os Estados-Membros, mas impulsionaram sucessivamente a Convenção na mesma direção, a dos direitos humanos europeus enquanto forma genuína de direito a ser tida em conta e respeitada em todos os Estados-Membros. Este quadro dinâmico para a compreensão e aplicação de direitos legais efetivos e práticos viria a tornar-se de facto na variante do TEDH da noção de supremacia do direito europeu e da sua aplicação uniforme que estava a ser construída no Tribunal de Justiça Europeu (TJE). Embora estes desenvolvimentos possam ser simplesmente encarados como uma metamorfose da CEDH, ou seja, um desenvolvimento orgânico movido por propósitos funcionais já prescritos na Convenção, todavia, uma explicação tão autorreferencial não leva em conta a importância óbvia de forças extralegais na evolução legal. Considerando que a jurisprudência do final da década de 1970 praticamente se qualifica como uma revolução em pequena escala dos direitos humanos europeus, levanta-se a questão de saber o que é que facilitou esse novo rumo jurisprudencial.

A explicação mais simples e mais frequentemente mencionada dessa mudança tem como ponto de partida o realismo legal, sugerindo que é essencialmente a substituição dos atores – os juízes e comissários – que explica a mudança da jurisprudência. De um modo geral, parece plausível atribuir a transformação na jurisprudência a uma mudança radical na composição do Tribunal de Estrasburgo e, por conseguinte, a uma mudança do *habitus* institucional. Porém, no caso específico do TEDH, acontece que o argumento é problemático quando os dados empíricos são examinados mais de perto. Na verdade, o que impressiona não é a diferença mas, sim, a semelhança quando se comparam os juízes de 1959 com os de 1979 em termos de perfis socioprofissionais primários. Acima de tudo, o Tribunal de 1979, tal como o de 1959, era predominantemente marcado por atores com um extenso percurso académico e com uma exposição às questões internacionais em várias funções legais, diplomáticas e políticas. Se 80% dos membros do Tribunal em 1959 eram doutorados, em 1979 eram 70%, o que aponta para um grau significativo de continuidade de juízes provenientes da academia. Além disso, a média de idades em 1979 ainda era superior a 60 e o predomínio masculino mantinha-se. O que se pode verificar é que, essencialmente, as duas gerações de juízes eram membros do mesmo tipo de elite jurídica académica e internacional. De facto, um dos atores mais prolíficos do Tribunal de 1979 era Pierre-Henri Teitgen, que, para além de possuir todas as credenciais académicas necessárias também tinha sido o redator mais influente da Convenção cerca de 30 anos antes. O facto de o perfil dos membros do Tribunal ter permanecido quase inalterado só vem trazer mais dificuldade a este enigma: como é que a produção legal foi então assim tão marcadamente diferente?

Fundamentalmente, resta uma explicação mais estrutural, a não ser, claro, que se atribua o catalisador da mudança, não às propriedades socioprofissionais como se fez acima mas, sim, às características psicológicas deste Tribunal de 1979 ou às preferências políticas dos seus membros individuais.[23] Como se demonstrou, as questões geopolíticas, especialmente a política da Guerra Fria, desempenharam em termos gerais um papel importante, em primeiro lugar, no processo de elaboração da CEDH e, depois, na jurisprudência inicial, em que a questão da descolonização condicionou, direta e indiretamente, as práticas do Tribunal. Pelas mesmas razões, parece plausível que a mudança na jurisprudência, a partir de meados da década de 1970, possa ser explicada de uma forma semelhante no que se refere à transformação estrutural mais vasta na área dos direitos humanos e do direito europeu da altura que influenciaram o comportamento do Tribunal. Na década de 1970, pode observar-se de uma forma geral um interesse renovado nos direitos humanos internacionais ao nível da política e do direito internacional. Com a atenuação da Guerra Fria, ilustrada pela política de *détente* do início da década de 1970, bem como pelo fim das mais violentas guerras de independência colonial, a questão dos direitos

---

[23] Quanto a estas últimas, há uma tendência para as considerar como uma variável predominante para explicar o ativismo judicial noutros contextos, como o Supremo Tribunal dos EUA. Em relação aos Tribunais Europeus, também têm sido utilizadas explicações desse tipo, por exemplo, por Rasmussen (2008). Quanto ao TEDH, parece um pouco rebuscado argumentar nesse sentido, particularmente tendo em conta os morosos processos concretos de institucionalização aqui descritos, que estão, sem dúvida, relacionados com o ambiente estrutural da instituição. Para uma abordagem relativamente idêntica em relação ao TJE, ver Cohen (2010).

O SURGIMENTO DO TRIBUNAL DE DIREITOS HUMANOS PROGRESSISTA   47

humanos foi gradualmente reintroduzida na política e no direito internacional. Mais importante no que diz respeito a esta análise, a crítica dos direitos humanos foi também cada vez mais dirigida a um conjunto de novos perpetradores fora da Europa Ocidental: na América Latina, África do Sul, Europa Oriental, assim como, pelo menos no que se refere ao início da década de 1970, aos EUA e à sua conduta no Vietname. Ajudada por esta transferência geográfica da luta pelos direitos humanos e pelo declínio da política de direitos humanos da Guerra Fria, a Europa Ocidental – tal como os EUA com Jimmy Carter – acabou gradualmente por se ver a si própria, mais uma vez, como o berço dos direitos humanos com uma espécie de missão no exterior. O caso das sociedades da França e do Reino Unido, antigos impérios, é talvez o mais notável a este respeito, uma vez que, assim, passaram de objeto da crítica dos direitos humanos a uma reafirmação gradual enquanto defensores dos direitos humanos internacionais.

Tal como no caso do TEDH, foi particularmente na segunda metade da década de 1970 que os direitos humanos internacionais começaram a tornar-se uma questão substantiva do direito e da política internacional. Provavelmente, os exemplos mais conhecidos dizem respeito à política externa formulada por Jimmy Carter, quer em relação às ditaduras militares latino-americanas, quer às negociações da Ata Final de Helsínquia, em 1975, que veio a desencadear e legitimar uma série de grupos que foram criados para verificar o cumprimento da Ata, incluindo a *Human Rights Watch* e a Carta 77 (cf. Thomas, 2001). Isso corresponde ainda mais aos desenvolvimentos no âmbito da ONU, em que os dois Pactos entraram finalmente em vigor em meados da década de 1970, proporcionando uma estrutura legalista para os direitos humanos internacionais. Ao nível das ONG, verificou-se uma evolução semelhante. Se, como se descreveu atrás, as práticas iniciais das ONG tinham sido fortemente marcadas pelas políticas de oposição da Guerra Fria, os novos líderes do movimento dos direitos humanos, como a Amnistia Internacional, procuraram explicitamente «legalizar» a sua defesa dos direitos humanos.[24] A nova abordagem foi reconhecida por uma sociedade internacional desesperada por progressos ao nível dos direitos humanos internacionais. Na segunda metade da década de 1970, num período de apenas três anos, a Amnistia recebeu o Prémio Erasmus (1976), o Prémio Nobel da Paz (1977) e o Prémio de Direitos Humanos da ONU (1978). Depois da sua ausência mais ou menos forçada durante o período inicial da Guerra Fria,

---

[24] Sobre a génese da Amnistia Internacional, ver Buchanan (2002).

a questão dos direitos humanos estava indubitavelmente a regressar ao mais alto nível do direito e da política internacional.

Estes desenvolvimentos interligados, relacionados com o lançamento do projeto do pós-guerra de conceber os direitos humanos como uma questão de direito e política internacional, também se observaram na Europa Ocidental durante o mesmo período. Na Europa Ocidental do início da década de 1970, a maioria do ativismo pelos direitos humanos foi direcionado para os regimes não democráticos fora da jurisdição dos direitos humanos europeus: o dos coronéis na Grécia, de Franco em Espanha e do salazarismo em Portugal. No entanto, em meados da década de 1970, a maré estava a mudar e a Grécia, Portugal e a Espanha estavam nessa altura a integrar-se na estrutura da CEDH.[25] Sem dúvida que isto veio dar uma nova e importante legitimidade à instituição e, ainda mais importante, redefiniu o campo de ação, fazendo com que passasse a ser improvável que casos como o de *Chipre* e o da *Grécia*, que marcaram o período inicial do Tribunal, fossem levados ao Tribunal. De facto, o caso *Irlanda c. o Reino Unido* (TEDH, 1978a) foi o último desta série de queixas interestatais extremamente delicadas. E, neste caso, o Tribunal saiu da cortina de fumo da política do pós-guerra e destacou o seu empenhamento primordial para com os direitos humanos europeus ao fazer notar que o Art.º 3.º da CEDH era um direito fundamental que não poderia ser derrogado. Isto foi não só uma indicação de que o período de tratamento especial tardo-imperial tinha chegado ao fim, mas também de que o TEDH não ia aceitar o tipo de jogos dos direitos humanos que caracterizavam a América Latina dessa década de 1970, em que o recurso ao estado de emergência se tornou a ferramenta preferida das ditaduras latino-americanas para fugir aos direitos humanos ao nível da ONU.[26] Com esta decisão, o TEDH distinguiu-se como uma instituição líder no desenvolvimento internacional do direito dos direitos humanos.

Apesar da sua importância crucial, essa nova geopolítica dos direitos humanos não explica por completo a mudança de rumo do TEDH. Antes de mais, os desenvolvimentos no TEDH também faziam parte de um processo distinto de europeização, tanto em termos de integração da sociedade europeia como de construção do direito europeu. É significativo que em meados da década de

---

[25] Portugal e a Espanha assinaram a CEDH em 1976 e 1977 e ratificaram-na em 1978 e 1979, respetivamente.

[26] Esta situação foi objeto de uma série de investigações da ONU que veio finalmente a resultar no chamado Relatório Questiaux, de 1982.

1970 todos os Estados-Membros da CEE fossem também membros de pleno direito do sistema CEDH.[27] Na verdade, a mudança atrás analisada no comprometimento com o TEDH teve lugar ao mesmo tempo que a CEE levava a cabo o seu primeiro alargamento, passando a incluir a Dinamarca, a Irlanda e o Reino Unido.[28] Isto iria mudar para sempre o rumo da CEE e criar o processo no sentido do desenvolvimento da UE como a conhecemos hoje. No entanto, no início da década de 1970 o desenvolvimento mais importante relacionado com a CEE a este respeito estava a decorrer sob os auspícios do Tribunal de Justiça Europeu (TJE). Depois da relutância inicial, durante a década de 1960, o TJE estava agora a criar uma jurisprudência sobre os direitos fundamentais com referência a um conjunto de princípios gerais não escritos do direito comunitário em casos marcantes, tais como o *Internationale Handelsgesellschaft* (1970), *Nold* (1974), *Rutili* (1975) e *Hauer* (1979). Para além de se juntar à dinâmica mais geral dos direitos humanos, a nova jurisprudência do TJE veio também realçar que os direitos humanos não eram, por definição, uma questão de geopolítica e de violações graves, mas que também diziam respeito a novas políticas sociais e novos direitos dos cidadãos numa Europa cada vez mais unida.

Os casos de *Tyrer c. o Reino Unido* (TEDH, 1978b) e *Airey c. Irlanda* (TEDH, 1979c), que tratavam, respetivamente, dos castigos corporais e do acesso ao divórcio, levantaram de uma forma relativamente idêntica a questão dos direitos humanos no tecido social em evolução da sociedade europeia ocidental. Como estava implícito na doutrina da interpretação dinâmica, os direitos humanos europeus eram os direitos humanos da sociedade europeia contemporânea enquanto somatório do desenvolvimento da sociedade. Tal como o Supremo Tribunal dos EUA, durante o tempo de Earl Warren, no caso *Trop c. Dulles* (1958), justificou de forma célebre o seu rumo progressista através de uma referência ao progresso da sociedade em termos da «evolução dos padrões de decência de uma sociedade em amadurecimento», os dois tribunais europeus implantaram de facto uma noção de europeização progressiva – «União cada vez mais estreita» e «condições atuais, [...] padrões comummente aceites nos [...] Estados-Membros» (TEDH, 1978b) – a fim de legitimar o direito europeu progressista. É claro que isto apenas se liga marginalmente à geopolítica dos direitos humanos atrás tratada. Mas expressa, isso sim, uma evolução social e jurídica específica da

---

[27] Com exceção, claro está, da questão pendente da petição individual em relação à França.

[28] A Noruega acabou por não aderir à CEE na sequência de um referendo em que essa adesão foi rejeitada. A Grécia aderiu em 1981 e a Espanha e Portugal em 1986.

Europa, em que a ideia da «integração europeia através do direito» constituiu uma força motriz. Além disso, a alteração mais geral para os direitos na política social, para a qual o TEDH e o TJE contribuíram significativamente ao longo das décadas subsequentes, influenciou a jurisprudência do TEDH do final da década de 1970. Se os direitos humanos europeus tinham sido originalmente concebidos e legitimados em termos de uma garantia coletiva contra quaisquer formas de totalitarismo, na década de 1970 os direitos humanos foram também legitimados como ferramenta para a emancipação social numa sociedade mais permissiva.[29]

Conclusão

As múltiplas correspondências entre a nova jurisprudência do TEDH do final da década de 1970 e os ambientes sociais, jurídicos e políticos em que foi desenvolvida são impressionantes. De facto, parece bastante plausível atribuir a transformação do TEDH aos efeitos combinados do deslocamento relativo da luta pelos direitos humanos para territórios fora da jurisdição da CEDH e à nova política de «juridificação» dos direitos humanos, tanto em termos do direito internacional como da política nacional. Certo é que estas mudanças mais estruturais tornaram o TEDH uma instituição central para a realização de um conjunto de objetivos, que, entre todos eles, tornaram mais pertinente a questão dos direitos humanos – internacionais, europeus e nacionais. Basicamente, os condicionalismos estruturais influenciaram o rumo do conjunto combinado de atores envolvidos na institucionalização e juridificação dos direitos humanos na Europa. Aquilo que manteve o Tribunal manietado durante os primeiros 15 anos teve que ver, em grande medida, com as estratégias dos Estados-Membros de maior dimensão, que também estavam condicionados no seu compromisso com os direitos humanos devido à transformação estrutural no plano internacional durante esse mesmo período. Na década de 1970, quando finalmente se «libertaram» do pesado fardo da descolonização, esses mesmos Estados ajudaram a legitimar a causa dos direitos humanos na Europa e internacionalmente, assim como ao nível da política nacional.[30] E, juntamente com os outros desenvolvimentos a

---

[29] A cultura dos direitos desenvolvida no final da década de 1960 e início da de 1970 é em si mesma uma variável importante para explicar a transformação do TEDH. Uma análise clássica da ascensão da política dos direitos encontra-se em Scheingold (2004).

[30] De facto, durante as campanhas eleitorais francesas de 1974, Mitterrand tinha prometido fazer da elaboração de uma *Charte des libertés* uma prioridade política no caso de vir a ser eleito. No entanto, acabou por ser o candidato vencedor, Giscard d'Estaing, a tornar realidade esta

favor dos direitos humanos atrás abordados, isto também contribuiu em muito para a «libertação» final do TEDH.

No entanto, a dinâmica dos direitos humanos dos finais da década de 1970, por si só, pode não explicar por que razão o TEDH foi ao ponto a que foi de transformar a oportunidade estrutural em prática legal. Seria um erro assumir simplesmente que o TEDH aderiu ao movimento de euforia dos direitos humanos da década de 1970 (e 1980). Na verdade, a principal razão para que o TEDH se pudesse desenvolver tão rápida e progressivamente como o fez teve que ver, acima de tudo, com os processos de legitimação do período anterior; isto é, a diplomacia legal preparou o caminho para a jurisprudência integracionista progressista do final da década de 1970. No que respeita a esta conversão, os juízes (e comissários) do TEDH desempenharam um papel crucial. Ajudados pela sua formação académica em direito e a sua exposição aos assuntos internacionais, os juízes conseguiram estabelecer um equilíbrio a favor dos Estados-Membros quando isso foi necessário na década de 1960. No final da década de 1970, um novo conjunto de juízes – que em muito se assemelhava ao conjunto anterior – conseguiu, de uma forma mais ou menos idêntica, encontrar um equilíbrio a favor do direito europeu quando este era mais necessário – e mais viável. Na verdade, as contribuições mais duradouras do Tribunal de Estrasburgo do segundo período não foram apenas as decisões que trouxeram mudanças significativas, mas também a reflexividade permanente ao lidar com os direitos humanos. Essa capacidade não era dada pela Convenção nem pelas estruturas através das quais funcionava mas foi, sim, o produto das competências coletivas da reduzida elite legal encarregada da institucionalização e juridificação dos direitos humanos europeus.

Referências bibliográficas

Agrikoliansky, É. (2003), "La gauche, le libéralisme politique et les droits de l'homme", *in* J.-J. Becker e G. Candar (orgs.), *Histoire des gauches en France*. Paris: La Découverte.

Bates, Ed (2011), *The Evolution of the European Convention of Human Rights*. Oxford, UK: Oxford University Press.

---

promessa eleitoral quando, recém-eleito Presidente, criou uma comissão de juízes do Supremo Tribunal, em julho de 1974, para redigir o *Code des libertés fondamentales de l'individu*. Miterrand, assistido pelo eminente advogado Robert Badinter, contra-atacou anunciando, em maio de 1975, a criação de uma comissão para redigir uma *Charte des droits et libertés fondementaux*. Isto dois dias antes de o Partido Comunista divulgar o seu contributo para essa batalha: a *Déclaration des libertés*. Cf. Agrikoliansky (2003).

Buchanan, T. (2002), "'The Truth Will Set You Free': The Making of Amnesty International", *Journal of Contemporary History*, 37(4), 575-597 [disponível em: <http://dx.doi.org/10.1177/00220094020370040501>].

Cohen, A. (2010), «"Dix personnages majestueux en longue robe amarante". La formation de la cour de justice des communautés européennes», *Revue française de science politique*, 60(2), 237-246 [disponível em: <http://www.afsp.msh-paris.fr/publi/revue/rfsp.html>].

Cohen, A.; e Madsen, M. R. (2007), "'Cold War Law': Legal Entrepreneurs and the Emergence of a European Legal Field (1945-1965)", *in* V. Gessner e D. Nelken (orgs.), *European Ways of Law: Towards a European Sociology of Law*. Oxford, UK: Hart, pp. 175-202.

Dezalay, Y. (2004), "Les courtiers de l'international: Héritiers cosmopolites, mercenaires de l'impérialisme et missionnaires de l'universel", *Actes de la recherche en sciences sociales*, 151-152, 4-35 [disponível em: <http://www.cairn.info/revue-actes-de-la-recherche-en-sciences-sociales-2004-1-page-4.htm>].

Dezalay, Y.; e Garth, B. (2002), *The Internationalization of Palace Wars: Lawyers, Economists, and the Contest to Transform Latin American States*. Chicago: University of Chicago Press.

Dickson, B. (org.) (1997), *Human Rights and the European Convention*. London: Sweet and Maxwell.

Evans, V. (1997), "The European Court of Human Rights: A Time for Appraisal", *in* R. Blackburn e J. J. Busuttil (orgs.), *Human Rights for the 21st Century*. London: Pinter.

Koskenniemi, M. (2001), *The Gentle Civilizer of Nations: The Rise and Fall of International Law 1870–1960*. Cambridge, UK: Cambridge University Press.

Lester, A. (1988), "UK Acceptance of the Strasbourg Jurisdiction: What Really Went On In 1965", *Public Law*, 237-253.

Madsen, M. R. (2010), *La genèse de l'Europe des droits de l'homme: Enjeux juridiques et stratégies d'Etat (France, Grande-Bretagne et pays scandinaves, 1945-1970)*. Strasbourg: Presses universitaires de Strasbourg.

Madsen, M. R. (2011a), "The Protracted Institutionalisation of the Strasbourg Court: From Legal Diplomacy to Integrationist Jurisprudence", *in* Jonas Christoffersen e Mikael Rask Madsen (orgs.), *The European Court of Human Rights between Law and Politics*. Oxford, UK: Oxford University Press, pp. 43-60.

Madsen, M. R. (2011b), "Legal Diplomacy. Law, Politics and the Genesis of Postwar European Human Rights", *in* S. L. Hoffmann (org.), *Human Rights in the Twentieth Century*. Cambridge, UK: Cambridge University Press, pp. 62-84.

Rasmussen, M. (2008), "The Origins of a Legal Revolution: The Early History of the European Court of Justice", *Journal of European Integration History*, 14(2), 77-98 [disponível em: <http://www.eu-historians.eu/uploads/Dateien/jeih-28-2008_2.pdf>].

Robertson, A. H. (1960), "The European Court of Human Rights", *The American Journal of Comparative Law*, 9.

Sacriste, G.; e A. Vauchez (2005), «Les "bons offices" du droit international: la constitution d'une autorité politique dans le concert diplomatique des années 20», *Critique Internationale*, 26, 101--117 [disponível em: <http://www.cairn.info/revue-critique-internationale-2005-1.htm>].

Scheingold, S. (2004), *The Politics of Rights: Lawyers, Public Policy, and Political Change*, 2nd ed. Ann Arbor, MI: University of Michigan Press.

Simpson, A. W. B. (2004), *Human Rights and the End of Empire: Britain and the Genesis of the European Convention*. Oxford, UK: Oxford University Press.

TEDH – Tribunal Europeu dos Direitos Humanos (1961), *Lawless c. Irlanda*, queixa n.º 332/57, acórdão de 1 de julho, série A3 [disponível em: <http://cmiskp.echr.coe.int/tkp197/view.asp?action=html&documentId=695395&portal=hbkm&source=externalbydocnumber&table=F69A27FD8FB86142BF01C1166DEA398649>].

TEDH (1962), *De Becker c. Bélgica*, queixa n.º 214/56, acórdão de 27 de março, série A4 [disponível em: <http://cmiskp.echr.coe.int/tkp197/view.asp?action=html&documentId=695310&portal=hbkm&source=externalbydocnumber&table=F69A27FD8FB86142BF01C1166DEA398649>].

TEDH (1968a), *Neumeister c Áustria*, queixa n.º 1936/63, acórdão de 27 de junho, série A8 [disponível em: <http://cmiskp.echr.coe.int/tkp197/view.asp?action=html&documentId=695421&portal=hbkm&source=externalbydocnumber&table=F69A27FD8FB86142BF01C1166DEA398649>].

TEDH (1968b), *Wemhoff c. Alemanha*, queixa n.º 2122/64, acórdão de 7 de outubro, série A7 [disponível em: <http://cmiskp.echr.coe.int/tkp197/view.asp?action=html&documentId=695472&portal=hbkm&source=externalbydocnumber&table=F69A27FD8FB86142BF01C1166DEA398649>].

TEDH (1968c), *Caso "Relacionado com Determinados Aspetos das Leis sobre o Uso das Línguas na Educação na Bélgica"*, queixas n.ºs 1474/62, 1677/62, 1691/62, 1769/63, 1994/63, 2126/64, acórdão de 23 de julho, série A6 [disponível em: <http://cmiskp.echr.coe.int/tkp197/view.asp?action=html&documentId=695402&portal=hbkm&source=externalbydocnumber&table=F69A27FD8FB86142BF01C1166DEA398649>].

TEDH (1975a), *Golder c. Reino Unido*, queixa n.º 4451/70, acórdão de 27 de setembro, série A18 [disponível em: <http://cmiskp.echr.coe.int/tkp197/view.asp?action=html&documentId=695373&portal=hbkm&source=externalbydocnumber&table=F69A27FD8FB86142BF01C1166DEA398649>].

TEDH (1975b), *Sindicato Nacional da Polícia Belga c. Bélgica*, queixa n.º 4464/70, acórdão de 27 de outubro, série A19 [disponível em: <http://cmiskp.echr.coe.int/tkp197/view.asp?action=html&documentId=695312&portal=hbkm&source=externalbydocnumber&table=F69A27FD8FB86142BF01C1166DEA398649>].

TEDH (1976a), *Handyside c. Reino Unido*, queixa n.º 5493/72, acórdão de 7 de dezembro, série A24 [disponível em: <http://cmiskp.echr.coe.int/tkp197/view.asp?action=html&documentId=695376&portal=hbkm&source=externalbydocnumber&table=F69A27FD8FB86142BF01C1166DEA398649>].

TEDH (1976b), *Kjeldsen, Busk Madsen e Pedersen c. Dinamarca*, queixas n.ºs 5095/71, 5920/72 e 5926/72, acórdão de 7 de dezembro, série A23 [disponível em: <http://cmiskp.echr.coe.int/tkp197/view.asp?action=html&documentId=695386&portal=hbkm&source=externalbydocnumber&table=F69A27FD8FB86142BF01C1166DEA398649>].

TEDH (1978a), *Irlanda c. o Reino Unido*, queixa n.º 5310/71, acórdão de 18 de janeiro, série A25 [disponível em: <http://cmiskp.echr.coe.int/tkp197/view.asp?action=html&documentId=695383&portal=hbkm&source=externalbydocnumber&table=F69A27FD8FB86142BF01C1166DEA398649>].

TEDH (1978b), *Tyrer c. o Reino Unido*, queixa n.º 5856/72, acórdão de 25 de abril, série A26 [disponível em: <http://cmiskp.echr.coe.int/tkp197/view.asp?action=html&documentId =695464&portal=hbkm&source=externalbydocnumber&table=F69A27FD8FB86142B F01C1166DEA398649>].

TEDH (1978c), *König c. Alemanha*, queixa n.º 6232/73, acórdão de 28 de junho, série A27 [disponível em: <http://cmiskp.echr.coe.int/tkp197/view.asp?action=html&documentI d=695389&portal=hbkm&source=externalbydocnumber&table=F69A27FD8FB86142 BF01C1166DEA398649>].

TEDH (1979a), *The Sunday Times c. o Reino Unido*, queixa n.º 6538/74, acórdão de 26 de abril, série A30 [disponível em: <http://cmiskp.echr.coe.int/tkp197/view.asp?action=html&do cumentId=695461&portal=hbkm&source=externalbydocnumber&table=F69A27FD8F B86142BF01C1166DEA398649>].

TEDH (1979b), *Marckx c. Bélgica*, queixa n.º 6833/74, acórdão de 13 de junho, série A31 [disponível em: <http://cmiskp.echr.coe.int/tkp197/view.asp?action=html&documentI d=695411&portal=hbkm&source=externalbydocnumber&table=F69A27FD8FB86142 BF01C1166DEA398649>].

TEDH (1979c), *Airey c. Irlanda*, queixa n.º 6289/73, acórdão de 9 de outubro, série A32 [disponível em: <http://cmiskp.echr.coe.int/tkp197/view.asp?action=html&documentI d=695297&portal=hbkm&source=externalbydocnumber&table=F69A27FD8FB86142 BF01C1166DEA398649>].

TEDH (1979d), *Winterwerp c. os Países Baixos*, queixa n.º 6301/73, acórdão de 24 de outubro, série A33 [disponível em: <http://cmiskp.echr.coe.int/tkp197/view.asp?action=html&do cumentId=695474&portal=hbkm&source=externalbydocnumber&table=F69A27FD8F B86142BF01C1166DEA398649>].

Thomas, D. C. (2001), *The Helsinki Effect: International Norms, Human Rights, and the Demise of Communism*. Princeton, NJ: Princeton University Press.

Tolley, H. (1994), *The International Commission of Jurists: Global Advocates of Human Rights*. Philadelphia: University of Pennsylvania Press.

CAPÍTULO 2

O TEDH E PORTUGAL: 30 ANOS DE UMA RELAÇÃO[1]

Ireneu Cabral Barreto

I

1. A Convenção Europeia dos Direitos Humanos (doravante, Convenção) é um tratado internacional com uma especial característica.[2]

Destina-se sobretudo a ser aplicada internamente nos Estados Parte que a ratificarem, regulando as relações entre os Estados e as pessoas sujeitas à sua jurisdição visando garantir-lhes uma série de direitos e garantias fundamentais.

Como tratado internacional, a Convenção vincula o Estado português na ordem jurídica internacional; e, na hierarquia das fontes de direito interno, a doutrina mais significativa defende para a Convenção, como para os outros instrumentos de direito internacional pactício, uma posição intermédia entre a lei constitucional e as leis ordinárias.

Na primeira linha de aplicação da Convenção encontram-se os tribunais internos que conferem proteção efetiva aos direitos e garantias ali consagrados; compete às jurisdições internas fazer respeitar a Convenção e, perante a sua violação, agir de modo a que as vítimas sejam convenientemente ressarcidas.

Só quando este mecanismo interno falhar é que a Convenção concede aos indivíduos o acesso ao Tribunal Europeu dos Direitos Humanos (doravante, Tribunal).

A intervenção do Tribunal surge assim como subsidiária em relação aos mecanismos internos de proteção.

---

[1] Este capítulo é largamente tributário do que escrevi em Barreto (2010); ver também Barreto (2011: 83-94).

[2] O instrumento de ratificação da *Convenção* foi depositado no dia 9 de novembro de 1978, pelo que, a partir daquela data, a *Convenção* passou a estar em vigor relativamente a Portugal, nos termos do n.º 3 do seu então artigo 66.º.

O TEDH: DO SURGIMENTO À JURISPRUDÊNCIA

Para ser devidamente apreendido, este papel de supervisão do Tribunal exige a aceitação de duas realidades:

a) ao Tribunal compete interpretar a Convenção;

b) se a fixação da matéria de facto, a admissão das provas e a interpretação da lei interna são tarefas que devem ser deixadas em princípio para as instâncias nacionais, o Tribunal não se dispensa de exercer sobre a atividade das instâncias nacionais um controlo europeu (Costa, 2008: 151).

2. As queixas apresentadas ao Tribunal que não forem declaradas inadmissíveis serão objeto de um exame de fundo.

Culminado esse processo, o Tribunal elabora um acórdão, concluindo ou não pela existência de violação.

Os acórdãos do Tribunal são declaratórios no essencial, limitando-se a decidir se, num caso concreto, houve ou não infração a uma ou outra disposição da Convenção; efetivamente, eles não podem derrogar as disposições colocadas em causa, nem anular as decisões judiciárias ou os atos administrativos controversos, nem ainda impor a um Estado a adoção de medidas próprias para evitar novas violações da Convenção.

Como o Tribunal sublinhou diversas vezes, os acórdãos deixam, em princípio, ao Estado em causa a escolha dos meios a utilizar na sua ordem jurídica interna para cumprir a obrigação que pesa sobre ele, nos termos do artigo 46.º da Convenção, de respeitar os acórdãos do Tribunal nos litígios em que for parte (TEDH, 1988a: § 17).

Contudo, para ajudar os Estados a cumprir as suas obrigações, o Tribunal tem vindo, cada vez com mais frequência, a indicar o tipo de medidas que devem ser tomadas para pôr fim a uma situação estrutural por ele verificada, respondendo de certo modo ao apelo da Resolução Res(2004)3 do Comité de Ministros do Conselho da Europa, de 12 de maio de 2004, que o convidou a identificar, nos seus acórdãos e na medida do possível, aquilo que considerar ser um problema estrutural subjacente e a fonte desse problema.

Nalguns casos, a natureza da própria violação constatada não oferece qualquer possibilidade de escolha e, por isso, o Tribunal identifica as medidas capazes de reparar a situação.[3]

---

[3] Cf. os Acórdãos *Assanidzé c. Geórgia* (TEDH, 2004a) – só a liberdade imediata do queixoso poderia sanar a violação –, *Ilascu e Outros c. Moldávia e Rússia* (TEDH, 2004b) – a Rússia e a Moldávia deviam tomar medidas para a libertação dos requerentes ainda presos na Transnístria.

É o que vem também acontecendo no âmbito de condenações em processos penais onde elementares regras do processo equitativo não foram observadas; nestas situações, o Tribunal, por vezes, indica que só a reabertura de um novo julgamento onde tais regras sejam respeitadas poderá sanar a violação.[4]

O Tribunal, mesmo assim, condiciona a reabertura do processo interno ao pedido do interessado.

Por vezes, a violação constatada radica-se num aspeto específico do processo e, nesse caso, o Tribunal não preconiza uma completa reabertura, mas apenas a sanação do defeito que apurou.

Assim aconteceu no Acórdão *Panasenko c. Portugal* (TEDH, 2008a), onde o Tribunal declarou que as medidas a tomar pelo Estado para cumprir as obrigações que lhe incumbem por força da Convenção dependem necessariamente da causa e devem ser definidas à luz do acórdão do Tribunal no caso concreto.

Como no caso concreto a violação identificada residia num defeito na assistência judiciária prestada ao arguido que impediu o Supremo Tribunal de Justiça (STJ) de conhecer do seu recurso, o Tribunal precisou que o exame desse recurso pelo STJ poderia constituir uma reparação adequada para a violação constatada.

Mas, em regra, o Tribunal nada diz sobre a matéria, como, por exemplo, no Acórdão *Bogumil c. Portugal* (TEDH, 2008b), em que o Tribunal, apesar de ter constatado uma violação do artigo 6.º, n.ºs 1 e 3, alínea c) da Convenção, também aqui por deficiências na assistência judiciária prestada, omitiu qualquer referência à necessidade de uma reapreciação do caso.

Nem sempre é fácil abarcar as razões para esta atitude.

Mas dela parece lícito retirar a conclusão de que o Tribunal entende que a execução integral do Acórdão não passa forçosamente pela reabertura do processo interno, deixando ao Estado em causa a escolha dos meios adequados para esse efeito.[5]

Nestas hipóteses, a reabertura do processo ficará de certo modo à discrição das autoridades internas, sob o controlo do Comité de Ministros do Conselho da Europa, órgão encarregado de velar pela execução do Acórdão nos termos do artigo 46.º, n.º 2 da Convenção.

---

[4] É a chamada cláusula Öcalan, porque inserida no Acórdão *Öcalan c. Turquia* (TEDH, 2005a: § 210).

[5] Note-se, aliás, que haverá, desde logo, violações que são estranhas ao fundo das decisões e relevam de aspetos formais que as deixam intocáveis; penso na violação do prazo razoável da duração de um processo, mas não só.

Ora o Decreto-lei n.º 303/2007, de 24 de agosto, alterou o artigo 771.º, alínea f) do Código de Processo Civil, permitindo a revisão de decisão já transitada em julgado quando viole a Convenção Europeia dos Direitos Humanos ou seja, quando essa decisão seja inconciliável com uma decisão definitiva do Tribunal.

Por seu turno, o novo Código de Processo Penal (Lei 43/2007, de 29 de agosto), no seu artigo 449.º, n.º 1, admite a revisão de sentença condenatória transitada em julgado quando uma sentença do Tribunal for inconciliável com a condenação ou suscitar dúvidas sobre a sua justiça.

Estas disposições vieram suprir uma lacuna existente na nossa ordem jurídica e representam, sem dúvida, passos significativos para a harmonizar com a jurisprudência de Estrasburgo.

Não é este o momento de especular, mas de confiar serenamente nos nossos tribunais, pois eles saberão encontrar as linhas de orientação adequadas a conciliar a boa execução dos Acórdãos do Tribunal com as exigências dos nossos Códigos de Processo.

3. Todos os acórdãos do Tribunal são transmitidos pelo seu presidente ao Comité de Ministros.

Se o acórdão decidiu que há violação, o Comité de Ministros convida o Estado requerido a informá-lo das medidas tomadas na sequência do Acórdão.

Decorre do caráter subsidiário do mecanismo de garantia coletiva instaurado pela Convenção que as autoridades nacionais, salvo nos casos excecionais em que foram especificamente indicadas as medidas a adotar, são livres de escolher as medidas apropriadas para reparar as violações constatadas pelo Tribunal.

Se violou a Convenção, o Estado fica obrigado a tomar todas as medidas para pôr fim à violação, para reparar as suas consequências e prevenir violações semelhantes no futuro.

No processo em que foi condenado, o Estado Parte deve conformar-se com a decisão, executá-la de boa-fé e voluntariamente.

O sentido de entreajuda, de colaboração e complementaridade que deve presidir às relações entre o Tribunal e as jurisdições nacionais não deve ser perturbado mesmo quando o Tribunal, para chegar a uma determinada conclusão, deixa cair alguma crítica às decisões internas.

Mas, para além das reservas que a jurisprudência do Tribunal suscite, e algumas serão porventura justificadas e encontram até eco nas opiniões minoritárias juntas aos acórdãos, a sua aceitação deve impor-se no desejo partilhado de que os direitos humanos se apresentem tanto quanto possível com a mesma densidade e conteúdo em todo o espaço europeu.

Para que os direitos humanos sejam respeitados em todo o espaço europeu, é necessário, antes de mais, que, de futuro, as leis julgadas incompatíveis com a Convenção não sejam aplicadas e a jurisprudência ou a prática incompatíveis sejam abandonadas; tem acontecido, felizmente em casos contados, que os acórdãos do Tribunal que constatam uma violação da Convenção, por uma lei ou uma determinada orientação jurisprudencial ou prática, não são observados para além da situação concreta analisada no Acórdão.

Porém, se se quiser evitar condenações futuras, os acórdãos do Tribunal devem ser respeitados perante situações idênticas àquelas já apontadas.

Mas, ainda aqui, algumas dificuldades têm surgido, desde logo porque nem sempre será fácil identificar todas as situações semelhantes à examinada no acórdão do Tribunal.

Depois, não se ignora a dificuldade para um Juiz – dificuldade que diria natural –, em deixar de aplicar uma lei que está formalmente em vigor, lei essa incompatível com a Convenção, aguardando uma intervenção legislativa que venha repor a harmonia.

Há muito que o Tribunal exorcizou tal atitude de manifesta passividade, relembrando ao Juiz nacional que ele deve aplicar a Convenção e que não deve ficar à espera da ação do Legislador para deixar de aplicar a lei em causa, o que é perfeitamente compreensível nos sistemas em que a Convenção prima sobre a lei ordinária (TEDH, 1991: § 25 e 26).

E o Comité de Ministros, consciente da morosidade do processo legislativo, recomenda, por vezes, a adoção de medidas provisórias que na prática possam evitar novas violações que decorram da aplicação de uma norma julgada incompatível com a Convenção.

Por isso, os juízes nacionais devem procurar uma interpretação da Constituição que torne possível uma espécie de integração no sistema nacional da Convenção tendo em vista a execução das decisões do Tribunal.

E ao interpretar a lei ordinária, o juiz nacional deve fazê-lo de maneira a que ela não contrarie a Convenção; e, quando tal interpretação não for possível, deve então apontar a violação da Convenção pela disposição legislativa e não a aplicar ao litígio.

II

1. Ao examinar uma queixa, o Tribunal é normalmente confrontado com as posições divergentes do requerente e do Governo, baseadas de uma forma crítica ou favorável nas decisões das instâncias nacionais.

O Tribunal, ao examinar as decisões judiciais nacionais, fá-lo norteado, em regra, por dois princípios:

a) primeiro, o de que as instâncias nacionais são as melhores qualificadas para fixar a matéria de facto, admitir as provas e interpretar a lei nacional.

b) segundo, o de que a aplicação da Convenção a um caso concreto deve ser feita no respeito pela «margem de apreciação» que a própria Convenção concede às autoridades nacionais.

Veja-se com algum pormenor.

2. Conforme ao princípio da subsidiariedade inerente ao sistema de proteção dos direitos individuais instaurado pela Convenção, o estabelecimento dos factos e a interpretação do direito interno relevam, em princípio, da competência exclusiva das jurisdições nacionais.

O Tribunal só os pode pôr em causa perante um arbítrio ou irracionalidade manifestos; não lhe pertence, portanto, averiguar sobre eventuais erros de facto ou de direito pretensamente cometidos por uma jurisdição nacional, salvo se e na medida em que eles poderiam ter ofendido os direitos e liberdades consagrados na Convenção.

Por outro lado, em questões que relevam de tradições ou aspetos específicos de uma determinada sociedade, o Tribunal, sem nunca esquecer o seu papel de defensor dos valores fundamentais inerentes a uma sociedade democrática, tende a aceitar a avaliação feita pelas instâncias judiciais nacionais porque mais próximas e conhecedoras da realidade em análise.

No Acórdão *Leyla Sahin c. Turquia* (TEDH, 2005b), o Tribunal estudou a interdição do uso do «lenço islâmico» pelas estudantes da Universidade de Istambul, interdição que tinha sido julgada conforme à Constituição e às leis pelos Tribunais turcos.

O Tribunal sublinhou, mais uma vez, que, quando estão em jogo questões sobre as relações entre o Estado e as religiões capazes de suscitar profundas divergências no âmbito de uma sociedade democrática, deve ser acordada uma importância particular ao decisor nacional.

O Tribunal aceitou expressamente a posição dos tribunais nacionais que entenderam a referida interdição assente sobre dois princípios, os da laicidade e da igualdade, precisando que, no contexto social dominante na Turquia, é o princípio da laicidade, tal como foi interpretado pelo Tribunal Constitucional turco, que constitui a consideração primordial que motivou a interdição do uso de símbolos religiosos nas Universidades.

Esta aparente firmeza de conclusões é contudo frequentemente posta em causa, sobretudo no que diz respeito à matéria de facto, perante algumas realidades que ultrapassam a competência dos Tribunais Supremos.

Os Tribunais Supremos, quando só conhecem questões de direito, aceitam a matéria de facto assente pelas instâncias inferiores.

O Tribunal, pelo seu lado, se não deve pôr em causa a matéria de facto fixada a nível nacional, pode contudo tomar conhecimento de toda uma outra que lhe venha a ser oferecida pelas partes no processo.

Assim, o Tribunal pode vir a chegar a uma conclusão de violação da Convenção, contrária à que tinha sido encontrada a nível interno, com base em matéria de facto que escapou ao controlo do último recurso interno, sem que a bondade da decisão do Tribunal Supremo do País fique prejudicada.

Note-se, contudo, a dificuldade do Tribunal no apuramento de matéria de facto, num processo normalmente escrito e onde raramente há a imediação com as provas.

Ainda aqui o Tribunal adotou algumas regras que podem chocar quem está habituado a trabalhar segundo o modelo continental.

Por exemplo, o Tribunal aceita, em algumas circunstâncias, que a fixação de factos seja baseada no princípio «para além da dúvida razoável», que não exige um grau de certeza mas a simples convicção da veracidade de um facto, convicção baseada num conjunto de indícios ou de presunções não refutados, suficientemente graves, precisos e concordantes.

Depois, o Tribunal aceita, nesta área da avaliação da matéria de facto, determinadas presunções; por exemplo, se alguém foi detido em boas condições de saúde e, continuando nas mãos das autoridades, é mais tarde encontrado morto ou com lesões físicas ou psíquicas, incumbe ao Estado fornecer uma explicação plausível para esses eventos, de modo a afastar a sua responsabilidade.

E, finalmente, em alguns casos, a responsabilidade equacionada perante o Tribunal situa-se num plano diferente relativamente à examinada no tribunal nacional.

Imagine-se a queixa de alguém torturado por agentes de autoridade.

No decurso do processo nacional, prova-se a tortura mas sem que se possam identificar individualmente os seus autores morais ou materiais e, por isso, nenhuma sanção foi possível, como o exige o artigo 3.º da Convenção.

Contudo, perante a situação de facto assim descrita, o Tribunal concluirá pela violação da Convenção, pois a responsabilidade que agora está em causa é a do Estado que não conseguiu evitar a tortura nem punir os seus responsáveis.

Em resumo, existem situações onde o Tribunal chega a uma conclusão diferente da dos tribunais nacionais, sem que se possa falar propriamente em divergência mas, sim, de diferentes pressupostos de facto e de direito em que uma e outra decisão se fundamentaram.

3. O Tribunal sempre defendeu que, graças a um conhecimento direto da sociedade e das suas necessidades, as autoridades nacionais, e nomeadamente os tribunais, se encontram, em princípio, melhor colocados do que o juiz internacional para determinar o que é de «utilidade pública» (TEDH, 2005c: § 91).

No mecanismo de proteção criado pela Convenção, pertence, em primeiro lugar, àquelas autoridades nacionais pronunciarem-se sobre a existência de um problema de interesse geral justificando ingerências nos direitos e garantias ali protegidos que não se apresentem como absolutos mas que admitam limitações.

Há efetivamente um conjunto de direitos que são considerados intangíveis, o «núcleo duro» da Convenção, e que não são suscetíveis de restrições nem mesmo em caso de guerra ou outro perigo público que ameace a vida da Nação.

Estes direitos absolutos estão enumerados no n.º 2 do artigo 15.º da Convenção: o direito à vida – artigo 2.º; a interdição da tortura ou de tratamentos desumanos ou degradantes – artigo 3.º; a proibição da escravidão ou da servidão – artigo 4.º, n.º 1; a legalidade dos crimes e das penas – artigo 7.º; a estas exceções devem juntar-se a abolição da pena de morte – Protocolos n.º 6, artigo 3.º, e n.º 13, artigo 3.º – e o princípio *ne bis in idem* – artigo 4.º do Protocolo n.º 7.

Fora destas exceções, as autoridades nacionais podem gozar de uma certa margem autónoma de atuação, a chamada «margem de apreciação», mais ou menos extensa, variando segundo as circunstâncias, os domínios e o contexto (TEH, 1984a: § 40), para responder às especificidades locais, mas sem prejuízo da unidade jurisprudencial.

A jurisprudência do Tribunal ensina-nos, por exemplo, que há uma estreita margem de apreciação em matérias relativas à liberdade de imprensa, mas que é muito vasta no âmbito do processo eleitoral.

No primeiro campo, pretende-se que haja no espaço europeu uma limitada ingerência no direito à liberdade de expressão exercida através dos média; no segundo, admite-se profundas diferenças no modo de escolha dos eleitos, tendo em conta sensibilidades, tradições e culturas diversas (TEDH, 1987a: § 54; 2008c: § 109, 110 e 125).

Contudo, pertence ao Tribunal decidir, em último lugar, sobre o respeito das exigências da Convenção; o Tribunal deverá convencer-se de que as limitações não restringem o direito de uma maneira ou a um ponto tais que ele se apresente atingido na sua substância.

Espera-se aqui uma colaboração e um respeito recíproco entre o Tribunal e as jurisdições nacionais; estas devem, é óbvio, observar a jurisprudência do Tribunal e o Tribunal deve aceitar as decisões das instâncias nacionais que não sejam claramente incompatíveis com as exigências da Convenção e se encontrem naquele espaço de ação que a referida «margem de apreciação» aceita.

Esta doutrina, concebida inicialmente para as situações previstas no artigo 15.º da Convenção, é aplicada com alguma parcimónia pelo Tribunal.

Criticada por diversos ângulos, acusada de favorecer uma proteção de direitos humanos de geometria variável, o respeito pela «margem de apreciação» tem contudo permitido ao Tribunal, sem conceder sobre o essencial, acolher as posições das jurisdições nacionais que se encontrem melhor apetrechadas do que o juiz internacional para examinarem determinados aspetos de uma medida restritiva que releva de uma certa especificidade, nomeadamente sobre questões de sociedade.

E, neste campo, o diálogo entre as duas jurisdições tem sido frutuoso e mutuamente enriquecedor, permitindo ao Tribunal fazer evoluir de uma forma pragmática a sua jurisprudência tendo em conta as mutações das realidades nacional e europeia, preservando o essencial, ou seja, uma aplicação harmoniosa da Convenção, mas sem que harmonia signifique uniformidade cega.

4. Os acórdãos do Tribunal servem não apenas para julgar os casos que lhe são confiados, mas, mais amplamente, para clarificar, salvaguardar e desenvolver as normas da Convenção, contribuindo, assim, para o respeito pelos Estados dos compromissos assumidos na sua qualidade de Partes Contratantes.

4.1. Um Acórdão do Tribunal só adquire a autoridade de caso julgado entre as partes, queixoso e Estado requerido, não tendo portanto eficácia *erga omnes*, entendida no sentido clássico da expressão, na medida em que não obriga os outros Estados a tomarem as medidas constantes do seu dispositivo.

Contudo, isto não impede que os acórdãos do Tribunal, enquanto interpretam as disposições da Convenção, adquiram uma autoridade própria que se exerce sobre todos os Estados Contratantes; é preciso não esquecer que, pela natureza das suas funções, o Tribunal é a instância encarregue de interpretar a Convenção, de acordo com o seu artigo 32.º, n.º 1, e, como tal, qualificada para fixar o sentido e o conteúdo das noções ali inscritas.

Infere-se desta disposição, o n.º 1 do artigo 32.º da Convenção, que os tribunais nacionais, ao aplicá-la, devem fazê-lo de acordo com a interpretação dada pelo Tribunal.

Efetivamente, os acórdãos do Tribunal servem não apenas para julgar os casos que lhe são confiados, mas, mais amplamente, para clarificar, salvaguardar e desenvolver as normas da Convenção, contribuindo, assim, para o respeito pelos Estados dos compromissos assumidos na sua qualidade de Partes Contratantes.

Desta forma, a interpretação da Convenção feita pelo Tribunal deve ser entendida como integrando o corpo daquela, como se de uma interpretação «autêntica» se tratasse, impondo-se a todos; pode dizer-se que não são os acórdãos do Tribunal que têm autoridade sobre os Estados-membros não parte no litígio, mas a Convenção ela própria tal como foi interpretada pelo Tribunal.[6]

Pretende-se assim criar uma ordem pública europeia no domínio dos direitos fundamentais, obrigando os Estados ao respeito de um conjunto de normas internacionais, sem que, no entanto, tal signifique uma uniformidade absoluta.

Convirá, por isso, a todas as autoridades, mesmo àquelas que não pertencem ao Estado em causa, e entre elas os tribunais, acolher a doutrina que deriva dos acórdãos do Tribunal para evitar futuras condenações por violação da Convenção.

Ao conformarem-se com a jurisprudência do Tribunal, os Estados limitam-se a cumprir a obrigação geral que subscreveram, nos termos do artigo 1.º da Convenção, de reconhecerem a qualquer pessoa dependente da sua jurisdição os direitos e liberdades tais como são enunciados pela Convenção e como os interpreta e os explica o Tribunal nos seus Acórdãos.

Tudo isto pode implicar modificações legislativas ou de práticas judiciárias ou administrativas num outro Estado não parte no processo, em razão da incompatibilidade manifesta do sistema nacional com as exigências derivadas da Convenção, tal como foram precisadas na Jurisprudência do Tribunal.

---

[6] Certa doutrina vai buscar ao direito comunitário a noção de «autoridade de coisa interpretada» que é dada aos Acórdãos do Tribunal de Justiça das Comunidades para reforçar o caráter *erga omnes* dos Acórdãos do Tribunal.

Esta ideia começa a ser assimilada pelos nossos tribunais e está adequadamente refletida num Acórdão do Supremo Tribunal Administrativo, de 28 de novembro de 2007 (STA, 2008), proferido no âmbito de um recurso de revista interposto ao abrigo do disposto no art.º 150.º, n.º 1 do Código de Processo dos Tribunais Administrativos, onde se afirma nomeadamente:

> Mas se a Convenção, para fazer respeitar as suas disposições (art. 19º) institui um juiz (Tribunal Europeu dos Direitos do Homem), cujas sentenças têm força vinculativa perante os Estados Partes (art. 46º/1º), então tem de reconhecer-se a esse juiz europeu o poder de interpretar e determinar o significado das normas da Convenção.
>
> Portanto, sob pena de futura condenação internacional do Estado, por divergências entre a aplicação tida por apropriada na ordem nacional e a interpretação dada pelo tribunal de Estrasburgo, na análise dos dados jurisprudenciais relativos à densificação dos conceitos da Convenção, entre os quais os de prazo razoável de decisão, indemnização razoável e de danos morais indemnizáveis, a jurisprudência do Tribunal europeu dos Direitos do Homem desempenhará, seguramente, um papel de relevo (STA, 2008).

Como sublinhou o Tribunal de Cassação italiano (pleno), no seu Acórdão de 27 de novembro de 2003, a Convenção instituiu um Tribunal para fazer respeitar as suas disposições; por esta razão, deve ser-lhe reconhecido o poder de determinar o significado das disposições da Convenção e de as interpretar; permitir diferentes interpretações daquela que é dada em Estrasburgo conduziria o Estado italiano a violar o artigo 1.º da Convenção, segundo o qual as Altas Partes contratantes reconhecem a qualquer pessoa dependente da sua jurisdição os direitos e liberdades ali consagrados.

Ou, citando o Tribunal Constitucional alemão (Acórdão Görgülü, de 14 de outubro de 2004), todas as instituições nacionais estão, em princípio, ligadas pelas decisões do Tribunal; daqui resulta nomeadamente não só um dever para os tribunais nacionais de tomarem em consideração as decisões do Tribunal, como também a obrigação dos Estados Parte não relacionados diretamente com a Decisão do Tribunal de examinarem a sua ordem jurídica e de se orientarem no sentido de introduzir as modificações eventualmente necessárias.

4.2. O Tribunal sempre entendeu que a *Convenção* é um instrumento vivo, a interpretar à luz das condições de vida atual, de acordo com as transformações que se devem considerar adquiridas no seio da sociedade de que fazem parte os Estados Contratantes, pois só assim se protegem os direitos não teóricos ou ilusórios mas concretos e efetivos; e o Tribunal sempre chamou a si esta tarefa.

Mas, ao aplicar a *Convenção* a situações novas, o Tribunal procede com cautela de modo a que as suas decisões possam refletir, tanto quanto possível, um sentir existente no seio dos Estados sob a sua jurisdição.

O Tribunal deseja ser o promotor de um ordenamento jurídico europeu comum na matéria que lhe cabe cuidar, a dos direitos humanos, mas prosseguindo um caminho que encontre as suas referências no ordenamento jurídico dos diversos Estados-membros.

E, se o Tribunal não fica à espera de uma harmonia total, dificilmente avançará sozinho sem o apoio mais ou menos sólido de algumas jurisdições nacionais e, naturalmente, sem o apoio de alguns tribunais superiores, pois são eles os mais bem colocados para se aperceberem das mudanças sociais ocorridos ao nível interno.

Esta interpretação atualista tem os seus limites, não podendo ser retirado do texto da Convenção um direito que não foi inicialmente consagrado, como o direito a morrer, o direito ao suicídio; mas nada impede que o conteúdo dos direitos consagrados inicialmente seja enriquecido à luz da atualidade. Por exemplo, não será possível recusar aos modernos meios de correspondência a proteção que a Convenção garante à «correspondência» sob o pretexto de que tais formas eram desconhecidas em 1950.

III

1. Os nossos Tribunais, a começar pelo Supremo Tribunal de Justiça e pelo Tribunal Constitucional, estão normalmente atentos à jurisprudência de Estrasburgo, e aos princípios acima enunciados.

E a invocação da *Convenção* nas decisões dos nossos tribunais tem vindo a crescer nos últimos anos.

Ou se trata de invocação direta da *Convenção* para resolver questões concretas ou, então, a *Convenção* surge a reforçar posições que aparecem sustentadas no direito interno.

2. O Tribunal Constitucional sempre considerou que a questão da constitucionalidade deve ser resolvida à luz dos princípios e normas constitucionais.

Mas, no contexto destes princípios,

poderiam levar-se em conta os instrumentos internacionais invocados, enquanto elementos coadjuvantes de clarificação do sentido e alcance de tais normas e princípios. Isso, porém, seria coisa diversa de tomá-los como padrões autónomos dum juízo de constitucionalidade – mas seria, sem dúvida, um procedimento não só seguramente admissível, como até recomendável, face à indicação consignada no artigo 16.º da Constituição (TC, 1988).

E a explanação desta ideia, traduzida nomeadamente no recurso à jurisprudência da Comissão e do Tribunal para ajudar a interpretar e a integrar o direito interno, tornou-se uma salutar constante ao nível dos nossos tribunais.

Excedendo manifestamente o âmbito deste trabalho uma recolha sistemática da jurisprudência, deixam-se apenas alguns exemplos.

Sobre a intervenção do mesmo juiz em diversas fases do processo penal, o Acórdão n.º 186/98 (TC, 1998) declarou, com força obrigatória geral, a inconstitucionalidade do artigo 40.º do CPP, na parte em que permite a intervenção no julgamento do juiz que, na fase de inquérito, decretou e posteriormente manteve a prisão preventiva do arguido, por violação do artigo 32.º, n.º 5, da Constituição da República Portuguesa.

Este acórdão baseou-se nos Acórdãos do Tribunal nos casos *Hauschildt c. Dinamarca* (TEDH, 1989a) e *De Cubber c. Bélgica* (TEDH, 1984b: § 29), especialmente naquele, para salientar que, se em princípio a intervenção de um juiz na manutenção da prisão preventiva do arguido não o inibe de proceder ao seu julgamento, «certas circunstâncias podem, no entanto, num caso determinado, autorizar uma conclusão diferente» (TEDH, 1989a: § 51), mormente quando para além da manutenção inicial o mesmo juiz intervém mais tarde na prolongação da prisão preventiva.

No Acórdão n.º 121/97 (TC, 1997), julgou inconstitucional as normas conjugadas dos artigos 86.º, n.º 1, e 89.º, n.º 2, do CPP, na interpretação segundo a qual o juiz de instrução não pode autorizar, em caso algum e fora das situações tipificadas nesta última norma, o advogado do arguido a consultar o processo na fase de inquérito para poder impugnar a medida de coação de prisão preventiva que foi aplicada ao arguido, por violação das disposições conjugadas dos artigos 20.º, n.º 1, e 32.º, n.ºs 1 e 5, da Constituição.

Aquele acórdão invoca o Acórdão do Tribunal no caso *Lamy c. Bélgica* (TEDH, 1989b), onde se afirma que não será respeitada a igualdade de armas se o arguido, ou o seu advogado, que pretenda impugnar a decisão que lhe impusera a prisão preventiva não tiver acesso às peças processuais que fundamentam tal decisão e o Ministério Público delas tiver conhecimento e delas se servir para defender a manutenção da prisão preventiva.

Esta matéria foi aprofundada no Acórdão do Tribunal Constitucional n.º 416/2003 (TC, 2004).

Baseado na jurisprudência do Tribunal, entretanto publicada, o Tribunal Constitucional precisou que

> [n]ão se trata de afirmar o *acesso irrestrito* do arguido a todo o inquérito, mas apenas aos *específicos elementos probatórios que foram determinantes* para a imputação dos factos, para a ordem de detenção e para a proposta de aplicação da medida de coacção de prisão preventiva (TC, 2004: 5497).

No seu Acórdão n.º 208/2006, o Tribunal Constitucional lembrou que:

> Embora a intervenção do Tribunal Europeu dos Direitos do Homem se insira numa perspectiva diferente da do Tribunal Constitucional (esta incidindo sobre a constitucionalidade de normas e aquela sobre o respeito pela Convenção Europeia dos Direitos do Homem por parte de práticas judiciárias concretas, em que as particularidades de cada caso são especialmente relevantes), não deixam de ser relevantes as considerações tecidas na jurisprudência daquele Tribunal a propósito do requisito do prazo razoável mencionado no n.º 3 do artigo 5.º da referida Convenção (TC, 2006).

No seu Acórdão n.º 593/2007, o Tribunal Constitucional consignou que «o artigo 6º, da Convenção Europeia dos Direitos do Homem, também não impõe a existência de um duplo grau de jurisdição, limitando-se a exigir um processo equitativo, o qual, como já se viu, não contempla tal obrigatoriedade» (TC, 2007).

E no seu o Acórdão n.º 359/2009 (TC, 2009), o Tribunal Constitucional, ao estudar a problemática do casamento entre pessoas do mesmo sexo, aludiu à jurisprudência do Tribunal relativa ao artigo 12.º da Convenção.

3. São também significativas as referências feitas pelo Supremo Tribunal de Justiça (STJ) à jurisprudência dos órgãos de controlo da *Convenção*.

Entre outros, os Acórdãos de 14 de fevereiro de 1996 (STJ, 1996a) e de 10 de julho de 1996 (STJ, 1996b) concluíram que o arguido e recorrente, em prisão preventiva, não tem de estar presente em audiência de julgamento no STJ, uma vez que este «não julga matéria de facto, isto é, não reaprecia esta nem procede a uma eventual repetição do julgamento que sobre ela tenha sido feito», abonando-se na jurisprudência do Tribunal (STJ, 1993).

O Acórdão n.º 14/96 (STJ, 1996c), depois de salientar que o artigo 1.º da *Convenção* reconhece os direitos e liberdades a qualquer pessoa dependendo da sua jurisdição, incluindo os estrangeiros e os apátridas, apoia-se na jurisprudência de Estrasburgo em matéria de expulsão de estrangeiros.

O Acórdão de 1 de junho de 2004 concluiu, apoiado na jurisprudência do TEDH, que o «julgamento é realizado em prazo razoável quando é efectuado em prazo consentâneo com a gravidade, a complexidade dos factos e a observância dos prazos legais, sem dilações temporais indevidas» (STJ, 2004).[7]

No Acórdão de 19 de setembro de 2007, o STJ precisou que:

A extradição como forma de cooperação está sujeita a importantes pressupostos negativos, justificativos da recusa de cooperação, como a não observância das exigências da Convenção Europeia para Protecção dos Direitos do Homem e das Liberdades Fundamentais (STJ, 2007).

No seu Acórdão de 10 de dezembro de 2008, o STJ lembrou que:

[...], por via do art. 8º da CEDH, o Tribunal Europeu dos Direitos do Homem tem salientado que as medidas que possam conflituar com o direito à vida familiar, para além de terem de ser justificadas por necessidades sociais imperiosas, têm também de ser as menos gravosas das disponíveis e proporcionais ao fim a atingir; em suma, devem limitar-se a regular o exercício do direito, jamais podendo atingir a substância do mesmo (STJ, 2008).

No seu Acórdão de 12 de março de 2009, o STJ escreveu:

8. O Tribunal Europeu dos Direitos do Homem tem vindo a firmar jurisprudência no sentido de, sob reserva do nº 2 do art. 10º da Convenção Europeia dos Direitos do Homem, a liberdade de expressão ser válida não só para as informações consideradas como inofensivas ou indiferentes, mas também para aquelas que contradizem, chocam ou ofendem. Estando, porém, o exercício de tal liberdade sujeito a restrições e sanções. Reconhecendo o próprio TEDH a existência de uma margem de actuação a cada Estado, nela se atendendo às estatuições internas sobre a honra e o bom nome e, desde logo, ao art. 484º do CC (STJ, 2009).

---

[7] Ver também o Acórdão de 30 de abril de 2002 (STJ, 2002).

4. Nos Tribunais de 1.ª instância e nas Relações, encontram-se interessantes aplicações da *Convenção* e da sua Jurisprudência, como, por exemplo, no Acórdão da Relação de Lisboa, de 19 de fevereiro de 1998, Proc. N.º 7973/97 (Relator Salvador da Costa), onde se escreve:

> Ademais, quando o tribunal considerar que ocorre motivo ponderoso que impeça ou dificulte anormalmente ao réu ou ao seu mandatário judicial a organização da defesa, poderá, a requerimento deste, e sem prévia audição da parte contrária prorrogar-lhe o prazo da contestação até ao limite máximo de 30 dias (artigos 463.º, n.º 1, 464.º e 486.º do Código de Processo Civil).
>
> Face ao conteúdo das referidas normas adjectivas do direito interno português, a conclusão não pode deixar de ser no sentido de que elas se conformam com o conceito de processo equitativo exigido pela Convenção Europeia dos Direitos do Homem (TRL, 1998).

IV

Com a possibilidade decorrente da aceitação do direito de recurso previsto no artigo 25.º da Convenção, ficou aberta a porta para as queixas contra Portugal pela violação dos direitos e liberdades ali reconhecidos.

Na altura em que Portugal aderiu à Convenção estava em vigor um sistema tripartido de exame das queixas.

As queixas eram apresentadas à Comissão.

A Comissão, após instruir o processo, se a queixa se apresentasse bem fundada, elaborava um Relatório onde concluía pela violação de um ou mais artigos da Convenção ou dos seus Protocolos.

A Comissão ou o Estado demandado tinham a possibilidade de solicitar o exame do caso pelo Tribunal; se o caso não fosse remetido ao Tribunal, competia ao Comité de Ministros decidir.

Na prática, eram remetidos ao Tribunal os casos mais complexos ou onde não existisse jurisprudência consolidada; a grande maioria dos casos era deixada à apreciação do Comité de Ministros, nomeadamente os de atrasos nos processos.

1. A primeira queixa contra Portugal, o caso *Guincho* (TEDH, 1984c), referia-se a um atraso num processo civil, e foi enviada pela Comissão ao Tribunal que concluiu por unanimidade pela violação do artigo 6.º.

Portugal invocou, para justificar o atraso, dificuldades conjunturais decorrentes da implantação da democracia e da descolonização, com o regresso dos retornados. O Tribunal não foi sensível a esta argumentação porquanto, ao ratificar a Convenção, o Estado português tinha assumido obrigações, entre elas a de administrar justiça em prazo razoável, e deveria em consequência ter organizado o seu aparelho judiciário para as honrar.

Na queixa seguinte, caso *Dores e Silveira*, também por atraso na administração da Justiça, Portugal invocou perante a Comissão os mesmos argumentos.

A Comissão, por unanimidade, concluiu pela violação do artigo 6.º da Convenção; e, por entender que a questão era pacífica, deixou ficar o seu exame para o Comité de Ministros.

Contudo, o Comité de Ministros não conseguiu obter uma decisão confirmando ou recusando o Relatório da Comissão, pois a maioria de dois terços necessária para essa decisão nunca foi obtida, pelo que o caso foi arquivado em 14 de abril de 1985.

Perante esta atitude, a Comissão passou a enviar para o Tribunal os casos onde tinha concluído que havia atrasos nos processos; e o Tribunal sempre condenou Portugal por isso (TEDH, 1987b;1988b; 1989c).

Entretanto, consolidada e reforçada esta jurisprudência relativamente a Portugal, a Comissão voltou a enviar os casos simples para o Comité de Ministros e Portugal esforçou-se por conseguir acordos amigáveis sempre que a oportunidade surgia, mesmo numa fase tardia, quando o processo já estava no Tribunal, como aconteceu no caso *Oliveira Neves* (TEDH, 1989d).

Assim, enquanto o sistema tripartido esteve em vigor, ou seja, até 31 de outubro de 1998, a maioria das queixas bem fundadas relacionadas com o atraso na administração da justiça ou terminaram por acordo ou foram enviadas para o Comité de Ministros que sempre aceitou as conclusões da Comissão, fixando indemnizações que foram atempadamente pagas pelo Estado português.

Neste contexto, só foram enviadas ao Tribunal as queixas onde alguma questão nova se desenhava, como no caso *Moreira de Azevedo* (TEDH, 1990); neste caso, o Tribunal concluiu que o assistente, no âmbito de um processo penal regido pelo Código de Processo Penal de 1929, era só por si titular de direitos civis, podendo, por isso, ser considerado protegido pelo n.º 1 do artigo 6.º da Convenção.

No acórdão do caso *Martins Moreira*, (TEDH, 1988b), o Tribunal considerou que o artigo 6.º da Convenção se aplicava à fase executiva do processo civil.

2. Nos primeiros anos, apenas o atraso nos processos foi objeto de queixa. Efetivamente, só no seu Acórdão do caso *Saraiva de Carvalho* (TEDH, 1994) o Tribunal examinou uma questão relativa à imparcialidade de um juiz que tinha lavrado o despacho de pronúncia e que depois presidiu ao julgamento, concluindo que não havia violação.

Para a boa compreensão deste acórdão, convém ter presente que, na altura, a estrutura do processo penal poderia ser assim esquematizada: após a instrução, o Ministério Público deduzia acusação e o juiz, através do despacho de pronúncia, recebia ou não a acusação.

O despacho de pronúncia, tal como foi entendido pelo Tribunal de Estrasburgo, era um despacho de garantia que possibilitava ao juiz impedir o julgamento de alguém injustamente acusado; mas, ao admitir que alguém fosse submetido ao julgamento, o juiz não se comprometia sobre a sua culpabilidade, não haveria pelo seu lado qualquer juízo prévio nessa matéria, pelo que nada o impedia de participar no julgamento.

3. O artigo 6.º foi também invocado por intervenientes em processos que alegavam não ter tido um processo equitativo.

Talvez o mais significativo tenha sido o Acórdão do caso *Lobo Machado* (TEDH, 1996a), que estigmatizou uma prática judiciária que permitia aos Agentes do Ministério Público junto do Supremo Tribunal de Justiça, quando não representavam nenhuma das partes, emitir pareceres sobre a bondade dos recursos e estarem presentes nas deliberações.

Este Acórdão abriu uma nova perspetiva sobre a noção de processo equitativo com repercussões importantes na organização e funcionamento dos Tribunais superiores dos Estados-Membros.

Aliás são legítimas as dúvidas sobre a observância pela jurisprudência nacional do princípio do contraditório em toda a sua globalidade, tal como o tem interpretado o Tribunal de Estrasburgo.

As dúvidas fundam-se em alguns casos muito recentes que chegaram ao conhecimento do Tribunal e que terminaram com a condenação de Portugal por violação do art.º 6.º da Convenção.

Num deles, *Ferreira Alves (n.º 3)* (TEDH, 2007a), verificou-se que, num processo de regulação do poder paternal, diversas posições sustentadas pelo Ministério Público não foram comunicadas às partes antes de o Juiz decidir.

O Tribunal lembrou mais uma vez que as partes têm o direito de que lhes seja comunicada toda a peça ou observação apresentada ao juiz, mesmo por um magistrado independente, que possa influenciar a sua decisão.

Neste Acórdão, o Tribunal também constatou uma violação relativamente ao Despacho de sustentação do agravo que não foi comunicado às partes antes da decisão do tribunal de recurso.

No Acórdão do caso *Feliciano Bichão* (TEDH, 2007b), o Tribunal examinou duas situações no decurso de um processo penal.

Nesse processo penal, no recurso para a Relação sobre a recusa de abertura de instrução contraditória, as alegações do Agente do Ministério Público não foram comunicadas ao recorrente, que delas só teve conhecimento após o Acórdão da Relação.

E no recurso para o Tribunal Constitucional relativo a uma alegada inconstitucionalidade de algumas normas do Código de Processo Penal, também as alegações do Ministério Público perante o Tribunal Constitucional em resposta à pretensão do recorrente não lhe foram comunicadas.

O Tribunal Constitucional rejeitou o recurso.

Só com a notificação do Acórdão do Tribunal Constitucional que rejeitou o recurso é que o recorrente teve conhecimento da peça do Ministério Público.

O Tribunal reafirmou a sua jurisprudência, sublinhando que pouco importa que o Ministério Público seja qualificado ou não de «Parte», uma vez que ele, pela autoridade que lhe conferem as suas funções, sempre poderá influenciar a decisão do Tribunal num sentido eventualmente desfavorável ao interessado.

Esta jurisprudência pode considerar-se consolidada, pelo que tem de ser escrupulosamente respeitada se se quiser evitar novas condenações pela violação das regras de um processo equitativo.

4. Um outro caso importante é o de *Teixeira de Castro* (TEDH, 1998a), em que o Tribunal se debruçou sobre o problema do agente infiltrado/agente provocador, concluindo que neste caso a atuação policial se assemelhava à de um agente provocador, pelo que o artigo 6.º tinha sido violado.

Em contraponto, na sua Decisão do caso *Modesto Sequeira*, queixa n.º 73557/01, de 6 de maio de 2003, R2003-VI, o Tribunal considerou correta a atuação de um agente infiltrado pela Polícia Judiciária.

5. A questão do processo equitativo tem sido examinada noutras queixas, onde os arguidos puseram em causa o não respeito pelos seus direitos, v.g., uma deficiente assistência judiciária, a falta de uma adequada interpretação a arguidos estrangeiros que não falam português, ou a recusa de recursos por irregularidades formais não significativas (ver TEDH, 1998b; 2002a; 2008b).

74 O TEDH: DO SURGIMENTO À JURISPRUDÊNCIA

Neste contexto, na Decisão de 15 de novembro de 2001, no caso *Correia de Matos*, queixa n.º 48188/99, R20001-XII, o Tribunal, seguindo aliás a jurisprudência interna, decidiu que um arguido num processo penal não se pode defender a si próprio mesmo que seja advogado.

6. Se o artigo 6.º continuava e continua a ser o objeto principal das queixas, de quando em vez começavam a surgir outras sobre diversas violações da *Convenção*.

Assim, no Acórdão do caso *Magalhães Pereira* (TEDH, 2002b), o Tribunal constatou uma violação do artigo 5.º, n.º 4, da *Convenção*, porquanto o exame da situação do detido inimputável não ocorreu dentro de intervalos regulares previstos na lei interna.

Idêntico problema foi examinado no Acórdão do caso *Silva Rocha* (TEDH, 1996b): o Tribunal ocupou-se do internamento de um homicida inimputável e do tempo que os tribunais internos demoraram a reexaminar o seu caso – entre a decisão de 13 de julho de 1990 que constatou a inimputabilidade e decretou o internamento e a de 29 de junho de 1992 que ponderou, pela primeira vez após aquela decisão, o estado mental do internado e decidiu manter a sua situação. A maioria do Tribunal considerou que o controlo previsto pelo artigo 5.º, n.º 4, da *Convenção* estava incorporado na decisão de internamento de 13 de julho de 1990; a maioria da Comissão, no seu Relatório de 16 de maio de 1995, tinha concluído pela violação do artigo 5.º, n.º 4, por considerar o referido lapso de tempo sem reexame do estado mental do internado excessivo face a jurisprudência prevalecente na matéria.

7. No caso *Velosa Barreto* (TEDH, 1995), um proprietário de um apartamento alugado que pretendia reavê-lo para aí estabelecer a sua residência, pois não tinha casa própria, vivendo ele, a mulher e um filho com os pais, não tendo conseguido ao nível interno desalojar o inquilino, foi a Estrasburgo alegando violação do artigo 8.º e do artigo 1.º do Protocolo n.º 1. A Comissão, por maioria, concluiu que haveria violação do artigo 8.º, mas já não do artigo 1.º do Protocolo 1.º; o Tribunal, também por maioria, concluiu que não havia violação dessas disposições.

Este artigo 8.º aparece também invocado nos casos do exercício do poder paternal, relacionado com o facto de a um dos pais ter sido recusado o poder paternal por decisão do tribunal – Acórdão do caso *Salgueiro da Silva Mouta* (TEDH, 1999a) –, ou então não ter acesso ao filho por causa do comportamento de outrem (cônjuge ou parentes deste) e da passividade das autoridades – Acórdãos dos casos *Maire* (TEDH, 2003a) e *Reigado Ramos* (TEDH, 2005d).

Sob este artigo 8.º, o Tribunal, no seu Acórdão do caso *Antunes Rocha* (TEDH, 2005e), concluiu que havia violação da vida privada na realização de um inquérito feito a familiares e vizinhos da queixosa, sem o seu conhecimento e acordo prévio, quando esta começou a trabalhar no Conselho Nacional do Plano de Proteção Civil (o CNPCE), organismo ligado à OTAN.

8. O artigo 10.º da Convenção tem sido alegado frequentemente perante o Tribunal, invocando-se uma interferência na liberdade de expressão.

8.1. Com raras exceções, o Tribunal sempre entendeu que havia violação do art.º 10.º da Convenção pois a ingerência, traduzida nas condenações dos queixosos, não estava justificada.

Existe, com efeito, uma profunda diferença entre a jurisprudência de Estrasburgo e a nacional no que diz respeito aos limites a conferir à liberdade de expressão exercida na intervenção quotidiana através de diversos registos, sendo de assinalar a relativa à liberdade de imprensa e a do discurso político.

Os princípios que se extraem nesta área da Jurisprudência do Tribunal podem ser assim condensados.

A liberdade de expressão constitui um dos fundamentos essenciais de uma sociedade democrática, uma das condições primordiais do seu progresso e do desenvolvimento de cada um.

Desde logo, o direito à liberdade de expressão representa um dos principais meios que permitem assegurar o gozo efetivo de outros direitos, nomeadamente os direitos à liberdade de reunião e de associação consagrados no artigo 11.º da Convenção.

Sob reserva das restrições consagradas no n.º 2 do artigo 10.º da Convenção, ela é válida não só para as informações ou ideias acolhidas favoravelmente ou consideradas como inofensivas ou indiferentes, mas também para aquelas que chocam ou inquietam o Estado ou uma parte da população.

Assim o exigem o pluralismo, a tolerância e o espírito de abertura sem os quais não existe sociedade democrática.

A liberdade de expressão pode revestir as mais variadas formas, orais ou escritas, da música à pintura, do gesto à imagem, e inclui seguramente a publicação de livros ou de outros escritos que aparecem na impressa periódica, desde que incidam sobre questões de interesse geral.

A liberdade da imprensa constitui um dos elementos fundamentais da liberdade de expressão.

A garantia deste artigo está subordinada à condição de que os interessados atuem de boa-fé, de maneira a fornecer as informações exatas e dignas de crédito no respeito da deontologia jornalística, sem ultrapassar certos limites ditados em especial pela reputação e direitos de outrem e pela necessidade de prevenir a revelação de informações confidenciais.

À imprensa incumbe a comunicação das informações e das ideias de interesse público; a esta função de difundir acresce o direito do público a receber a informação.

A liberdade de imprensa fornece aos cidadãos um dos melhores meios de conhecer e de julgar as ideias e as atitudes dos seus dirigentes.

A liberdade de imprensa dá, em particular aos homens políticos, a oportunidade de refletir e comentar as preocupações da opinião pública; ela permite a cada um participar no livre jogo do debate político que se encontra no próprio âmago da noção de sociedade democrática.

Numa sociedade democrática, deve ser permitido à imprensa desempenhar o seu papel de «cão de guarda» e desenvolver a sua aptidão para fornecer informações sobre questões sérias de interesse geral.

Por outro lado, a liberdade jornalística admite o recurso a uma certa dose de exagero, mesmo a uma certa provocação; um jornalista deve poder formular juízos críticos de valor sem que esteja obrigado à condição de demonstrar a verdade; aliás, deve distinguir-se com cuidado os factos dos julgamentos de valor: se a materialidade dos primeiros é suscetível de prova, os segundos já não se prestam a uma demonstração da sua exatidão.

Se a liberdade de expressão é preciosa para todos, ela é-o particularmente para os partidos políticos e os seus membros ativos.

Eles representam os seus eleitores, assinalam as suas preocupações e defendem os seus interesses.

Não há democracia sem pluralismo; na medida em que as suas atividades se traduzem no exercício coletivo da liberdade de expressão, os partidos políticos podem aspirar à proteção concedida pelos artigos 10.º e 11.º da Convenção.

A liberdade de expressão compreende a liberdade de opinião e a liberdade de receber e transmitir informações ou ideias.

A liberdade de opinião implica a proibição de obrigar alguém a revelar as suas opiniões.

A liberdade de receber informações interdita essencialmente a um Governo a possibilidade de impedir alguém de receber informações que outros pretendem ou podem fornecer-lhe.

O exercício da liberdade de expressão pode ser submetido a certas formalidades, condições, restrições ou sanções previstas na lei e que constituam providências necessárias para atingir determinados objetivos numa sociedade democrática.

Efetivamente, o exercício da liberdade de expressão implica «deveres e responsabilidades», com a extensão e conteúdo dependentes da situação e do processo utilizado; nomeadamente se a reputação do indivíduo é posta em causa e os «direitos de outrem» são atacados.

Mas toda a restrição imposta à liberdade de expressão, princípio fundamental numa sociedade democrática, não deixa de constituir uma ingerência que pode ou não estar justificada.

O princípio regra é, pois, a liberdade de expressão, pelo que as suas exceções devem ser interpretadas restritivamente e a necessidade das restrições deve ser convenientemente estabelecida.

Os Estados gozam, é certo, de uma larga margem de apreciação sobre a necessidade de ingerência; mas não se dispensa um controlo mais ou menos alargado pelo Tribunal sobre a lei e sobre as decisões, controlo que deve apurar se as medidas visadas – formalidades, condições, restrições ou sanções – correspondem a um motivo social imperioso, são proporcionais ao fim legítimo perseguido, tendo em vista o lugar eminente da liberdade de expressão numa sociedade democrática e, ainda, se os motivos invocados pelas autoridades nacionais para justificar a ingerência se afiguram pertinentes e suficientes.

A ingerência deve fundar-se numa necessidade social imperiosa e deve ser proporcional ao fim visado; quando se trata da imprensa, convém acordar uma grande importância ao interesse de uma sociedade democrática em assegurar e manter a sua liberdade, pelo que este interesse deve ser enfatizado quando se tenha de ponderar se a restrição foi proporcional ao objetivo a alcançar.

O Tribunal deve verificar se as autoridades asseguraram um justo equilíbrio entre a proteção da liberdade de expressão e o direito à boa reputação das pessoas postas em causa.

De uma forma geral, a necessidade de uma restrição deve estar estabelecida de uma forma convincente; por exemplo, não se mostra necessária a medida de apreensão de um jornal para impedir a divulgação de informações que já foram tornadas públicas ou perderam o caráter confidencial.

Quando há incitamento à violência contra as pessoas, os representantes do Estado ou uma parte da população, as autoridades nacionais gozam de uma margem de apreciação mais alargada no seu exame da necessidade da ingerência no exercício da liberdade de expressão.

Aliás, as expressões concretas constituindo um discurso de violência, insultuosas para os indivíduos ou grupos, não beneficiam da proteção do artigo 10.º da Convenção.

Finalmente, a proteção das fontes jornalísticas é uma das pedras angulares da liberdade da imprensa, como resulta das leis, dos códigos deontológicos e de vários instrumentos internacionais; a sua violação, eventualmente justificada por razões de interesse público preponderante, impõe ao Tribunal um controlo escrupuloso.

O n.º 2 do artigo 10.º da Convenção indica uma série de áreas onde a ingerência na liberdade de expressão pode estar justificada.

Na impossibilidade de uma referência concreta a todas elas, abordaremos apenas as ingerências que visam a proteção da honra ou dos direitos de outrem, por terem sido situações deste tipo que foram apreciadas pelo Tribunal em queixas contra Portugal.

As restrições para a proteção da honra encontram-se frequentemente, mas não só, relacionadas com a liberdade de imprensa.

Note-se que, quanto aos limites da crítica admissível, eles são mais amplos relativamente a um homem político, agindo como personagem pública, do que a um particular.

O homem político expõe-se inevitável e conscientemente a um controlo atento dos seus atos e gestos, tanto por parte dos jornalistas como pela massa dos cidadãos, e deve mostrar uma maior tolerância sobretudo quando ele próprio produz declarações públicas que se prestam à crítica.

E, se há um dever de proteger a sua reputação, mesmo para além da sua vida privada, os imperativos desta proteção devem ser postos em equação com os interesses da livre discussão das questões políticas.

Reconhecido que se ultrapassou os limites admissíveis, ofendendo a honra de outrem, difamando ou injuriando, e que portanto a ingerência se justifica traduzida numa sanção, esta tem de ser proporcional aos interesses em jogo.

Dificilmente se apresentará como adequada e proporcional uma pena pesada de multa e muito menos uma pena de multa convertível em prisão.

As queixas apresentadas ao Tribunal relacionadas com a liberdade de expressão apresentam os dois lados da questão: do «ofendido», face a inércia ou inexistência de uma reação adequada por parte dos órgãos do Estado; ou do que sofreu a ingerência, alegando que ela não se justificava ou foi excessiva.

8.2. Depois da adesão de Portugal à Convenção, a questão da liberdade de expressão foi suscitada com interesse em algumas queixas.

Em três destas queixas, entendeu-se que não havia violação do referido art.º 10.º, e que, portanto, a ingerência estava justificada, pelo que as sanções aplicadas aos queixosos tinham sido adequadas.

Nos restantes casos, o Tribunal entendeu que havia violação do art.º 10.º da Convenção pois a ingerência não estava justificada.

Todos os Acórdãos, desde o primeiro, caso *Lopes Gomes da Silva* (TEDH, 2000a), ao último, caso *Pinto Coelho* (TEDH, 2011), com exceção de dois deles, em que há votos de vencido, foram decididos por unanimidade, pelo que me parece lógico inferir que há uma nítida desarmonia, no decurso dos últimos anos, entre a jurisprudência de Estrasburgo e a jurisprudência nacional.

Vejamos brevemente dois destes casos, começando pelo primeiro que balizou de algum modo a jurisprudência do Tribunal relativamente a Portugal.

No Acórdão *Lopes Gomes da Silva* (TEDH, 2000a), o Tribunal examinou uma queixa apresentada pelo então Diretor do *Público*, Vicente Jorge Lopes Gomes da Silva, relativa a uma condenação de que foi alvo por ter publicado um editorial, na edição de 10 de junho de 1993, sobre uma eventual candidatura do Dr. Silva Resende à Câmara de Lisboa em representação do Partido Popular (CDS/PP).

Sentindo-se difamado, o Dr. Silva Resende apresentou uma queixa-crime.

O tribunal de primeira instância absolveu o arguido, nomeadamente por entender que as expressões em causa deviam ser interpretadas como uma crítica ao pensamento político do Dr. Silva Resende mas não à sua reputação ou comportamento.

Outra foi a visão da Relação de Lisboa que entendeu que determinadas expressões como «grotesco», «boçal» e «grosseiro» eram simples insultos que ultrapassavam os limites da liberdade de expressão e que se referiam não apenas ao pensamento político do visado mas também à sua pessoa e, por isso, condenou o referido Diretor do *Público* a uma multa de 150 000 escudos e ao pagamento de uma indemnização ao lesado de 250 000 escudos.

Por seu turno, o Tribunal de Estrasburgo entendeu que o referido editorial relevava manifestamente de um debate político incidindo sobre questões de interesse geral, domínio onde as restrições à liberdade de expressão apelam a uma interpretação estreita.

Mesmo que as expressões pudessem passar por polémicas, o seu autor limitou-se a exprimir uma opinião que, na falta de toda a base factual, se poderia revelar excessiva; porém, à luz dos factos estabelecidos (o Tribunal queria aludir ao comportamento assumido pelo Dr. Silva Resende em diversos escritos que o Público extratou na mesma página onde o editorial questionado se encontrava), tal não se verificava.

O Tribunal não deixou de lembrar que a liberdade de um jornalista admite o recurso a uma certa dose de exagero, mesmo de provocação.

E relativamente à pena, o Tribunal apontou que o decisivo não era o seu caráter menor, mas o facto mesmo da condenação; esta não representava um meio razoável de proporcionalidade na prossecução do fim legítimo visado, tendo em conta o interesse da sociedade democrática em assegurar e manter a liberdade da imprensa.

Uma situação diferente, que não tem que ver com a imprensa mas com a publicação de um livro, foi examinada pelo Tribunal, no seu Acórdão do caso *Azevedo* (TEDH, 2008d).

Em 2001, a Câmara de Castelo Branco publicou um livro, de que o queixoso é coautor, sobre os jardins do Palácio Episcopal.

Na segunda parte desse livro, escrita pelo queixoso, este, referindo-se a uma anterior publicação sobre o tema, dizia:

> Os últimos trabalhos de que se tem conhecimento transpiram mediocridade. Saiu recentemente, em 1999, um livrinho (S.A. – O jardim do Paço de Castelo Branco) cujos préstimos são tão escassos e as confusões acerca da compreensão de um jardim qualquer que seja, tão gritantes... Então a confusão do papel atribuído a arte, no caso presente a poesia, como algo que através do qual se pode *explicar* a realidade, merecia um assento demorado nos bancos «primários» do estudo da literatura e da estética, onde fosse obrigatória e analítica a leitura de Aristóteles, Horácio e Goethe; e de W. Benjamin e H. Broch no caso de se dar mostras de insucesso escolar.

A pessoa visada apresentou uma queixa-crime com a constituição de assistente. O processo terminou na Relação de Coimbra com a condenação por difamação na pena de multa de 150 dias a taxa diária de 10 Euros ou, na falta de pagamento desta, a 70 dias de prisão e ainda no pagamento das despesas com a publicação em dois jornais regionais de um extrato do julgamento.

O Tribunal de Estrasburgo considerou que o debate em causa podia ter interesse geral, mesmo se a controvérsia incidia sobre um domínio especializado.

Por outro lado, o autor do primeiro livro criticado não podia ser considerado um simples «particular», mas o de alguém que, ao publicar, se expunha à crítica dos leitores e da comunidade científica.

Aliás a crítica no caso visava mais a qualidade da análise do monumento do que a pessoa do autor do livro.

Por outro lado, sancionar penalmente este tipo de críticas contribuiria de uma maneira substancial a constranger a liberdade de que devem beneficiar os investigadores no quadro da sua atividade científica.

O Tribunal notou ainda que prever a possibilidade de uma pena de prisão num caso clássico de difamação produz sem dúvida um efeito dissuasivo desproporcionado.

O Tribunal concluiu que não houve um justo equilíbrio entre a necessidade de proteger a liberdade de expressão e a de proteger os direitos e a reputação da assistente.

Revendo esta jurisprudência, que reflete aliás a jurisprudência constante do Tribunal nesta área, independentemente do Estado em causa, um apelo me parece lícito.

Que os juízes portugueses, quanto tiverem de julgar casos deste tipo, tenham presente a jurisprudência do Tribunal de Estrasburgo e a ponderem devidamente.

Não se esqueçam de que para além do Código Penal têm que aplicar a Convenção, tal como esta é interpretada pelo Tribunal, e que esta prevalece sobre aquele. E dessa valoração retirem as devidas consequências. E, se entenderem que devem condenar, tenham também em conta a resistência do Tribunal perante a possibilidade de alguém poder ocorrer numa pena de prisão por, no exercício da liberdade de expressão, ter ofendido direitos de outrem.

8.3. De entre os casos relacionados com o artigo 10.º, importa realçar o Acórdão do caso *Women on Waves e Outras* (TEDH, 2009), não pelo mediatismo de que se revestiu, mas sobretudo por o Tribunal ter acentuado que o modo escolhido pelo interessado para exercer o seu direito à liberdade de expressão está protegido.

Neste caso, o Tribunal entendeu que, mesmo que as queixosas tivessem podido transmitir as suas ideias e mensagens, elas não tiveram oportunidade de o fazer do modo como o desejavam, através da utilização de um barco que foi impedido de entrar nas águas territoriais portuguesas.

9. A violação do direito de propriedade garantido pelo artigo 1.º do Protocolo 1 foi diversas vezes constatada em queixas contra Portugal, como no caso *Matos e Silva, Lda. e Outros* (TEDH, 1996c), e no âmbito de atrasos no pagamento de indemnizações devidas pelas nacionalizações e expropriações após a Revolução de Abril.

O caso *Matos e Silva, Lda. e Outros* (TEDH, 1996c) foi estudado no Acórdão *Almeida Garrett, Mascarenhas Galvão e Outros* (TEDH, 2000b), onde se concluiu pela violação dado o atraso com que foi feito o pagamento das indemnizações devidas sem que alguma justificação pertinente fosse avançada.

Seguiram-se depois centenas de queixas relacionadas com o pagamento atrasado das indemnizações por nacionalizações e expropriações no quadro da Reforma Agrária, e não só, que deram lugar a condenações ao pagamento de quantias que, nalguns casos, atingiram montantes elevados.

No Acórdão do caso *Anheuser-Bush, Inc.* (TEDH, 2007c), o Tribunal, embora tenha concluído que Portugal não violara o artigo 1.º do Protocolo 1.º, alargou a noção de «bem» para nela incluir a propriedade intelectual.

10. Portugal não foi condenado, até ao presente (1 de julho de 2011), por violações de outros artigos substanciais da Convenção, salvo pela violação do artigo 13.º nos casos de atraso na administração da justiça por falta de um meio interno efetivo para reparar a violação – ver Acórdão do caso *Martins de Castro e Alves Correia de Castro* (TEDH, 2008e).

Nomeadamente, Portugal nunca foi condenado por violação dos artigos 2.º, 3.º ou 4.º, e só raramente foram alegadas violações a um destes artigos.

No caso *Bogumil* (TEDH, 2008b), já citado, o queixoso alegou violação do artigo 3.º, porquanto teria sido operado ao estômago para lhe serem retiradas cápsulas com droga sem o seu consentimento.

O Tribunal não considerou este artigo violado uma vez que a operação, mesmo sem o consentimento do visado, foi ditada por uma necessidade terapêutica, uma vez que corria o risco de morrer, e não destinada à recolha de provas que o incriminassem.

V

Nas relações entre o Tribunal e as jurisdições nacionais importa aprofundar um aparente conflito sobre os meios a esgotar nas queixas relativas a morosidade processual.

1. A *Convenção* não exige uma justiça pronta, nem se limita a sancionar a denegação da justiça; consagra o direito à justiça em prazo razoável, razoabilidade a aferir em função da complexidade do processo, do comportamento das partes e do modo como as autoridades competentes dirigiram o processo.

O princípio de que a justiça deve ser administrada em prazo razoável passou a estar consagrado no direito interno português, artigos 20.º, n.º 4, e 32.º, n.º 4, da Constituição, e no n.º 1 do artigo 6.º da *Convenção*, tendo esta última disposição força superior a qualquer outra norma processual.

No artigo 2.º, n.º 1, do Código de Processo Civil consagrou-se que a proteção jurídica através dos tribunais implica o direito de obter, em prazo razoável, uma decisão judicial que aprecie, com força de caso julgado, a pretensão regularmente deduzida em juízo, bem como a possibilidade de a fazer executar.

De entre as medidas diretamente vocacionadas para lutar contra a morosidade processual no âmbito do processo penal destaca-se o incidente autónomo de aceleração do processo.

O Tribunal, na sua Decisão de 2 de dezembro de 1999, *Tomé Mota c. Portugal* (TEDH, 1999b), considerou que este incidente constitui uma via de direito que permite a queixa sobre a duração do processo, apresentando um grau suficiente de acessibilidade e de efetividade e sem que o seu exercício contribua para alargar a duração do processo.

Assim, este incidente de aceleração processual constitui um meio a esgotar a nível interno antes da apresentação da queixa.

2. Para a duração do processo civil, os órgãos de Estrasburgo recusavam-se a aceitar a ação por responsabilidade civil extracontratual do Estado como um recurso interno a esgotar.[8]

O governo português sustentou então que aquela ação por responsabilidade extracontratual do Estado era um meio a esgotar; mas não conseguiu apresentar jurisprudência convincente, pelo que as instâncias de Estrasburgo sempre entenderam que em Portugal não havia qualquer remédio eficaz, adequado e acessível que pudesse ser utilizado para reparar a violação do prazo razoável.

---

[8] Cf. o Acórdão do Supremo Tribunal Administrativo, de 7 de março de 1989, publicado em *Acórdãos Doutrinais*, n.os 344-345, págs. 1035 e segs., e na *Revista de Legislação e de Jurisprudência*, ano 123, pág. 293 e segs., com comentário de J. J. Gomes Canotilho; ver também Quadros (1990).

Entretanto, a referida ação por responsabilidade civil extracontratual do Estado veio a revelar que conseguia obter os mesmos resultados que as queixas apresentadas ao Tribunal por violação do prazo razoável.

Concretamente, a 22 de maio de 2003, em dois casos, *Paulino Tomás* (TEDH, 2003b) e *Gouveia da Silva Torrado* (TEDH, 2003c), o Tribunal considerou que, desde 15 de outubro de 1998, na sequência do Acórdão do Supremo Tribunal Administrativo no caso *Pires Neno* (STA, 2002), poder-se-ia ter como adquirido que os tribunais portugueses passaram a admitir que a duração excessiva de um processo acarreta a responsabilidade do Estado nos termos do artigo 6.º da Convenção.

O Tribunal notou, aliás, que o referido Acórdão do STA fazia uma referência expressa à jurisprudência de Estrasburgo e que se baseava nos critérios fixados por esta para examinar o caráter razoável da duração de um processo judiciário.

O Tribunal, consequentemente, considerou que a referida ação era um meio a esgotar, mas deixou dois avisos:

a) esta ação devia ser concluída ela própria em prazo razoável para poder ser considerada um meio eficaz, adequado e acessível para sancionar a duração excessiva de um processo judiciário;

b) o caráter adequado da ação depende também do nível da indemnização. Podem considerar-se adquiridos na jurisprudência do Tribunal os seguintes princípios:

i) sempre que há excesso do prazo razoável de duração de um processo imputável às autoridades competentes, há violação do n.º 1 do artigo 6.º da Convenção;

ii) verificada esta violação, a vítima tem direito a uma reparação pelos danos que sofreu, danos materiais quando eles possam eventualmente ocorrer, mas seguramente danos morais pelo «sofrimento» que o atraso acarretou.

E mesmo às pessoas coletivas podem ser atribuídos danos morais naquelas circunstâncias (cf. TEDH, 2000c).

Contudo, em Portugal, ou pelo menos em alguns dos nossos tribunais, os critérios há muito pacificamente adquiridos pela jurisprudência de Estrasburgo nesta área foram postergados.

Em primeiro lugar, o Estado português, que tinha demonstrado perante o Tribunal a aplicação em Portugal dos princípios que decorrem da jurisprudência de Estrasburgo, passou, ao contestar as referidas ações, a sustentar coisa diversa, nomeadamente que no caso de excesso de duração de um processo não havia danos, ou se dano houvesse, ele não seria suficiente grave para acarretar a fixação de uma indemnização.

Não sei se animados pela posição assumida pelo Estado, ou para afirmarem a sua independência face à jurisprudência de Estrasburgo, alguns tribunais administrativos portugueses abandonaram o que se considerava aceite pela jurisprudência explicitada no Acórdão *Pires Neno* (STA, 2002) e passaram a negar a indemnização em caso de excesso da duração do processo com base nos mais variados motivos.

Ao menos num caso, um tribunal administrativo defendeu que as pessoas coletivas não teriam direito a qualquer indemnização por não serem passíveis de danos morais no caso de excessiva duração processual, ao arrepio do decidido pelo Tribunal no caso *Comingersoll c. Portugal* (TEDH, 2000c).

E, quando se entendeu estarem reunidos os pressupostos para a fixação de uma indemnização, a quantia arbitrada estava muito longe daquela que seria fixada em Estrasburgo.

3. Entretanto, no referido Acórdão de 28 de novembro de 2007, o STA recuou nesta orientação, afirmando nomeadamente que:

> [...] na presente acção, sob pena de futura condenação internacional do Estado, por divergências entre a aplicação tida por apropriada na ordem nacional e a interpretação dada pelo tribunal de Estrasburgo, na análise dos dados jurisprudenciais relativos à densificação dos conceitos da Convenção, entre os quais os de *prazo razoável de decisão, indemnização razoável* e de *danos morais indemnizáveis*, a jurisprudência do Tribunal Europeu dos Direitos do Homem desempenhará, seguramente, um papel de relevo (STA, 2008).

O STA, neste seu Acórdão, resume a jurisprudência do Tribunal nesta matéria, nomeadamente salientando que «relativamente aos danos morais suportados pelas vítimas de violação da Convenção, não restringe a dignidade indemnizatória aos de especial gravidade», e discordando «da visão restritiva do acórdão impugnado que reserva a dignidade indemnizatória apenas para as situações em que os danos sejam causa de "lesão emocional tal que impeça, quem os sofre, de prosseguir com a sua vida"» (STA, 2008).

Neste momento, que considero de indefinição e de divergência, gostaria de deixar dois apelos:

i) ao Estado português, para que reveja a sua posição ao contestar aquelas ações, honrando os compromissos que assumiu perante o Tribunal. O Estado, parte num processo, como pessoa de bem que deve ser, não pode sustentar uma posição a nível internacional e uma oposta a nível interno sobre a mesma questão de direito;

ii) ao STA, se as divergências se mantiverem nos tribunais administrativos, para que intervenha, no sentido de uniformizar a jurisprudência, prosseguindo a linha de rumo traçada nos referidos Acórdãos *Pires Neno* (STA, 2002) e neste último, de 28 de novembro de 2007 (STA, 2008).

Com efeito, o Tribunal, face a esta atitude dos tribunais administrativos portugueses, reviu as decisões de 2003, e voltou a entender que a referida ação em responsabilidade extracontratual contra o Estado não é mais um meio a esgotar – Acórdão *Martins de Castro e Alves Correia de Castro* (TEDH, 2008e), onde se constatou não só a violação do artigo 6.º, mas também a do artigo 13.º da *Convenção* pela falta de um meio interno destinado a reparar esta violação.

O Tribunal avisou que, sem um Acórdão do Supremo Tribunal Administrativo, emitido no quadro do artigo 152.º do Código de Processo dos Tribunais Administrativos, uniformizador e vinculando todos os tribunais administrativos inferiores, não se poderia voltar a falar de um meio interno efetivo para este efeito, não obstante a existência de decisões do Supremo Tribunal Administrativo que continuam a obedecer aos critérios jurisprudenciais de Estrasburgo.

Referências bibliográficas

Barreto, Ireneu Cabral (2010), *A Convenção Europeia dos Direitos do Homem*, 4.ª edição. Coimbra: Wolters Kluwer e Coimbra Editora.

Barreto, Ireneu Cabral (2011), "Le dialogue entre la Cour et les Tribunaux portugais: une réussite", *in* Patrick Titium (coord.), *La Conscience des Droits, Mélanges en l'honneur de Jean--Paul Costa*. Paris: Dalloz, 83-94.

Costa, Jean-Paul (2008), "La Cour européenne des droits de l'homme est-elle une Cour Constitutionnelle", *in* J. Gicquel (homenageado), *Constitutions et pouvoirs – Mélanges en l'honneur de Jean Gicquel*. Paris: Montchrestien, pp. 145-156.

Quadros, Fausto (1990), "O princípio da exaustão dos meios internos na Comissão Europeia dos Direitos do Homem e a ordem jurídica portuguesa", separata da *Revista da Ordem dos Advogados*, ano 50, I, Lisboa, abril [disponível em: <http://www.oa.pt/Publicacoes/revista/default.aspx?idc=30777&idsc=2691&volumeID=55310&anoID=55309>].

STA – Supremo Tribunal Administrativo (2002), "Acórdão de 15 de Outubro de 1998, recurso n.º 38 811, Maria Alice Pires Neno e outros", *Diário da República*, II Série, Acórdãos do Supremo Tribunal Administrativo, 1.ª Secção (Contencioso Administrativo) – Decisões em subsecção, Acórdãos do ano de 1998, Apêndice publicado a 6 de junho de 2002: 6123-6146 [disponível em: <http://www.dre.pt/pdfgratisac/1998/32141.pdf>].

STA (2008), "Acórdão de 28 de Novembro de 2007, processo n.º 0308/07", *Diário da República*, II Série, Acórdãos do Supremo Tribunal Administrativo, 1.ª Secção (Contencioso Administrativo) – Decisões em subsecção, Acórdãos do ano de 2007, Apêndice publicado a 21 de maio de 2008: 3327-3338 [disponível em: <http://www.dre.pt/pdfgratisac/2007/32140.pdf>].

STJ – Supremo Tribunal de Justiça (1993), "Acórdão de 14 de Abril de 1993, Processo n.º 43537", *BMJ – Boletim do Ministério da Justiça*, n.º 426: 374 [disponível em: <http://www. dgsi.pt/jstj.nsf/954f0ce6ad9dd8b980256b5f003fa814/d02f46b2fcac28ed802568fc003 a546d?OpenDocument>].

STJ (1996a), "Acórdão de 14 de Fevereiro, Processo n.º 48675", *BMJ*, n.º 454: 507-514 [disponível em: <http://www.dgsi.pt/jstj.nsf/954f0ce6ad9dd8b980256b5f003fa814/d5e dc553b11065c2802568fc003b2e18?OpenDocument>].

STJ (1996b), "Acórdão de 10 de Julho, Processo n.º 48675", *BMJ*, 459: 188-273 [disponível em: <http://www.dgsi.pt/jstj.nsf/954f0ce6ad9dd8b980256b5f003fa814/9fcfcd3e007e4 b7c802568fc003b4f02?OpenDocument>].

STJ (1996c), "Acórdão 14/96, Processo n.º 45706, de 7 de Novembro", *Diário da República*, I Série-A, n.º 275, 27-11-1996: 4285-4289 e *BMJ*, n.º 461: 54-62 [disponível em: <http:// www.dgsi.pt/jstj.nsf/954f0ce6ad9dd8b980256b5f003fa814/8aca16f36a66ce8d80256b5 70035fa00?OpenDocument>].

STJ (2002), "Acórdão de 30 de Abril, Processo n.º 02A809" [disponível em: <http://www. dgsi.pt/jstj.nsf/954f0ce6ad9dd8b980256b5f003fa814/c4ade4d8703f4b8480256cae00 636aed?OpenDocument>].

STJ (2004), "Acórdão de 1 de Junho, Processo n.º 04A1572" [disponível em: <http://www. dgsi.pt/jstj.nsf/954f0ce6ad9dd8b980256b5f003fa814/6e5d3a146d15642c80256ec2006 48586?OpenDocument>].

STJ (2007), "Acórdão de 19 de Setembro, Processo n.º 07P3338" [disponível em: <http:// www.dgsi.pt/jstj.nsf/954f0ce6ad9dd8b980256b5f003fa814/3f0b048a1942c859802573 5c0035ee74?OpenDocument>].

STJ (2008), "Acórdão de 10 de Dezembro, Processo n.º 08P2147" [disponível em: <http:// www.dgsi.pt/jstj.nsf/954f0ce6ad9dd8b980256b5f003fa814/b85389c4609885ea802575 38003c4a4f?OpenDocument>].

STJ (2009), "Acórdão de 12 de Março, Processo n.º 08B2972" [disponível em: <http://www. dgsi.pt/jstj.nsf/954f0ce6ad9dd8b980256b5f003fa814/fdb285e358f619df80257583005 25390?OpenDocument>].

TC – Tribunal Constitucional (1988), "Acórdão n.º 99/88, de 20 de Abril", *Diário da República*, II Série, 22 de agosto, e *BMJ*, n.º 376: 308 [disponível em: <http://www.tribunalconstitu cional.pt/tc/acordaos/19880099.html>].

TC (1997), "Acórdão n.º 121/97, de 19 de Fevereiro", *Diário da República*, II Série, 30 de abril [disponível em: <http://www.tribunalconstitucional.pt/tc/acordaos/19970121.html>].

TC (1998), "Acórdão n.º 186/98, de 18 de Fevereiro", *Diário da República*, I Série-A, n.º 67, 20 de março: 1239-1241 [disponível em: <http://dre.pt/pdfgratis/1998/03/067A00.pdf>].

TC (2004), "Acórdão n.º 416/2003, de 24 de Setembro de 2003", *Diário da República*, II Série, n.º 82, 6 de abril de 2004: 5488-5497 [disponível em: <http://dre.pt/pdf2sdip/ 2004/04/082000000/0548805497.pdf>].

TC (2006), "Acórdão n.º 208/2006, de 22 de Março", *Diário da República*, II Série, n.º 86, 4 de maio: 6475-6479 [disponível em: <http://dre.pt/pdf2sdip/2006/05/086000000/0647506479. pdf>].

TC (2007), "Acórdão n.º 593/2007, de 7 de Dezembro" [disponível em: <http://www.tribunal constitucional.pt/tc/acordaos/20070593.html>].

TC (2009), "Acórdão n.º 359/2009, de 9 de Julho", *Diário da República*, 2.ª Série, n.º 214, 4 de novembro: 44970-44989 [disponível em: <http://dre.pt/pdf2sdip/2009/ 11/214000000/4497044989.pdf>].

TEDH – Tribunal Europeu dos Direitos Humanos (1984a), *Rasmussen c. Dinamarca*, queixa n.º 8777/79, acórdão de 28 de novembro, série A87 [disponível em: <http://cmiskp.echr. coe.int/tkp197/view.asp?action=html&documentId=695440&portal=hbkm&source=ext ernalbydocnumber&table=F69A27FD8FB86142BF01C1166DEA398649>].

TEDH (1984b), *De Cubber c. Bélgica*, queixa n.º 9186/80, acórdão de 26 de outubro, série A86 [disponível em: <http://cmiskp.echr.coe.int/tkp197/view.asp?action=html&documentId =695342&portal=hbkm&source=externalbydocnumber&table=F69A27FD8FB86142B F01C1166DEA398649>].

TEDH (1984c), *Guincho c. Portugal*, queixa n.º 8990/80, acórdão de 10 de julho, série A81 [disponível em: <http://cmiskp.echr.coe.int/tkp197/view.asp?action=html&documentI d=695374&portal=hbkm&source=externalbydocnumber&table=F69A27FD8FB86142 BF01C1166DEA398649>].

TEDH (1987a), *Mathieu-Mohin e Clerfayt c. Bélgica*, queixa n.º 9267/91, acórdão de 2 de março, série A113 [disponível em: <http://cmiskp.echr.coe.int/tkp197/view.asp?action=html&d ocumentId=695413&portal=hbkm&source=externalbydocnumber&table=F69A27FD8 FB86142BF01C1166DEA398649>].

TEDH (1987b), *Barahona c. Portugal*, queixa n.º 10092/82, acórdão de 8 de julho, série A122 [disponível em: <http://cmiskp.echr.coe.int/tkp197/view.asp?action=html&documentId =695305&portal=hbkm&source=externalbydocnumber&table=F69A27FD8FB86142B F01C1166DEA398649>].

TEDH (1988a), *B. c. Reino Unido (Artigo 50)*, queixa n.º 9840/82, acórdão de 9 de junho, série A136-D [disponível em: <http://cmiskp.echr.coe.int/tkp197/view.asp?action=html &documentId=695329&portal=hbkm&source=externalbydocnumber&table=F69A27 FD8FB86142BF01C1166DEA398649>].

TEDH (1988b), *Martins Moreira c. Portugal*, queixa n.º 11371/85, acórdão de 26 de outubro, série A143 [disponível em: <http://cmiskp.echr.coe.int/tkp197/view.asp?action=html&d ocumentId=695412&portal=hbkm&source=externalbydocnumber&table=F69A27FD8 FB86142BF01C1166DEA398649>].

TEDH (1989a), *Hauschildt c. Dinamarca*, queixa n.º 10486/83, acórdão de 24 de maio, série A154 [disponível em: <http://cmiskp.echr.coe.int/tkp197/view.asp?action=html&documentId =695377&portal=hbkm&source=externalbydocnumber&table=F69A27FD8FB86142B F01C1166DEA398649>].

TEDH (1989b), *Lamy c. Bélgica*, queixa n.º 10444/83, acórdão de 30 de março, série A153 [disponível em: <http://cmiskp.echr.coe.int/tkp197/view.asp?action=html&documentI

d=695391&portal=hbkm&source=externalbydocnumber&table=F69A27FD8FB86142 BF01C1166DEA398649>].

TEDH (1989c), *Neves e Silva c. Portugal*, queixa n.º 11213/84, acórdão de 27 de abril, série A153-A [disponível em: <http://cmiskp.echr.coe.int/tkp197/view.asp?action=html&documentId =695419&portal=hbkm&source=externalbydocnumber&table=F69A27FD8FB86142B F01C1166DEA398649>].

TEDH (1989d), *Oliveira Neves c. Portugal*, queixa n.º 11612/85, acórdão de 25 de maio, série A153-B [disponível em: <http://cmiskp.echr.coe.int/tkp197/view.asp?action=html &documentId=695494&portal=hbkm&source=externalbydocnumber&table=F69A27 FD8FB86142BF01C1166DEA398649>].

TEDH (1990), *Moreira de Azevedo c. Portugal*, queixa n.º 11296/84, acórdão de 23 de outubro, série A189 [disponível em: <http://cmiskp.echr.coe.int/tkp197/view.asp?action=html&d ocumentId=695522&portal=hbkm&source=externalbydocnumber&table=F69A27FD8 FB86142BF01C1166DEA398649>].

TEDH (1991), *Vermeire c. Bélgica*, queixa n.º 12849/77, acórdão de 29 de novembro, série A214-C [disponível em: <http://cmiskp.echr.coe.int/tkp197/view.asp?action=html&documentId =695589&portal=hbkm&source=externalbydocnumber&table=F69A27FD8FB86142B F01C1166DEA398649>].

TEDH (1994), *Saraiva de Carvalho c. Portugal*, queixa n.º 15651/89, acórdão de 22 de abril, série A286-B [disponível em: <http://cmiskp.echr.coe.int/tkp197/view.asp?action=html &documentId=695760&portal=hbkm&source=externalbydocnumber&table=F69A27 FD8FB86142BF01C1166DEA398649>].

TEDH (1995), *Velosa Barreto c. Portugal*, queixa n.º 18072/91, acórdão de 21 de novembro, série A334 [disponível em: <http://cmiskp.echr.coe.int/tkp197/view.asp?action=html&d ocumentId=695844&portal=hbkm&source=externalbydocnumber&table=F69A27FD8 FB86142BF01C1166DEA398649>].

TEDH (1996a), *Lobo Machado c. Portugal*, queixa n.º 15764/89, acórdão de 20 de fevereiro, R-1996-I [disponível em: <http://cmiskp.echr.coe.int/tkp197/view.asp?action=html&do cumentId=695855&portal=hbkm&source=externalbydocnumber&table=F69A27FD8F B86142BF01C1166DEA398649>].

TEDH (1996b), *Silva Rocha c. Portugal*, queixa n.º 18165/91, acórdão de 15 de novembro, R-1996-V [disponível em: <http://cmiskp.echr.coe.int/tkp197/view.asp?action=html&do cumentId=695958&portal=hbkm&source=externalbydocnumber&table=F69A27FD8F B86142BF01C1166DEA398649>].

TEDH (1996c), *Matos e Silva, Lda. e Outros c. Portugal*, queixa n.º 15777/89, acórdão de 16 de setembro, R-1996-IV [disponível em: <http://cmiskp.echr.coe.int/tkp197/view.asp?actio n=html&documentId=695940&portal=hbkm&source=externalbydocnumber&table=F 69A27FD8FB86142BF01C1166DEA398649>].

TEDH (1998a), *Teixeira de Castro c. Portugal*, queixa n.º 25829/94, acórdão de 9 de junho, R-1998-IV [disponível em: <http://cmiskp.echr.coe.int/tkp197/view.asp?action=html&d ocumentId=696070&portal=hbkm&source=externalbydocnumber&table=F69A27FD8 FB86142BF01C1166DEA398649>].

TEDH (1998b), *Daud c. Portugal*, queixa n.º 22600/93, acórdão de 21 de abril, R-1998-II [disponível em: <http://cmiskp.echr.coe.int/tkp197/view.asp?action=html&documentI d=696031&portal=hbkm&source=externalbydocnumber&table=F69A27FD8FB86142 BF01C1166DEA398649>].

TEDH (1999a), *Salgueiro da Silva Mouta c. Portugal*, queixa n.º 33290/96, acórdão de 21 de dezembro, R-1999-IX [disponível em: <http://cmiskp.echr.coe.int/tkp197/view.asp?acti on=html&documentId=669805&portal=hbkm&source=externalbydocnumber&table= F69A27FD8FB86142BF01C1166DEA398649>].

TEDH (1999b), *Tomé Mota c. Portugal*, queixa n.º 32082/96, decisão de 2 de dezembro de 1999, R-1999-IX [disponível em: <http://cmiskp.echr.coe.int/tkp197/view.asp?action=h tml&documentId=679124&portal=hbkm&source=externalbydocnumber&table=F69A 27FD8FB86142BF01C1166DEA398649>].

TEDH (2000a), *Lopes Gomes da Silva c. Portugal*, queixa n.º 37698/97, acórdão de 28 de setembro, R-2000-X [disponível em: <http://cmiskp.echr.coe.int/tkp197/view.asp?action=html &documentId=696694&portal=hbkm&source=externalbydocnumber&table=F69A27F D8FB86142BF01C1166DEA398649>].

TEDH (2000b), *Almeida Garrett, Mascarenhas Galvão e Outros c. Portugal*, queixas n.ᵒˢ 29813/96 e 30229/96, acórdão de 11 de janeiro, R-2000-I [disponível em: <http://cmiskp.echr.coe. int/tkp197/view.asp?action=html&documentId=696294&portal=hbkm&source=extern albydocnumber&table=F69A27FD8FB86142BF01C1166DEA398649>].

TEDH (2000c), *Comingersoll S.A. c. Portugal*, queixa n.º 35382/97, acórdão de 6 de abril, R-2000-IV [disponível em: <http://cmiskp.echr.coe.int/tkp197/view.asp?action=html&d ocumentId=696439&portal=hbkm&source=externalbydocnumber&table=F69A27FD8 FB86142BF01C1166DEA398649>].

TEDH (2002a), *Czekalla c. Portugal*, queixa n.º 38830/97, acórdão de 10 de outubro, R-2002- -VIII (disponível em: <http://cmiskp.echr.coe.int/tkp197/view.asp?action=html&docum entId=698553&portal=hbkm&source=externalbydocnumber&table=F69A27FD8FB86 142BF01C1166DEA398649>].

TEDH (2002b), *Magalhães Pereira c. Portugal*, queixa n.º 44872/98, acórdão de 26 de fevereiro, R-2002-I [disponível em: <http://cmiskp.echr.coe.int/tkp197/view.asp?action=html&doc umentId=698041&portal=hbkm&source=externalbydocnumber&table=F69A27FD8FB 86142BF01C1166DEA398649>].

TEDH (2003a), *Maire c. Portugal*, queixa n.º 48206/99, acórdão de 26 de junho, R-2003-VII [disponível em: <http://cmiskp.echr.coe.int/tkp197/view.asp?action=html&documentId =699061&portal=hbkm&source=externalbydocnumber&table=F69A27FD8FB86142B F01C1166DEA398649>].

TEDH (2003b), *Paulino Tomás c. Portugal*, queixa n.º 58698/00, decisão de 22 de maio de 2003, R-2003-VIII [disponível em: <http://cmiskp.echr.coe.int/tkp197/view.asp?action=html& documentId=682531&portal=hbkm&source=externalbydocnumber&table=F69A27FD8 FB86142BF01C1166DEA398649>].

TEDH (2003c), *Gouveia da Silva Torrado c. Portugal*, queixa 65305/01, decisão de 22 de maio [tradução disponível em: <http://www.gddc.pt/direitos-humanos/portugal-dh/acordaos/ traducoes/Trad_Q65305_01.pdf>].

O TEDH E PORTUGAL: 30 ANOS DE UMA RELAÇÃO   91

TEDH (2004a), *Assanidzé c. Geórgia*, queixa n.º 71503/01, acórdão de 8 de abril, R-2004-II [disponível em: <http://cmiskp.echr.coe.int/tkp197/view.asp?action=html&documentI d=699751&portal=hbkm&source=externalbydocnumber&table=F69A27FD8FB86142 BF01C1166DEA398649>]

TEDH (2004b), *Ilascu e Outros c. Moldávia e Rússia*, queixa n.º 48787/99, acórdão de 8 de julho, R-2004-VII [disponível em: <http://cmiskp.echr.coe.int/tkp197/view.asp?action=html&d ocumentId=699762&portal=hbkm&source=externalbydocnumber&table=F69A27FD8 FB86142BF01C1166DEA398649>].

TEDH (2005a), *Öcalan c. Turquia*, queixa n.º 46221/99, acórdão de 12 de maio, R-2005-IV [disponível em: <http://cmiskp.echr.coe.int/tkp197/view.asp?action=html&documentI d=773602&portal=hbkm&source=externalbydocnumber&table=F69A27FD8FB86142 BF01C1166DEA398649>].

TEDH (2005b), *Leyla Sahin c. Turquia*, queixa n.º 44774/98, acórdão de 10 de novembro, R-2005-XI [disponível em: <http://cmiskp.echr.coe.int/tkp197/view.asp?action=html& documentId=789023&portal=hbkm&source=externalbydocnumber&table=F69A27F D8FB86142BF01C1166DEA398649>].

TEDH (2005c), *Jahn e Outros c. Alemanha*, queixas n.ᵒˢ 46720/99, 72203/01 e 72552/01, acórdão de 30 de junho, R-2005-VI [disponível em: <http://cmiskp.echr.coe.int/tkp197/view.asp? action=html&documentId=777856&portal=hbkm&source=externalbydocnumber&tab le=F69A27FD8FB86142BF01C1166DEA398649>].

TEDH (2005d), *Reigado Ramos c. Portugal*, queixa n.º 73229/01, acórdão de 22 de novembro (não publicado no *Recueil des Arrêts et Décisions*) [disponível em: <http://cmiskp.echr.coe. int/tkp197/view.asp?action=html&documentId=789383&portal=hbkm&source=extern albydocnumber&table=F69A27FD8FB86142BF01C1166DEA398649>].

TEDH (2005e), *Antunes Rocha c. Portugal*, queixa n.º 64330/01, acórdão de 31 de maio (não publicado no *Recueil des Arrêts et Décisions*) [disponível em: <http://cmiskp.echr.coe.int/ tkp197/view.asp?action=html&documentId=774916&portal=hbkm&source=externalby docnumber&table=F69A27FD8FB86142BF01C1166DEA398649>].

TEDH (2007a), *Ferreira Alves c. Portugal (n.º 3)*, queixa n.º 25053/05, acórdão de 21 de junho [disponível em: <http://cmiskp.echr.coe.int/tkp197/view.asp?action=html&documentId =819046&portal=hbkm&source=externalbydocnumber&table=F69A27FD8FB86142B F01C1166DEA398649>].

TEDH (2007b), *Feliciano Bichão c. Portugal*, queixa n.º 40225/04, acórdão de 20 de novembro [disponível em: <http://cmiskp.echr.coe.int/tkp197/view.asp?action=html&documentId =825779&portal=hbkm&source=externalbydocnumber&table=F69A27FD8FB86142B F01C1166DEA398649>].

TEDH (2007c), *Anheuser-Bush, Inc. c. Portugal*, queixa n.º 73049/01, acórdão de 11 de janeiro, R-2007-I [disponível em: <http://cmiskp.echr.coe.int/tkp197/view.asp?action=html&do cumentId=812726&portal=hbkm&source=externalbydocnumber&table=F69A27FD8F B86142BF01C1166DEA398649>].

TEDH (2008a), *Panasenko c. Portugal*, queixa n.º 10418/03, acórdão de 22 de julho [tradução disponível em: <http://www.gddc.pt/direitos-humanos/portugal-dh/acordaos/traducoes/ ac%F3rd%E3o%20ART6%20Panasenko%20trad.pdf>].

92   O TEDH: DO SURGIMENTO À JURISPRUDÊNCIA

TEDH (2008b), *Bogumil c. Portugal*, queixa n.º 35228/03, acórdão de 7 de outubro [disponível em: <http://cmiskp.echr.coe.int/tkp197/view.asp?action=html&documentId=848795& portal=hbkm&source=externalbydocnumber&table=F69A27FD8FB86142BF01C1166 DEA398649>].

TEDH (2008c), *Yumak e Sadak c. Turquia*, queixa n.º 10226/03, acórdão de 8 de julho, R-2008 [disponível em: <http://cmiskp.echr.coe.int/tkp197/view.asp?action=html&documentId =837656&portal=hbkm&source=externalbydocnumber&table=F69A27FD8FB86142B F01C1166DEA398649>].

TEDH (2008d), *Azevedo c. Portugal*, queixa n.º 20620/04, acórdão de 27 de março [disponível em: <http://cmiskp.echr.coe.int/tkp197/view.asp?action=html&documentId=830263& portal=hbkm&source=externalbydocnumber&table=F69A27FD8FB86142BF01C1166 DEA398649>].

TEDH (2008e), *Martins de Castro e Alves Correia de Castro c. Portugal*, queixa n.º 33729/06, acórdão de 10 de junho [disponível em: <http://cmiskp.echr.coe.int/tkp197/view.asp?act ion=html&documentId=836412&portal=hbkm&source=externalbydocnumber&table= F69A27FD8FB86142BF01C1166DEA398649>].

TEDH (2009), *Women on Waves e Outras c. Portugal*, queixa n.º 31276/05, acórdão de 13 de janeiro [disponível em: <http://cmiskp.echr.coe.int/tkp197/view.asp?action=html&doc umentId=846488&portal=hbkm&source=externalbydocnumber&table=F69A27FD8F B86142BF01C1166DEA398649>].

TEDH (2011), *Pinto Coelho c. Portugal*, queixa n.º 28439/08, acórdão de 28 de junho [disponível em: <http://cmiskp.echr.coe.int/tkp197/view.asp?action=html&documentId=887 212&portal=hbkm&source=externalbydocnumber&table=F69A27FD8FB86142BF01C 1166DEA398649>].

TRL – Tribunal da Relação de Lisboa (1998), "Acórdão de 19 de Fevereiro de 1998, Proc. N.º 7973/97", da 6.ª Secção, inédito.

CAPÍTULO 3

NORMAS E DECISÕES DO TRIBUNAL EUROPEU E DA CORTE INTERAMERICANA DE DIREITOS HUMANOS: APROXIMAÇÕES COMPARATIVAS EM MATÉRIA DE DIREITOS ECONÓMICOS, SOCIAIS E CULTURAIS

Jayme Benvenuto
Rodrigo Deodato de Souza Silva

1. Introdução

As últimas décadas foram marcadas pelo crescente acionamento jurídico internacional em torno dos direitos humanos. Pessoas individualmente consideradas e entidades da sociedade civil organizada de todo o mundo têm acionado regularmente os sistemas global e regionais de proteção dos direitos humanos diante da consciência de que os Estados são, muitas vezes, ineficientes, coniventes ou mesmo autores em situações de violação a direitos humanos.

Enquanto o sistema das Nações Unidas, também chamado de sistema global de proteção dos direitos humanos, tem sido uma via importante para «prevenir conflitos internos», através de mecanismos de intervenção política que visam o «fortalecimento de instituições nacionais para solucionar questões relacionadas a direitos humanos» (OHCHR, 2000), os sistemas regionais de proteção dos direitos humanos visam decidir controvérsias que não tiveram solução no plano das jurisdições domésticas dos Estados, compondo um meio jurisdicional internacional de solução de conflitos, em princípio de acordo com a regra do esgotamento dos recursos internos.

A utilização desses sistemas internacionais de proteção dos direitos humanos não implica, no entanto, o abandono do uso dos sistemas nacionais. Ambos devem ser fortalecidos, na perspetiva do pleno respeito aos direitos humanos. No plano internacional, o desafio é, mediante instrumentos e mecanismos de proteção, ampliar as condições de respeito aos direitos humanos (Benvenuto, 2005).

Com vistas a uma perspetiva comparada de dois dos principais sistemas regionais de proteção aos Direitos Humanos – os sistemas europeu e interamericano –, faz-se necessário trabalhar as sentenças dessas instâncias internacionais com base em dois vieses de observação, a saber: a) a base normativo-funcional, por meio da qual serão feitas aproximações relacionadas às principais diferenças e convergências existentes entre os dois sistemas do ponto de vista das normas que lhes dão existência e operacionalidade; e, b) a base de conteúdo das sentenças emitidas pelo Tribunal Europeu dos Direitos Humanos (doravante TEDH ou Tribunal Europeu) e pela Corte Interamericana de Direitos Humanos (doravante Corte IDH), no sentido de melhor compreender os caminhos trilhados pelos dois tribunais para a adoção de suas sentenças, com ênfase nas relacionadas aos casos comentados.

2. A base normativo-funcional dos sistemas europeu e interamericano de Direitos Humanos

Os sistemas europeu e interamericano de proteção dos direitos humanos refletem o desenvolvimento das organizações que os acolhem – o Conselho da Europa e a Organização dos Estados Americanos, respetivamente – de igual maneira ao que acontece com o sistema das Nações Unidas. Ao longo do período de sua existência, apesar da enorme dificuldade em consolidar o projeto de organismos regionais garantidores de um padrão de convivência pacífica entre os países da Europa e das Américas, tem sido possível estabelecer e fazer funcionar sistemas de proteção que – amparados no princípio da indivisibilidade dos direitos humanos – viabilizem alguma proteção para os direitos humanos económicos, sociais e culturais, além dos tradicionais direitos humanos civis e políticos. O primeiro, tendo como base, em especial, a Convenção Europeia de Direitos Humanos e Liberdades Fundamentais e a Carta Social Europeia; e o segundo, com base, em especial, na Convenção Americana sobre Direitos Humanos e no Protocolo Adicional à Convenção Americana sobre Direitos Humanos em Matéria de Direitos Económicos, Sociais e Culturais.

Apesar dessa possibilidade crescente de proteção, os dois sistemas regionais evidenciam um padrão diferenciado de proteção para os direitos humanos económicos, sociais e culturais em relação aos direitos humanos civis e políticos. A começar pela ratificação dos tratados pelos Estados que integram as organizações internacionais correspondentes, que demonstram possuir mais resistências em relação ao comprometimento com normas relativas à proteção dos direitos humanos económicos, sociais e culturais que em relação às normas que protegem os direitos humanos civis e políticos. Com efeito, em relação ao sistema interamericano, enquanto a Convenção Americana sobre Direitos Humanos [Pacto de San José da Costa Rica], de 1969, foi ratificada por 25 Estados[1] e a Convenção Interamericana para Prevenir, Punir e Erradicar a Violência contra a Mulher [Convenção de Belém do Pará], de 1994, foi ratificada por 31 Estados,[2] o Protocolo Adicional à Convenção Americana sobre Direitos Humanos em Matéria de Direitos Económicos, Sociais e Culturais [Protocolo de San Salvador], de 1988, foi ratificado apenas por 14 Estados da região americana [56% dos Estados que ratificaram a Convenção Americana].[3]

O padrão de menor aceitação para a normativa relacionada aos direitos humanos económicos, sociais e culturais repete-se no sistema europeu de proteção dos direitos humanos, em que a Convenção Europeia de Direitos Humanos e Liberdades Fundamentais, de 1953, foi ratificada por 47 Estados,[4] enquanto a Carta Social Europeia, de 1961, foi ratificada por 27 Estados[5] [57,5% dos Estados que ratificaram a Convenção Europeia]; e – é importante destacar – a Carta Social Europeia Revista, em 1996, foi ratificada até o momento por 31 Estados[6] [66% dos Estados que ratificaram a Convenção Europeia]. Observe-se, ademais, que os instrumentos internacionais regionais relativos à proteção de direitos

---

[1] Argentina, Barbados, Bolívia, Brasil, Chile, Colômbia, Costa Rica, Dominica, El Salvador, Equador, Granada, Guatemala, Haiti, Honduras, Jamaica, México, Nicarágua, Panamá, Paraguai, Peru, República Dominicana, Suriname, Trinidad e Tobago, Uruguai e Venezuela (OEA, 2011).

[2] Antígua e Barbuda, Argentina, Bahamas, Barbados, Belize, Bolívia, Brasil, Chile, Colômbia, Costa Rica, Dominica, El Salvador, Equador, Granada, Guatemala, Guiana, Haiti, Honduras, México, Nicarágua, Panamá, Paraguai, Peru, República Dominicana, São Vicente, Santa Lúcia, St. Kitts e Nevis, Suriname, Trinidad e Tobago, Uruguai e Venezuela (OEA, 2011).

[3] Argentina, Brasil, Bolívia, Colômbia, Costa Rica, Equador, El Salvador, Guatemala, México, Panamá, Paraguai, Peru, Suriname e Uruguai (OEA, 2011).

[4] Albânia, Alemanha, Andorra, Arménia, Áustria, Azerbaijão, Bélgica, Bósnia e Herzegovina, Bulgária, Croácia, Chipre, Dinamarca, Eslováquia, Eslovénia, Espanha, Estónia, Ex-República Jugoslava da Macedónia, Finlândia, França, Geórgia, Grécia, Holanda, Hungria, Irlanda, Islândia, Itália, Letónia, Liechtenstein, Lituânia, Luxemburgo, Malta, Moldova, Noruega, Polónia, Portugal, Reino Unido, Roménia, República Checa, Rússia, San Marino, Sérvia, Montenegro, Suécia, Suíça, Turquia e Ucrânia (Conselho da Europa, 2011a).

[5] Alemanha, Áustria, Bélgica, Croácia, Chipre, Dinamarca, Eslováquia, Espanha, Ex-República Iugoslava da Macedônia, Finlândia, França, Grécia, Holanda, Hungria, Irlanda, Islândia, Itália, Letónia, Luxemburgo, Malta, Noruega, Polónia, Portugal, Reino Unido, República Checa, Suécia e Turquia (Conselho da Europa, 2011b).

[6] Albânia, Andorra, Arménia, Áustria, Azerbaijão, Bélgica, Bósnia e Herzegovina, Bulgária, Chipre, Eslováquia, Eslovénia, Estónia, Finlândia, França, Geórgia, Holanda, Hungria, Irlanda, Itália, Lituânia, Malta, Moldova, Montenegro, Noruega, Portugal, Roménia, Rússia, Sérvia, Suécia, Turquia e Ucrânia (Conselho da Europa, 2011c).

humanos económicos, sociais e culturais – o Protocolo de San Salvador e a Carta Social Europeia – são mais recentes do que os relacionados a direitos humanos civis e políticos, o que poderia supor alguma mudança na postura dos países em aceitar os tratados correspondentes, tendo em vista a maior aceitação do princípio da indivisibilidade dos direitos humanos com o fim da guerra fria, a partir do início da década dos 90 do século XX.[7]

Apesar dos limites aqui revelados quanto à normatividade do sistema interamericano de direitos humanos, especialmente em comparação com o sistema europeu, é surpreendente que aquele tenha conseguido produzir sentenças com uma abordagem mais claramente identificada com a proteção dos direitos humanos económicos, sociais e culturais que o seu correspondente europeu, pese embora a grande limitação imposta pela Convenção Americana sobre Direitos Humanos [em sua restrição quase que exclusiva a direitos humanos civis e políticos] e pelo Protocolo de San Salvador [em sua limitação real a direitos sindicais e à educação]. O novo Tribunal Europeu de Direitos Humanos, surgido do Protocolo n.º 11 à Convenção Europeia de Direitos Humanos e Liberdades Fundamentais, embora com o grande mérito de reconhecer o acesso direto e irrestrito dos indivíduos à sua jurisdição, ainda deve às vítimas europeias sentenças acordes ao disposto na Carta Social Europeia. Com efeito, pela Carta Social Europeia Revista, os Estados-membros do Conselho da Europa comprometem-se a assegurar às suas populações uma grande gama de direitos sociais ali especificados, a fim de melhorar o seu nível de vida e promover o seu bem-estar.[8]

---

[7] O padrão desigual de ratificação de tratados relacionados a direitos humanos civis e políticos e a direitos humanos económicos, sociais e culturais não se repete no sistema de proteção dos direitos humanos das Nações Unidas, embora a realização dos direitos «sociais» encontre a mesma dificuldade no plano global: o Pacto Internacional de Direitos Civis e Políticos, de 1966, foi ratificado por 167 Estados, a Convenção para a Eliminação de Todas as Formas de Discriminação contra a Mulher, de 1979, foi ratificada por 187 Estados [pese embora toda a resistência de vários países à igualdade de género], a Convenção sobre os Direitos da Criança, de 1989, foi ratificada por 193 Estados, a Convenção sobre a Eliminação de todas as Formas de Discriminação Racial, de 1966, foi ratificada por 174 Estados, o Pacto Internacional de Direitos Económicos, Sociais e Culturais, de 1966 [adotado pelas Nações Unidas no mesmo momento do Pacto Internacional de Direitos Civis e Políticos], foi ratificado por 160 Estados partes (OHCHR, 2011).

[8] «The European Social Charter is the counterpart of the European Convention of Human Rights in the field of economic and social rights. It covers a broad range of rights related do housing, health, education, employment, social protection an non-discrimination» (Conselho da Europa, 2008: 7).

A quantidade de casos – recebidos, processados e sentenciados – é outro ponto distintivo entre os sistemas europeu e interamericano de direitos humanos. Com efeito, como vimos, o novo Tribunal Europeu passou a exercer sua competência mediante a divisão do organismo em salas [*chambers*], na perspetiva de agilizar os procedimentos em face do volume de casos, cada vez em maior número em função da ampliação do conhecimento e do acesso ao sistema, mas também da crescente entrada de novos Estados-membros. O mais importante a destacar na alteração verificada no sistema europeu é, como visto, exatamente a prevalência da sua função contenciosa na proteção dos direitos humanos, embora o sistema continue prevendo e fazendo valer a possibilidade de solução amistosa de casos, o que em nada diminui a sua capacidade de justiciabilidade. As tabelas a seguir dão a dimensão da capacidade, em termos quantitativos, de realizar direitos humanos por meio de casos decididos pelo Tribunal Europeu e pela Corte Interamericana de Direitos Humanos [ao longo de suas existências].

GRÁFICO 3.1
Casos contenciosos julgados pelo TEDH (1959-2010)[9]

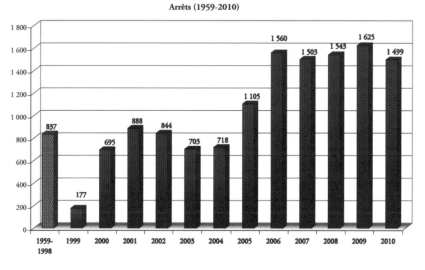

---

[9] Conselho da Europa (2011d).

TABELA 3.1
Casos contenciosos julgados pela Corte IDH, por país (1980-2010)[10]

País[11-12]	Nº de casos
Peru	28
Guatemala	14
Colômbia	13
Equador	9
Argentina	8
Honduras	8
Paraguai	8
Venezuela	8
México	8
Suriname	5
Brasil	5
Chile	4
Panamá	4
Nicarágua	4
Bolívia	3
El Salvador	3
Trinidad e Tobago	3
República Dominicana	2
Barbados	2
Costa Rica	1
Haiti	1
Uruguai	–
Total	138

---

[10] Levantamento realizado pelos autores a partir de informações disponíveis em Corte IDH (2011).

[11] Estados americanos que ratificaram a Convenção Americana sobre Direitos Humanos e aceitaram a jurisdição da competência contenciosa da Corte Interamericana de Direitos Humanos.

[22] Anos em que os Estados aceitaram a jurisdição contenciosa da Corte Interamericana de Direitos Humanos: 1980: Costa Rica; 1981: Honduras, Peru e Venezuela; 1984: Argentina e Equador; 1985: Uruguai; 1987: Guatemala e Suriname; 1990: Chile e Panamá; 1991: Nicarágua e Trinidad e Tobago; 1993: Paraguai e Bolívia; 1995: Colômbia e El Salvador; 1998: Brasil, Haiti e México; 1999: República Dominicana; 2000: Barbados.

Pode-se perceber que enquanto apenas no ano de 2010 o Tribunal Europeu de Direitos Humanos julgou um montante de 1499 casos, apenas 138 demandas foram apreciadas pela Corte Interamericana nas últimas três décadas. Outro fator comparativo se evidencia quando da apreciação do número de casos julgados por país tanto pela Corte Interamericana [Tabela 3.1] quanto pelo Tribunal Europeu [Tabela 3.2]:

TABELA 3.2
Casos contenciosos julgados pelo TEDH, por país (1959-2010)

País	Total	País	Total
Albânia	27	Irlanda	25
Alemanha	193	Islândia	12
Andorra	4	Itália	2121
Antiga República Jugoslava da Macedónia	78	Letónia	45
		Liechtenstein	5
Arménia	25	Lituânia	65
Áustria	287	Luxemburgo	36
Azerbaijão	42	Malta	31
Bélgica	162	Moldova	196
Bósnia-Herzegovina	14	Mónaco	1
Bulgária	375	Montenegro	3
Chipre	60	Noruega	28
Croácia	191	Polónia	874
Dinamarca	34	Portugal	206
Eslováquia	248	República Checa	158
Eslovénia	233	Roménia	791
Espanha	91	Reino Unido	443
Estónia	23	Rússia	1079
Finlândia	151	San Marino	11
França	815	Sérvia	49
Geórgia	39	Suécia	95
Grécia	613	Suíça	102
Holanda	128	Turquia	2573
Hungria	211	Ucrânia	717

A observação das tabelas pode ensejar uma diferença de natureza política a marcar os dois sistemas. Enquanto o sistema europeu tem demonstrado a capacidade – graças à ratificação universal e incondicionada da Convenção Europeia – de sentenciar indiscriminadamente os países da região [os maiores e os menores, os mais ricos e os menos ricos, os com maiores e com menores contingentes populacionais, os com maior e os com menor significado histórico], o sistema interamericano ainda não demonstra a mesma capacidade – facto este explicado pela ratificação parcial e condicionada da Convenção Americana sobre Direitos Humanos.

Com relação à afirmativa desde o início apresentada, sobre a crescente utilização dos sistemas de Proteção aos Direitos Humanos por indivíduos e grupos organizados da Sociedade Civil, podemos observar com maior clareza tal facto a partir dos dados apresentados nos Relatórios desses organismos. Apesar dos dados sobre as denúncias recebidas e os casos processados pela Comissão Interamericana – órgão do Sistema Interamericano responsável pela promoção e proteção dos Direitos Humanos – não estarem consistentemente apresentados em seus relatórios anuais, os mesmos indicam um aumento significativo no número de denúncias ao longo dos anos (Santos, 2007: 37). Em 1969 e 1970, por exemplo, foram encaminhadas à Comissão um total de 217 petições, metade do número recebido no ano de 1997 [435 casos] (CIDH, 2007). Esse número continuou a crescer nos anos seguintes, chegando ao montante de 1325 casos recebidos em 2006 (CIDH, 2007). Nesse caminho ascendente, a quantidade de casos chegou a seu ápice em 2009, com o recebimento de 1625 casos.

Importa também destacar o caráter, além de obrigatório, vinculante das decisões do Tribunal Europeu de Direitos Humanos em relação a todos os Estados-membros da Convenção Europeia. Assim, a grande importância das sentenças do Tribunal Europeu de Direitos Humanos está no método de interpretação adotado, que permite amplificar suas decisões sobre os países da região, mediante o condicionamento a modificações procedimentais e legislativas no plano nacional. Tais elementos representam a ampliação da capacidade de justiciabilidade e de cumprimento regional do sistema europeu, que, com efeito, é o seu ponto alto.

3. A base de conteúdo das sentenças do Tribunal Europeu e da Corte Interamericana de Direitos Humanos

Cabe ressaltar, inicialmente, que os sistemas europeu e interamericano de proteção dos direitos humanos possuem métodos diferentes de abordagem dos casos e tomada de decisão. Enquanto o sistema europeu funciona com base em um formato de referências comparativas entre os Estados [principalmente no que se refere às legislações nacionais] que lhe permitem alcançar avanços progressivos, o sistema interamericano possui um método de julgamento concentrado no caso concreto em referência a cada país. Ao assim atuarem, o Tribunal Europeu e a Corte Interamericana obedecem a definições básicas da normativa dos organismos que as comportam, que por sua vez se orientam por definições políticas que conformam o Conselho da Europa e a Organização dos Estados Americanos.

A respeito do sistema europeu, Carozza (1998) levanta três princípios orientadores da jurisprudência do Tribunal Europeu. O mesmo entende que, em primeiro lugar, embora a convenção valha-se de seu vocabulário de uso comum e das tradições constitucionais dos Estados-membros, o Tribunal dará a essas palavras um significado específico para fins de interpretação da Convenção, a partir de fontes internas ao próprio sistema europeu. O TEDH tem adotado uma postura dinâmica para interpretar a Convenção, buscando compreender os termos do tratado não em seu contexto original, mas à luz da sociedade europeia contemporânea, o que constitui o segundo princípio orientador. Por fim, o terceiro princípio, aquele mais diretamente importante para nossos fins, o Tribunal desenvolveu a doutrina da margem de apreciação, a qual busca compatibilizar os Estados-membros com o sistema europeu de direitos humanos mediante a preparação dos órgãos nacionais para a declaração de violações a direitos humanos.

A preocupação do sistema europeu, portanto, é claramente voltada para uma compatibilização de decisões em relação às tradições jurídicas dos países do sistema, na perspetiva de uma progressiva criação de uma tradição europeia de proteção dos direitos humanos. A propósito da chamada margem de apreciação [*margin of appreciation*][13] no método adotado pelo Tribunal Europeu de Direitos Humanos, é significativa a comparação – ou compatibilização – que o método promove em relação a países com status político, jurídico, social e cultural semelhante, com o que estaria indo além do denominado consenso europeu,[14]

---

[13] A margem de apreciação foi definida por Mahoney (1998: 1) como «*the dividing line between the powers of the state and those of the Court*». Numa perspetiva extremamente restritiva, Michael O'Boyle diz que «*the margin of appreciation means that the Court should give way to the Government's decisions because it knows the situation better and can judge what actions are required*» (O'Boyle *apud* Crysler, 1994).

[14] «[...] *the Court went on to compare the French laws and the English Laws at issue in the Rees and Cossey cases, precisely with regard to some of these details it claimed to be beyond a European consensus. In France, in contrast to England, a transsexual's difficulty in changing her name and identification documents*

mas no sentido de alcançar avanços progressivos, inicialmente, sub-regionais e, posteriormente, regionais.

Considerando a diferença entre os sistemas nacionais que compõem o sistema europeu de direitos humanos, poder-se-ia dizer que o método produz efeitos diferentes para os países do sistema, pelo menos num momento inicial. Se é verdade que o estudo comparativo em certos casos poderia dar lugar a uma relativização dos padrões internacionais universais de direitos humanos, como acusam alguns autores, a diferença propiciada pelo método pode ser vista como um procedimento auxiliar na realização da progressividade dos direitos humanos, progressividade essa usada em seu sentido apropriado, ou seja, na busca da ampliação da garantia de direitos, num horizonte de equiparação de todo o sistema num horizonte razoável de tempo (Benvenuto, 2005).

De acordo com essa visão do método interpretativo do Tribunal Europeu, haveria uma certa independência desta em relação ao conjunto das tradições nacionais – tendo em vista a incapacidade atual de compatibilizá-las todas e de uma só vez e a busca do bem comum em termos supranacionais – e uma certa dependência em relação a componentes políticos, orientada pela busca de maior alcance futuro para suas decisões. Essa característica pode explicar a decisão de garantir ganho de causa a Lustig-Prean e Beckett (TEDH, 1999) no que se refere à indemnização pela discriminação por orientação sexual sofrida, e afirmada pelo Tribunal, mas não fazê-lo no que se refere à reincorporação dos denunciantes às Forças Armadas, o que equivale a um ganho relativo para os denunciantes e a uma perda relativa para o Estado respetivo.[15] O método revelaria a preocupação do Tribunal e do sistema europeu com a capacidade de absorção das suas decisões no plano nacional, além da busca em acomodar decisões individuais na perspetiva de garantir-lhes efeitos coletivos de maior alcance num futuro próximo. O próprio caso *Lustig-Prean e Beckett c. o Reino Unido* é um bom exemplo para a afirmação aqui sustentada, como será destacado na sequência.

A decisão insere-se no contexto de uma série de decisões do Tribunal Europeu – o mesmo pode-se dizer em relação à Corte Interamericana de Direitos Humanos – em que a base originalmente relacionada a direitos humanos civis

---

to reflect her apparent sex was so onerous that the applicant found herself 'daily in a situation which, taken as a whole, is not compatible with the respect due to her private life. Consequently, even having regard to the State's margin of appreciation ... there has thus been a violation of article 8» (Carozza, 1998: 1223).

[15] *«As a supranational institution, the Court faces a genuine difficulty over its proper role. The whole enterprise of rights protection on this scale requires a delicate balance between national sovereignty and international obligation»* (R. St. J. Macdonald, juiz do Tribunal Europeu, *apud* Carozza, 1998: 1223).

e políticos passa a ser vista e tratada como uma oportunidade para ressaltar a dimensão relacionada a direitos humanos económicos, sociais e culturais.

Da observação do caso *Frydlender c. a França*, denota-se evidente que ele possui menor proximidade com os direitos humanos económicos, sociais e culturais, embora a sentença seja clara em querer proteger tais direitos. A dita sentença declara que a «decisão adotada pelo Tribunal deve ser encarada como alusiva ao restabelecimento, ao menos parcialmente, dos direitos socioeconómicos e culturais do trabalhador peticionário» (TEDH, 2000).

A pouca proximidade desse caso com os direitos humanos económicos, sociais e culturais deve-se ao facto de que embora o fundo da questão seja relacionado a uma questão social, é mais que tudo o elemento indemnizatório que os torna dignos da referência aos direitos humanos económicos, sociais e culturais.

Está-se diante de uma decisão que se vale da ideia da indivisibilidade para garantir direitos humanos civis, políticos, económicos, sociais e culturais pela via do direito de acesso à justiça. O direito de acesso à justiça, numa dimensão ampla, afinal, era o que estava em disputa no caso. Em conexão com o direito de acesso à justiça, no caso mencionado, coloca-se a discussão sobre a margem de apreciação que os Estados possuem para determinar o que faz parte dos interesses públicos. Ao assegurar que essa margem de apreciação não é ilimitada, e que seu exercício está sujeito à revisão, o Tribunal Europeu reforçou a noção de pleno acesso à justiça.

Nos casos cujo titular principal é Frydlender, o elemento demora excessiva no sofrimento do denunciante, sem que a justiça nacional fosse capaz de solucionar as questões, foi utilizado com o sentido de reparar a vítima, ao menos no que se refere ao aspeto patrimonial. Assim, o Tribunal considerou, entre outros elementos, que «o prolongamento dos processos além de um tempo razoável causou dificuldades consideráveis ao denunciante, além de um longo período de incerteza, o que justificava o pagamento de uma indemnização» (TEDH, 2000). Ao proceder dessa forma, o Tribunal estava garantindo o exercício de direitos sociais, ao mesmo tempo em que alguma proteção individual para o denunciante, numa flagrante combinação entre direitos coletivos e individuais. Embora a base legal para as decisões seja uma violação a um direito eminentemente civil [o direito a um julgamento justo], o fundo da proteção buscada é relacionado a um direito social [o direito ao trabalho]. Ao contrário de constituir esta uma prática reveladora da prevalência para os direitos humanos civis e políticos, revela-se mesmo é o reconhecimento prático do princípio da indivisibilidade dos direitos humanos.

No caso *Lustig-Prean e Beckett* (TEDH, 1999), diversamente, embora vejamos igualmente imbricados interesses e direitos humanos civis, políticos, económicos, sociais e culturais, ressalta-se o reconhecimento do direito à cultura – embora pela via da indemnização por discriminação na demissão de função pública. O caráter cultural parece claro, também, na medida em que o alcance dos direitos vem se tornando gradativamente possível numa base de incorporação cultural da diversidade. Além das inúmeras mudanças legislativas que foram feitas no Reino Unido após 1966, num contexto de democratização cultural, a decisão do Tribunal Europeu de Direitos Humanos acelerou um processo que tem uma de suas marcas no próprio caso. Se, por um lado, a referência a um período mais longo de transformações culturais pode ensejar a ideia de que a decisão do Tribunal apenas veio agilizar um processo iniciado há mais tempo, no contexto do direito consuetudinário britânico, por outro, o facto não pode servir para retirar importância à decisão do Tribunal. Em *Lustig-Prean e Beckett c. o Reino Unido* (TEDH, 1999), também sem se referir ao princípio da indivisibilidade, o Tribunal parece minimizar a preocupação relacionada à violação de direitos civis e políticos, e concentrar-se sobre os aspetos sociais e culturais.

A decisão, no caso *Lustig-Pream e Beckett* insere-se no contexto de uma série de decisões do Tribunal Europeu e da Corte Interamericana de Direitos Humanos em que a base originalmente relacionada a direitos humanos civis e políticos passa a ser vista e tratada como uma oportunidade para ressaltar a dimensão relacionada a direitos humanos económicos, sociais e culturais (Benvenuto, 2005).

Embora estejamos falando de métodos diferentes utilizados pelo Tribunal Europeu e pela Corte Interamericana de Direitos Humanos, são semelhantes, pelo menos em relação a certos casos, os resultados a que chegam os dois tribunais. No caso *Baena Ricardo e Outros c. o Panamá* (Corte IDH, 2001a), não resta dúvida de que as reivindicações dos trabalhadores ao governo panamenho eram de natureza trabalhista, sendo as mesmas que motivaram a intervenção do Estado julgada na sentença de mérito da Corte Interamericana. Mesmo não fazendo menção clara ao princípio da indivisibilidade dos direitos humanos – facto incomum em se tratando da Corte Interamericana de Direitos Humanos – a sentença trata da proteção a direitos humanos num sentido amplo, incluindo os de natureza económica, social e cultural. Para além de determinar em que momento um direito sindical é um direito humano civil e político e em que momento é um direito humano económico, social e cultural, a Corte acatou a ideia de que as demissões dos 270 trabalhadores estatais aconteceram em razão da organização para motivar e promover uma marcha e paralisação com vocação trabalhista e sindical e de que a deliberação do governo panamenho afetava a capacidade política de organização dos sindicatos, com o que se estava afetando também a capacidade dos trabalhadores gozarem direitos sindicais e trabalhistas numa perspetiva social. A negação do acesso à justiça aos trabalhadores para recorrer da decisão governamental implicava na «perda concreta de direitos humanos económicos, sociais e culturais» (Corte IDH, 2001a), a juízo da Corte Interamericana, o que equivale a dizer que os direitos humanos possuem dimensões diversas: civis, políticas, económicas, sociais e culturais.

No caso *Comunidade Mayagna Awas (Sumo) Tingni c. a Nicarágua* (Corte IDH, 2001b), a situação social dos índios da região foi claramente reconhecida pela Corte Interamericana de Direitos Humanos como a de um povo tradicional marginalizado. A necessidade de titulação de terras ancestrais para o povo, portanto, era inquestionável. Com a sentença, a Corte Interamericana demonstrou a capacidade de absorver aspetos importantes do direito indígena tradicional, ao mesmo tempo em que os compatibilizava com a normativa internacional regional de proteção dos direitos humanos. Além de sua história e cultura, a legitimidade indígena para requerer a propriedade de terras ancestrais encontra-se na função social da propriedade, garantida pelas normas constitucionais contemporâneas. Estamos diante, claramente, de uma decisão com todos os elementos requeridos para entendê-la como alusiva à proteção dos direitos humanos económicos, sociais e culturais, sem que, para tanto, direitos humanos civis e políticos tenham sido desconsiderados (Benvenuto, 2005).

Uma última observação sobre as sentenças dos dois tribunais – embora se trate, aqui, de um aspeto mais formal do que de conteúdo – revela a maior profundidade das sentenças da Corte Interamericana de Direitos Humanos em relação às emitidas pelo Tribunal Europeu, o que se pode constatar da quantidade de provas colhidas e examinadas [documentos, testemunhos, perícias]. A propósito, as sentenças observadas do Tribunal Europeu de Direitos Humanos valeram-se em muito menor monta da produção de perícias e da ouvida de testemunhas, em comparação com as sentenças da Corte Interamericana. Apenas no caso *Baena Ricardo e Outros c. o Panamá* (Corte IDH, 2001a), a Corte Interamericana de Direitos Humanos colheu mais de uma centena de provas documentais e ouviu 11 testemunhas e 3 peritos.

De igual forma tal realidade se evidencia quando da capacidade de análise das situações fáticas. As sentenças do Tribunal Europeu de Direitos Humanos variam muito de formato e, no que se refere estritamente às análises dos casos, apresentam posições com um certo grau de generalidade, à exceção da sentença do caso *Lustig-Prean e Beckett c. o Reino Unido* (TEDH, 1999), que possui maior rigor no seu embasamento. Já as sentenças da Corte Interamericana apresentam um formato padrão de apresentação e análise dos casos, valendo-se de uma estrutura que pode ser assim apresentada: 1. Introdução; 2. Procedimento perante a Comissão; 3. Procedimento perante a Corte; 4. Valoração da prova [documental, testemunhal e pericial]; 5. Factos provados; 6. Considerações de fundo; 7. Análise dos artigos da Convenção; 8. Pontos resolutivos.

Outro dado que fortalece essa evidência é a quantidade de páginas utilizadas para prolatar as sentenças. A sentença [de exceções preliminares, mérito e reparação] do caso *Frydlender c. a França* (TEDH, 2000) e *Lustig-Prean e Beckett c. o Reino Unido* (TEDH, 1999), do Tribunal Europeu de Direitos Humanos, possuem, respetivamente, 18 e 56 páginas. As sentenças [de exceções preliminares, mérito e reparação] dos casos *Baena Ricardo e Outros c. o Panamá* (Corte IDH, 2001a) e *Comunidade Mayagna Awas (Sumo) Tingni c. a Nicarágua* (Corte IDH, 2001b), da Corte Interamericana de Direitos Humanos, possuem, respetivamente, 147 e 106 páginas. O pragmatismo que caracteriza o sistema europeu pode contribuir para explicar o facto, que é comentado com fortes cores por Carozza ao referir-se às características do sistema europeu e do seu Tribunal: «As características apenas comparativas do "método" do Tribunal em que praticamente todos os pesquisadores concordam são a sua falta de profundidade, rigor e transparência» (Carozza, 1998: 1225).[16]

Embora não concordando com as fortes cores do autor, importa ressaltar que as sentenças estudadas da Corte Interamericana de Direitos Humanos são mais profundamente elaboradas do que as da sua correspondente europeia.

Conclusão

A convicção de que a realização prática dos direitos humanos económicos, sociais e culturais, tanto no plano nacional quanto no plano internacional, vem sendo negligenciada em relação aos direitos humanos civis e políticos, tendo em conta a visão de que os direitos humanos económicos, sociais e culturais seriam realizáveis apenas progressivamente, é visivelmente presente quando da análise comparada dos sistemas interamericano e europeu de proteção dos Direitos Humanos. A partir dessa compreensão, constata-se a necessidade de validade e afirmação do princípio da indivisibilidade dos direitos humanos.

---

[16] «*The only characteristics of the Court's comparative 'method' on which virtually all commentators have agreed are its lack of depth, rigor, and transparency*» (Carozza, 1998: 1225).

Com base na construção histórica de sistemas internacionais de proteção dos direitos humanos, foram apresentados os elementos fundamentais de dois dos sistemas regionais de proteção dos direitos humanos – o sistema europeu e o interamericano – de modo a demonstrar a existência de base normativa, funcional e política para a garantia dos direitos humanos no plano internacional, os quais possuem a dimensão prática de ir além da mera declaração de direitos. Ao longo do tempo, apesar da enorme dificuldade em consolidar o projeto de organismos regionais garantidores de um padrão de negociação da convivência pacífica entre os países da Europa e das Américas, tem sido possível ao Conselho da Europa e à Organização dos Estados Americanos estabelecer sistemas de proteção que – amparados no princípio da indivisibilidade dos direitos humanos – viabilizassem alguma proteção para os direitos humanos económicos, sociais e culturais, além dos tradicionais direitos humanos civis e políticos. O primeiro, tendo como base a Convenção Europeia de Direitos Humanos e Liberdades Fundamentais e a Carta Social Europeia; e o segundo, com base na Convenção Americana de Direitos Humanos e principalmente no Protocolo Adicional à Convenção Americana de Direitos Humanos em Matéria de Direitos Económicos, Sociais e Culturais. É importante destacar, em relação aos dois sistemas, sua capacidade de reparar violações aos direitos humanos.

É patente, no entanto, a distância que ainda existe em relação ao padrão de proteção dos direitos humanos civis e políticos no que se refere aos sistemas regionais de direitos humanos. Apesar da importância da Convenção Europeia de Direitos Humanos e Liberdades Fundamentais e da Convenção Americana sobre Direitos Humanos, aqueles instrumentos normativos restringiram a proteção dos direitos humanos basicamente aos direitos humanos civis e políticos, optando por deixar a proteção aos direitos humanos económicos, sociais e culturais para uma etapa posterior, o que não vem impedindo que avanços sejam feitos no sentido de validar praticamente tais direitos, como se pôde ver da exposição e comentários relacionados a casos julgados pelos dois Tribunais regionais.

As duas sentenças do Tribunal Europeu e as duas da Corte Interamericana de Direitos Humanos relacionadas à proteção de direitos humanos económicos, sociais e culturais, tendo por base o princípio da indivisibilidade dos direitos humanos, invocado direta ou indiretamente, bem demonstram a emergência da questão social nos nossos dias, assim como – sobretudo – a possibilidade prática da justiciabilidade de tais direitos. Para tanto, foram invocados os princípios da igualdade, e feitos os vínculos com o direito à cultura, o direito ao trabalho, o direito à previdência, o direito à propriedade, entre outros.

Com base na análise das referidas sentenças, foi possível demonstrar as limitações e as possibilidades dos sistemas internacionais regionais de proteção, nesse (ainda) início de século, pese embora serem os mais desenvolvidos sistemas de proteção dos direitos humanos com que já se contou na história. Evidencia-se, assim, de pronto a contradição que evidencia as limitações de sistemas [ainda] condicionados – e muito – à política regional, mas que, mesmo assim, são capazes de garantir praticamente a proteção a certos direitos sociais com base no princípio da indivisibilidade dos direitos humanos.

Ficou evidenciado que as sentenças comentadas experimentam caminhos novos na aplicação do Direito Internacional dos Direitos Humanos, com forte impacto no ordenamento interno dos países que integram os sistemas internacionais de proteção dos direitos humanos, condicionados à reparação de violações, à alteração legislativa sob a primazia dos direitos humanos compromissados em nível internacional, e à mudança cultural na forma de ver e resguardar os direitos humanos. As sentenças mencionadas buscam garantir, plena e praticamente, os direitos humanos, negando-se a se limitar à retórica dos textos constitucionais e dos tratados internacionais, demonstrando a capacidade dos direitos humanos económicos, sociais e culturais – apesar de sua definição tradicional como direitos coletivos – serem garantidos juridicamente como direitos subjetivos, nos termos preconizados pelas constituições democráticas mais recentes.

Se é certo que, ao ratificar tratados de proteção dos direitos humanos, os Estados se obrigam a estabelecer normas de direito interno no sentido de realizar praticamente os direitos humanos, assumidos em condição de compromissos internacionais, a questão adquire importância maior no momento em que sentenças são emitidas por tribunais internacionais de direitos humanos, obrigando os Estados-membros a satisfazer as vítimas em diversos sentidos. Em perspetiva comparada entre os sistemas europeu e interamericano, buscamos tratar de duas bases que nos pareceram de grande importância: a) a base normativo-funcional, por meio da qual foram feitas aproximações relacionadas às principais diferenças e convergências existentes entre os dois sistemas do ponto de vista das normas que lhes dão existência e operacionalidade; e, b) a base de conteúdo das sentenças emitidas pelo Tribunal Europeu e pela Corte Interamericana de Direitos Humanos, no sentido de melhor compreender os caminhos trilhados pelos dois tribunais para a adoção de suas sentenças, em especial as relacionadas aos casos comentados.

Ao longo do período de sua existência, apesar da enorme dificuldade em consolidar o projeto de organismos regionais garantidores de um padrão de negociação da convivência pacífica entre os países da Europa e das Américas, tem sido possível ao Conselho da Europa e à Organização dos Estados Americanos estabelecer e fazer funcionar sistemas de proteção que vêm viabilizando alguma proteção para os direitos humanos económicos, sociais e culturais. Apesar dessa possibilidade crescente de proteção, os dois sistemas regionais evidenciam um padrão diferenciado de proteção para os direitos humanos económicos, sociais e culturais em relação aos direitos humanos civis e políticos. Particularmente no que se refere ao sistema interamericano de direitos humanos, vale ressaltar a importância de que a ratificação universal dos tratados internacionais de direitos humanos se estabeleça na região americana no sentido da consolidação dos mecanismos de justiciabilidade dos direitos humanos. Enquanto no sistema europeu se pratica um regime de ratificação universal e incondicionada da Convenção Europeia, no sistema interamericano a ratificação tem sido parcial e condicionada.

Cabe ressaltar, igualmente, que os sistemas europeu e interamericano de proteção dos direitos humanos possuem métodos diferentes de abordagem dos casos e tomada de decisão. Enquanto o sistema europeu funciona com base em um formato de referências comparativas entre os Estados [principalmente no que se refere às legislações nacionais] que lhe permitem alcançar avanços progressivos, o sistema interamericano possui um método de julgamento concentrado no caso concreto de cada país.

Embora adotando métodos diferentes de julgamento e supervisão do cumprimento das decisões dos tribunais internacionais respetivos – orientados pelas definições normativas dos organismos que as comportam – pode-se dizer que a comparação entre os sistemas europeu e interamericano de direitos humanos não permite afirmar a existência de um sistema melhor do que o outro. Ambos os sistemas dão as respostas possíveis aos Estados-membros e aos nacionais desses Estados que o momento permite, considerando seu acúmulo histórico, jurídico, social e cultural.

Referências bibliográficas

Benvenuto, Jayme (2005), "A justiciabilidade internacional dos direitos humanos econômicos, sociais e culturais: Casos das cortes europeia e interamericana de direitos humanos", tese de doutoramento. São Paulo: Universidade de São Paulo.

Carozza, Paolo (1998), "Uses and Misuses of Comparative Law in International Human Rights: Some Reflections on the Jurisprudence of the European Court of Human Rigths", *Notre Dame Law Review*, 73(5), 1217-1237.

110   O TEDH: DO SURGIMENTO À JURISPRUDÊNCIA

CIDH – Comissão Interamericana de Direitos Humanos (2007), *Informe Anual de la Comisión Interamericana de Derechos Humanos 2006*. Washington, DC: CIDH [disponível em: <http://www.cidh.org/annualrep/2006sp/indice2006.htm>, consultado em 26/06/2011].

Conselho da Europa (2008), *European Social Charter*. Collected texts. 6th ed. Strasbourg: Council of Europe Publishing [disponível em: <http://www.coe.int/t/dghl/monitoring/socialcharter/presentation/ESCCollectedTexts_en.pdf >].

Conselho da Europa (2011a), "Convention for the Protection of Human Rights and Fundamental Freedoms – Chart of signatures and ratifications" [disponível em: <http://conventions.coe.int/Treaty/Commun/ChercheSig.asp?NT=005&CM=8&DF=&CL=ENG>, consultado em 26/06/2011].

Conselho da Europa (2011b), "European Social Charter – Chart of signatures and ratifications" [disponível em: <http://conventions.coe.int/Treaty/Commun/QueVoulezVous.asp?NT=035&CM=8&DF=26/06/2011&CL=ENG>, consultado em 26/06/2011].

Conselho da Europa (2011c), "European Social Charter (revised) – Chart of signatures and ratifications" [disponível em: <http://conventions.coe.int/Treaty/Commun/QueVoulezVous.asp?NT=163&CM=8&DF=26/06/2011&CL=ENG>, consultado em 26/06/2011].

Conselho da Europa (2011d), *Rapport Annuel 2010 de la Cour européenne des droits de l'homme*. Strasbourg: Greffe de la Cour européenne des droits de l'homme [disponível em: <http://www.echr.coe.int/NR/rdonlyres/2AEF2D7D-679F-4016-83C6-4DCE125B9089/0/2010_Rapport_Annuel_FR.pdf>, consultado em 26/06/2011].

Corte IDH – Corte Interamericana de Direitos Humanos (2001a), *Baena Ricardo e Outros c. Nicarágua*, queixa 11.325, de 1994, acórdão de 2 de fevereiro de 2001, série C nº 72 [disponível em: <http://www.corteidh.or.cr/pais.cfm?id_Pais=14>].

Corte IDH (2001b), *Comunidade Mayagna Awas (Sumo) Tingni c. a Nicarágua*, queixa 11.577, de 1995, acórdão de 31 de agosto de 2001, série C nº 79 [disponível em: <http://www.corteidh.or.cr/pais.cfm?id_Pais=15>].

Corte IDH (2011), *Jurisprudencia por país* [disponível em: <http://www.corteidh.or.cr/porpais.cfm>, consultado em 26/06/2011].

Crysler, Edward (1994), "Brannigan and Mcbride v. UK: A New Direction on Article 15 Derogations under the European Convention on Human Rights?", *Revue Belge de Droit International*, 27(2), 603-631.

Mahoney, Paul (1998), "Marvellous richness of diversity or invidious cultural relativism?" *Human Rights Law Journal*, 19(1), 1-6.

OEA – Organização dos Estados Americanos (2011), *Comissão Interamericana de Direitos Humanos. Documentos Básicos em Matérias de Direitos Humanos no Sistema Interamericano* [disponível em: <http://www.cidh.org/basic.esp.htm>, consultado em 27/06/2011].

OHCHR – Gabinete do Alto Comissário das Nações Unidas para os Direitos Humanos (2000), *Seventeen Frequently Asked Questions About United Nations Special Rapporteurs*, Fact Sheet no. 27. Genève: ONU [disponível em: <http://www.ohchr.org/Documents/Publications/FactSheet27en.pdf>].

OHCHR (2011), *Treaty Collection – Ratifications and Reservations* [disponível em: <http://www2.ohchr.org/english/bodies/ratification/index.htm>, consultado em 26/06/2011].

Santos, Cecília MacDowell (2007), "Ativismo jurídico transnacional e o Estado: reflexões sobre os casos apresentados contra o Brasil na Corte Interamericana de Dreitos Humanos", *Sur – Revista Internacional de Direitos Humanos*, 7, 29-59 [disponível em: <http://www. surjournal.org/index7.php>.

TEDH – Tribunal Europeu dos Direitos Humanos (1999), *Lustig-Prean e Beckett c. o Reino Unido*, queixas n.ºs 31417/96 e 32377/96, acórdão de 27 de setembro [disponível em: <http://cmiskp.echr.coe.int/tkp197/view.asp?action=html&documentId=696284&portal=hbkm&source=externalbydocnumber&table=F69A27FD8FB86142BF01C1166DEA398649>].

TEDH (2000), *Frydlender c. a França*, queixa n.º 30979/96, acórdão de 27 de junho, R-2000--VII [disponível em: <http://cmiskp.echr.coe.int/tkp197/view.asp?action=html&documentId=696639&portal=hbkm&source=externalbydocnumber&table=F69A27FD8FB86142BF01C1166DEA398649>].

PARTE 2

A ROTINIZAÇÃO DA LITIGÂNCIA TRANSNACIONAL

CAPÍTULO 4

PORTUGAL E O TEDH:
UM RETRATO DA LITIGAÇÃO TRANSNACIONAL

Cecília MacDowell dos Santos
Teresa Maneca Lima

Introdução

A litigação é um tipo de mobilização ou uso judicial do direito, podendo ser de iniciativa individual ou coletiva, podendo ou não estar conectada a uma mobilização social e política (McCann, 2008). A globalização do direito e de mecanismos internacionais de administração de conflitos, não apenas entre Estados como também entre indivíduos, empresas, associações civis e Estados, tem acentuado a «litigação transnacional» entre atores e em espaços de litigação que vão além das fronteiras nacionais (Slaughter, 2003; Dale, 2007). Em determinados contextos, a litigação transnacional tem integrado uma estratégia de mobilização coletiva e politizada do direito que Boaventura de Sousa Santos e César Rodríguez-Garavito (2005) designam por «legalidade cosmopolita subalterna», ou seja, um tipo de mobilização judicial e transnacional que deve acompanhar uma mobilização política e social mais ampla, conectar lutas locais a lutas transnacionais contra a globalização hegemónica e privilegiar os direitos humanos coletivos. A mobilização do sistema interamericano de direitos humanos pelas organizações não-governamentais (ONG) ilustra um uso coletivo e politizado do direito, embora esta prática nem sempre esteja conectada a lutas contra a globalização hegemónica, donde Cecília Santos (2007) a designar por «ativismo jurídico transnacional».

No contexto europeu e português, como se caracteriza a mobilização judicial do Tribunal Europeu dos Direitos Humanos (TEDH)? Trata-se de um tipo de litigação transnacional também conectada a mobilizações sociais e, portanto, uma mobilização judicial orientada para a transformação política e social? Ou trata-se de uma litigação liberal e individualista, que objetiva tão-somente a reparação de danos em decorrência da violação de direitos humanos individuais não relacionados com lutas sociais e políticas mais amplas? Quem são os mobilizadores deste Tribunal – indivíduos, empresas, associações civis? Quais os tipos de casos apresentados contra Portugal junto do TEDH? Que direitos estão em causa na litigação portuguesa perante o TEDH? Qual o significado social e jurídico-político desta litigação transnacional?

A análise da literatura sobre este tema, já realizada em Cecília Santos *et al.* (2009, 2010), mostra que, não obstante a existência de alguns estudos doutrinais e normativos sobre os casos apresentados contra Portugal junto do TEDH, não existem estudos empíricos e sociojurídicos amplos e sistematizados sobre o uso deste Tribunal no contexto português. Esta ausência de estudos não significa, porém, uma ausência de mobilização judicial do TEDH em Portugal. Pelo contrário, o número de queixas enviadas denota uma mobilização significativa e motiva-nos a conhecer melhor esta realidade, procurando identificar os/as mobilizadores/as, os tipos de queixas e os direitos violados. Neste capítulo, temos como objetivo preencher esta lacuna na literatura jurídica e sociológica sobre o tipo de litigação transnacional que é feita em Portugal junto do TEDH.

Os dados e as reflexões aqui apresentados têm por base os resultados do projeto de investigação que desenvolvemos no Centro de Estudos Sociais da Universidade de Coimbra, intitulado «Reconstruindo direitos humanos pelo uso transnacional do direito? Portugal e o Tribunal Europeu dos Direitos Humanos».[1] Apresentaremos uma visão geral da mobilização judicial do TEDH em Portugal que poderíamos designar por retrato-robô das queixas e das sentenças deste Tribunal. Este retrato inclui o perfil de todas as queixas julgadas pelo TEDH no período que vai de 1997 a 2007. Este foi o período de análise considerado razoável para estabelecer uma evolução da litigação portuguesa junto do TEDH. Os dados foram recolhidos dos processos nacionais, das sentenças do TEDH e das entrevistas realizadas[2] – com as partes e/ou seus representantes envolvidos nos casos, incluindo os agentes do Estado português no TEDH, bem como o jurista e o juiz portugueses no TEDH. Procedemos também a um

---

[1] Os resultados deste estudo encontram-se publicados no Relatório Final do projeto de investigação, «Reconstruindo direitos humanos pelo uso transnacional do direito? Portugal e o Tribunal Europeu dos Direitos Humanos» (Santos, C.M. *et al.*, 2010). Além das autoras do presente capítulo, também Ana Cristina Santos e Madalena Duarte integraram a equipa de investigação e foram coautoras do Relatório Final. Ambas concederam autorização para utilizar, neste capítulo, as informações resultantes do projeto.

[2] No total foram realizadas 15 entrevistas. Dos oito casos selecionados para análise, apenas nos foi possível contactar as partes requerentes ou os seus representantes em quatro casos apresentados contra Portugal junto do TEDH, nomeadamente, nos casos *Colaço Mestre e SIC c. Portugal, Garcia da Silva c. Portugal, Salgueiro da Silva Mouta c. Portugal* e *Women on Waves c. Portugal.*

PORTUGAL E O TEDH: UM RETRATO DA LITIGAÇÃO TRANSNACIONAL 117

levantamento exaustivo das notícias sobre os casos contra Portugal e o TEDH, publicadas em jornais de circulação nacional.

Através da consulta do portal do TEDH, constatámos que existia informação sobre os julgamentos e as decisões do Tribunal quanto à admissibilidade ou não da queixa. Dado o número avultado de queixas entradas e o facto de nem todas preencherem os requisitos de admissibilidade, optámos por escolher apenas as queixas admissíveis e julgadas no período de análise. Em virtude das hipóteses do projeto se referirem ao papel desempenhado não apenas por requerentes individuais como também por associações da sociedade civil na mobilização judicial, incluímos nesta análise o caso *Women on Waves e Outros c. Portugal* (TEDH, 2009), julgado pelo TEDH em 2009, ou seja, depois do limite temporal da nossa amostra.[3]

Como se verá a seguir, a mobilização judicial do TEDH assume, em Portugal, um caráter fundamentalmente liberal e individualista. Predomina uma litigação transnacional que tem como enfoque os direitos humanos de natureza civil e a reparação individual em decorrência de atrasos dos tribunais. A maior parte das queixas apresentadas junto do TEDH refere-se à morosidade da justiça portuguesa e tem como objeto de litígio, nos processos nacionais de origem, o pagamento de indemnizações pelo Estado em função das expropriações e nacionalizações decorrentes da reforma agrária que ocorreu em Portugal no pós-25 de Abril de 1974.

1. A litigação contra Portugal no TEDH: olhares da literatura

O Tribunal Europeu dos Direitos Humanos (TEDH) foi criado em 1949 para implementar a Convenção para a Proteção dos Direitos Humanos e das Liberdades Fundamentais (CEDH). Em 1998 foi alterada a estrutura do TEDH, potenciada pela assinatura do Protocolo n.º 11.[4] O TEDH veio substituir a Comissão

---

[3] Este caso é analisado no Capítulo 10 deste volume. Ver também Cecília Santos *et al.* (2010). O caso diz respeito à interdição de entrada em águas nacionais, em 2005, de um barco da associação holandesa *Women on Waves*, que, a convite de associações civis em Portugal, tinha como objetivo promover uma campanha pela despenalização da interrupção voluntária da gravidez, com vista à alteração da lei portuguesa sobre o aborto que estava em vigor e que se manteve até 2008. Consideramos oportuno estudá-lo em virtude de ser o único caso de mobilização judicial iniciada por associações.

[4] Com as dificuldades para responder em tempo razoável às solicitações e com a adesão de novos Estados, da Europa Central e Oriental, surgiu em 1985 a ideia de fusão do Tribunal e da Comissão (apresentada na Conferência de Viena, em Março de 1985), que culminou com a adoção do Protocolo n.º 11, a 1 de Novembro de 1998. A partir desta data assistimos ao

118 A ROTINIZAÇÃO DA LITIGÂNCIA TRANSNACIONAL

Europeia dos Direitos Humanos e o Tribunal dos Direitos Humanos, com o objetivo de lidar com os desafios advindos do novo contexto europeu de integração e globalização, incluindo a busca de soluções para questões como direitos de minorias, racismo, direitos das mulheres, meio ambiente, etc. Desde então, o número de petições individuais enviadas ao TEDH tem crescido enormemente.

Portugal tornou-se membro do Conselho da Europa em 1976 e ratificou em 1978 a CEDH através da Lei n.º 65, de 13 de outubro de 1978, que entrou em vigor em 9 de novembro do mesmo ano. Com a ratificação da CEDH, Portugal reconheceu, também, a ora extinta Comissão Europeia dos Direitos Humanos e o TEDH para apreciarem queixas por violação dos direitos aí reconhecidos.[5] Desde então, Portugal começou a fazer parte deste sistema de proteção dos direitos humanos. Entre 1997 e 2007 foram registadas 1329 queixas contra o Estado português no TEDH.

As reflexões feitas em Portugal sobre o TEDH centram-se mais em análises jurídicas, normativas e histórico-legais do que sociológicas. Há uma ausência de reflexões sociojurídicas sobre o uso do TEDH e o seu impacto na sociedade e na cultura de direitos humanos. Em termos normativos, várias discussões e reflexões dão conta da importância do TEDH, sublinhando a importância da CEDH e a ratificação por Portugal em 1978. Barreto e Campos (2004), por exemplo, afirmam que a CEDH vincula o Estado português na ordem jurídica interna e na ordem jurídica internacional. No entanto, desconhecemos as implicações reais e sociais desta vinculação jurídica. Ademais, não encontramos referências sobre o impacto e as alterações introduzidas pela CEDH e/ou pelo TEDH no direito nacional, salvo o estudo de Silva (1999), que procura analisar a forma como o direito português se relaciona com o TEDH. Este estudo apresenta uma análise sobre as questões, em matéria penal, mais apresentadas no TEDH e a forma como o processo penal português, nomeadamente no âmbito processual, se foi alterando.

Por outro lado, a realidade portuguesa é citada em estudos sobre o TEDH fora de Portugal. Isto talvez se explique porque Portugal é por vezes referido como

---

«nascimento» de um novo Tribunal, que passou a ser composto por um número de juízes igual ao dos Estados contratantes, não existindo nenhuma restrição quanto ao número de juízes com a mesma nacionalidade. A este propósito, ver TEDH (2004: 2-3).

[5] Apesar de a Constituição da República Portuguesa de 1976 ser uma das mais avançadas da Europa em matéria de direitos fundamentais, foram levantadas algumas reservas feitas em 1978 à CEDH. Somente em 1987 foi publicada a Lei n.º 12/87, que procedeu à eliminação da maioria das reservas (Santos, C.M. *et al.*, 2009, 2010).

um dos países da Europa com uma das taxas mais elevadas de violação de direitos humanos e de impunidade (Duarte, 2004; Santos, A.C., 2005). Aponta-se, também, que algumas das decisões do TEDH permitiram ou provocaram mudanças no sistema judiciário português. A este respeito, Goldstein e Ban (2003) referem os casos *Sílvia Pontes c. Portugal* (1994), *Gama Cidrais c. Portugal* (1994) e *Lobo Machado c. Portugal* (1996) como responsáveis pela redefinição de todo o sistema judiciário português. Todavia, é preciso fazer a distinção entre a ocorrência de violações e a mobilização dos tribunais. É necessário, portanto, examinar que tipos de violação aos direitos humanos são objeto de queixas contra Portugal junto do TEDH.

Alguns autores mostram que Portugal não tem tido uma posição contenciosa pesada, nem em termos quantitativos nem qualitativos. Do ponto de vista quantitativo, Portugal conta com poucas queixas no TEDH em comparação com outros países da Europa (Miguel, 2004). Do ponto de vista qualitativo, as queixas não se referem, segundo a literatura, a violações graves de direitos humanos (Gaspar, 2004). Assim sendo, poderíamos sugerir que a baixa litigiosidade, seja quantitativa, seja qualitativa, explique a já mencionada escassez de estudos sobre a mobilização judicial do TEDH no contexto português.

No que diz respeito aos estudos que analisam a relação normativa entre Portugal e o TEDH, poucas são as referências existentes. A exceção vai para o estudo desenvolvido por Alves (2007), que se apresenta como uma espécie de manual, procurando explicitar os principais critérios para que um indivíduo possa processar o Estado, quer junto dos tribunais nacionais, quer junto do TEDH. Nesta obra, o autor aponta para a fraca divulgação em Portugal da CEDH e dos seus protocolos adicionais, alertando para o facto de a CEDH raramente ser estudada, o que conduz a uma não aplicação, no quadro jurídico nacional, das normas de direitos humanos. Para além disso, a jurisprudência do TEDH é, genericamente, desconhecida ou ignorada. Barreto defende que «se os magistrados conhecessem a CEDH e sobretudo se eles fossem obrigados a aplicar a CEDH mesmo contra a legislação interna, um grande número de violações dos direitos humanos seria reparado ao nível interno» (Barreto, 2004: 30). Neste sentido, poderíamos argumentar que este desconhecimento, quer da CEDH, quer do TEDH, constitui um fator explicativo adicional para a escassez de estudos em Portugal sobre o TEDH.

Se há um défice analítico nos estudos sobre a relação normativa entre Portugal e o TEDH, identificam-se ainda insuficiências nos estudos sobre a jurisprudência, não obstante algumas abordagens doutrinais sobre as decisões do TEDH (por exemplo, Barreto e Campos, 2004). Nestas análises, denota-se a falta de uma reflexão sociológica sobre a forma como o TEDH é mobilizado por indivíduos (se e como as suas práticas se valem do apoio de organizações não-governamentais) e os impactos que a jurisprudência do TEDH poderá ter no campo dos direitos humanos. Permanece também ausente uma discussão sobre o sujeito ativo, qual o seu papel na construção dos direitos humanos, quais os seus objetivos e os discursos utilizados no âmbito do uso do direito internacional de direitos humanos.

Por fim, as reflexões e abordagens sobre aspetos políticos e históricos do TEDH e da CEDH caracterizam Portugal como um país que experienciou longas décadas de descontinuidade na prática do direito, que falhou o período de formação da Comunidade Europeia e em que a CEDH não tinha uma boa receção entre os juristas até à década de 1990. Esta situação fez com que durante muito tempo o Tribunal Constitucional não promovesse ativamente a CEDH como uma base normativa para os tribunais nacionais (Leandro, 2000), em que a maioria dos juristas e juízes defendiam que a Constituição ia mais além, superando a CEDH em termos da proteção dos direitos individuais (Cavagna e Monteiro, 1992). Contudo, em 2002, houve uma forte mudança no sentido de as normas nacionais de direitos humanos estarem em conformidade com a CEDH. Esta mudança foi promovida e debatida pelo Tribunal Constitucional. Este Tribunal notou especificamente que, apesar de o texto da Constituição portuguesa oferecer uma proteção mais detalhada em termos de direitos humanos do que a linguagem usada pela CEDH, a jurisprudência e os precedentes do TEDH seriam usados para fortalecer o significado de direitos fundamentais.

Apesar das ausências identificadas, em termos de reflexões teóricas e estudos sociojurídicos sobre o uso do TEDH em Portugal, o Estado português foi condenado por diversas vezes, conforme divulgado com alguma frequência pelos meios de comunicação social. Deste modo, esperamos que o retrato da litigação transnacional aqui apresentado contribua para o preenchimento desta lacuna na literatura sociojurídica sobre a mobilização do TEDH no contexto português.

2. Queixas contra Portugal entradas e julgadas pelo TEDH

Desde 1980, o número de queixas apresentadas às diferentes instituições da CEDH aumentou exponencialmente, revelando algumas limitações e dificuldades processuais, relacionadas principalmente com os prazos a cumprir. Este problema agravou-se com a entrada de novos Estados, nomeadamente a partir dos anos 1990. A título de exemplo, o número de queixas apresentadas anualmente à ora extinta Comissão Europeia dos Direitos Humanos passou de 404 em 1981 para 4750 em 1997 (TEDH, 2004: 2). Este número representa o total das queixas enviadas, sendo que nem todas as queixas chegam a ser apreciadas pelo TEDH, uma vez que terão que respeitar as condições de admissibilidade. Os critérios de admissibilidade estão relacionados com a existência de factos que revelem violação de direitos ou liberdades garantidos pela CEDH. Estes critérios estão definidos e estabelecidos no art.º 35.º da CEDH:

Artigo 35.º
(Condições de admissibilidade)

1. O Tribunal só pode ser solicitado a conhecer de um assunto depois de esgotadas todas as vias de recurso internas, em conformidade com os princípios de direito internacional geralmente reconhecidos e num prazo de seis meses a contar da data da decisão interna definitiva.

2. O Tribunal não conhecerá de qualquer petição individual formulada em aplicação do disposto no artigo 34.º se tal petição:

a) For anónima;

b) For, no essencial, idêntica a uma petição anteriormente examinada pelo Tribunal ou já submetida a outra instância internacional de inquérito ou de decisão e não contiver factos novos.

3. O Tribunal declarará a inadmissibilidade de qualquer petição individual formulada nos termos do artigo 34.º sempre que considerar que:

a) A petição é incompatível com o disposto na Convenção ou nos seus protocolos, é manifestamente mal fundada ou tem caráter abusivo; ou

b) O autor da petição não sofreu qualquer prejuízo significativo, salvo se o respeito pelos direitos do homem garantidos na Convenção e nos respetivos Protocolos exigir uma apreciação da petição quanto ao fundo e contanto que não se rejeite, por esse motivo, qualquer questão que não tenha sido devidamente apreciada por um tribunal interno.

4. O Tribunal rejeitará qualquer petição que considere inadmissível nos termos do presente artigo. O Tribunal poderá decidir nestes termos em qualquer momento do processo (CEDH, 2010: 10-11).

Antes da reforma de 1998, a Comissão Europeia dos Direitos Humanos fazia o trabalho de filtragem das queixas. A partir de então a admissibilidade da queixa passou a ser apreciada por um comité composto por três juízes/as (integrado numa secção composta por sete juízes/as), no seio de uma das quatro secções que compõem o TEDH.[6] Depois de chegar ao TEDH, a queixa é atribuída a uma secção, cujo presidente designa um/a relator/a. Após um exame preliminar da queixa, o/a relator/a decide se tal queixa deverá ser submetida a um comité de três juízes/as ou a uma secção. E este é o primeiro passo para averiguar da sua admissibilidade, já que o comité pode declarar, por unanimidade, uma queixa inadmissível ou arquivá-la quando uma tal decisão possa ser tomada sem necessidade de um exame mais aprofundado.

Além dos casos que lhe são diretamente atribuídos pelos/as relatores/as, as secções examinam as queixas que não tenham sido declaradas inadmissíveis pelos comités de três juízes/as, bem como as queixas estaduais. As secções pronunciam-se sobre a admissibilidade e o mérito das queixas, em geral por meio de decisões distintas, mas, eventualmente, por meio de uma única decisão, sendo estas decisões tomadas por maioria, fundamentadas e públicas.

Após esta primeira fase de averiguação da admissibilidade da queixa, a secção pode ainda convidar as partes a apresentar provas suplementares e observações por escrito, incluindo, no que diz respeito à pessoa queixosa, um eventual pedido de «reparação razoável» e a participação numa audiência pública sobre o mérito do caso – processo relativo ao mérito da queixa.

O presidente da secção pode convidar ou autorizar qualquer Estado contratante que não seja parte no processo, ou qualquer outra pessoa interessada que não a queixosa, a apresentar observações escritas ou, em circunstâncias excecionais, a participar numa audiência. O Estado contratante do qual a pessoa queixosa seja nacional tem o direito a intervir no processo. Durante o processo relativo ao mérito, podem existir negociações, conduzidas por intermédio do secretário, tendo em vista a conciliação das partes. Estas negociações são confidenciais.

---

[6] O TEDH elege, em assembleia plenária, o/a seu/sua presidente, dois/duas vice--presidentes e dois/duas presidentes de secção, por um período de três anos. O Tribunal divide-se em quatro secções e a sua composição é fixada por três anos, devendo ser equilibrada tanto do ponto de vista geográfico como da representação por sexo, tendo ainda em atenção os diferentes sistemas jurídicos existentes nos Estados contratantes. Cada uma das secções é presidida por um/a presidente, sendo que dois/duas dos/as presidentes de secção são também vice-presidentes do TEDH. Os/As presidentes de secção são assistidos/as e, eventualmente, substituídos/as pelos/as vice-presidentes de secção. São constituídas, no seio de cada secção, comités de três juízes/as por um período de 12 meses. Estes comités representam um elenco importante da nova estrutura, efetuando uma grande parte do trabalho de filtragem, anteriormente da responsabilidade da Comissão Europeia dos Direitos Humanos (TEDH, 2004).

De referir, também, que o número de queixas apresentadas ao TEDH anualmente é significativamente superior ao número de queixas que o TEDH considera admissíveis. Relativamente ao contexto português, e como poderemos verificar pela análise dos dados apresentados no Gráfico 4.1, existe um diferencial elevado entre o número de queixas registadas e admissíveis.

GRÁFICO 4.1
Queixas apresentadas contra Portugal, 1997-2007[7]

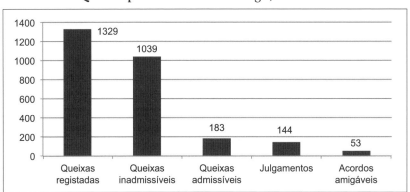

A diferença entre o número de queixas *registadas* e o total de queixas *inadmissíveis, admissíveis,* com *julgamentos* e *acordos amigáveis* fica a dever-se ao facto de nem todos os julgamentos corresponderem a queixas apresentadas durante o período de 1997 a 2007. Existem diversas queixas enviadas e consideradas admissíveis em anos anteriores, mas como o TEDH, hoje, enfrenta um problema de aumento do número de queixas, não tem conseguido dar uma resposta em tempo útil. No entanto, apesar de o número de queixas admissíveis ser bastante inferior ao número total de queixas apresentadas, decidimos, como já exposto, analisar apenas as queixas julgadas no período de 1997 a 2007 (144 queixas), acrescentando ainda a queixa julgada em 2009 sobre o caso *Women on Waves e Outros c. Portugal* (TEDH, 2009). Portanto, para efeitos estatísticos, nos gráficos

---

[7] Este e os demais gráficos que se seguem foram retirados do Relatório Final de Investigação, «Reconstruindo direitos humanos pelo uso transnacional do direito? Portugal e o Tribunal Europeu dos Direitos Humanos» (Santos, C.M. *et al.*, 2010). Os gráficos foram construídos e trabalhados pelas autoras do Relatório Final a partir das informações recolhidas da base de dados do TEDH onde se encontram todas as decisões e os julgamentos do Tribunal – <http://www.echr.coe.int/ECHR/EN/Header/Case-Law/Decisions+and+judgments/HUDOC+database>.

apresentados a seguir incluímos o total da amostra (145 queixas), ainda que uma das queixas julgadas não esteja dentro do intervalo temporal citado em cada gráfico.

Como se pode constatar pela análise do gráfico apresentado abaixo (Gráfico 4.2), o ano que registou o maior número de julgamentos foi o de 2002, com 22,1% do total de queixas, seguindo-se 2001, com 17,9%, e 2000, com 13,8%. Por outro lado, os anos que apresentam o menor número de casos julgados são 1997, em que não foi registado nenhum julgamento, e 1998, com 2,8% dos casos. Além disso, nos anos mais recentes encontram-se também números mais baixos quando comparados com o final da década de 1990. Assim, os anos de 2004 e 2006 aparecem com 4,8% e 3,4% dos julgamentos, respetivamente.

GRÁFICO 4.2
Julgamentos das queixas apresentadas contra Portugal, 1997-2007 (%)

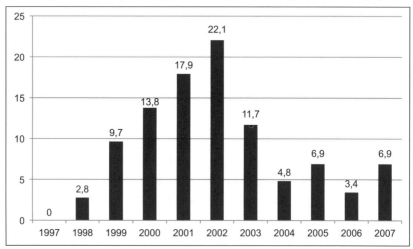

De uma maneira geral, podemos afirmar que a partir de 2002 se registou um decréscimo acentuado de julgamentos de casos contra Portugal, verificando-se, ainda assim, um ligeiro aumento a partir de 2006. Estas oscilações são coincidentes com as variações do número de queixas admissíveis. De referir, ainda, que o número de queixas apresentadas no TEDH contra Portugal consideradas admissíveis tem vindo a diminuir, o que poderá explicar também a tendência de diminuição verificada no que diz respeito aos julgamentos realizados. Saliente-se que a diminuição do número de queixas, que na sua maioria diziam respeito à morosidade da justiça, como se verá adiante, se ficou a dever às decisões do TEDH no caso *Paulino Tomás c. Portugal* e no caso *Gouveia da Silva Torrado c. Portugal* (TEDH, 2003), em que o TEDH reconheceu haver uma medida interna administrativa para se lidar com os atrasos da justiça, a qual deveria ser esgotada antes de se recorrer ao TEDH.[8]

3. A pessoa requerente: breve caracterização

Apenas as vítimas diretas das violações têm legitimidade processual ativa perante o TEDH. Nos termos do artigo 34.º da CEDH,

> o Tribunal pode receber petições de qualquer pessoa singular, organização não governamental ou grupo de particulares que se considere vítima de violação por qualquer Alta Parte Contratante dos direitos reconhecidos na Convenção ou nos seus protocolos. As Altas Partes Contratantes comprometem-se a não criar qualquer entrave ao exercício efetivo desse direito (CEDH, 2010: 10).

Pela análise dos dados referidos no Gráfico 4.3, concluímos que a maioria das queixas julgadas foi apresentada por indivíduos isoladamente, cerca de 68%, seguindo-se grupos de pessoas (duas ou mais), com 17,9%, e por fim as empresas, com um total de 12,4% das queixas. Constatamos, ainda, que a presença de associações da sociedade civil é residual ou quase nula. Encontramos, no período em análise, apenas uma queixa julgada referente a uma associação desportiva e recreativa – o Futebol Clube União de Coimbra.

Os dados apresentados no Gráfico 4.3 indicam também a presença de outro tipo de requerente, que designamos por «outros». Esta categoria engloba as queixas apresentadas em conjunto por indivíduos e empresas, ou queixas que, apesar de apresentadas individualmente, o TEDH resolveu agregar, uma vez que se referiam à mesma questão (cf. caso *Mestre Colaço e SIC c. Portugal*, analisado no Capítulo 6 deste volume).

Os dados mostram que o uso do TEDH e a mobilização do direito internacional dos direitos humanos tem, ou aparenta ter, um caráter individual, o que poderá significar que este sistema de defesa e proteção dos direitos humanos está a ser usado por Portugal apenas com o intuito de resolver questões individuais

---

[8] O Capítulo 5 deste volume analisa especificamente a questão da morosidade da justiça portuguesa e os casos sobre morosidade apresentados contra Portugal junto do TEDH. Ver também Santos, C.M. *et al.* (2010).

GRÁFICO 4.3
Caracterização da pessoa requerente, 1997-2007 (%)

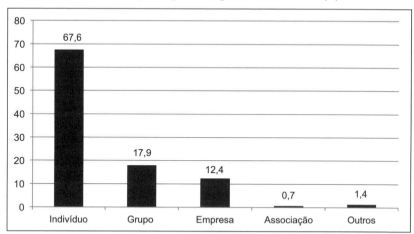

e particulares. Embora o fator normativo – a CEDH restringe a apresentação de queixas apenas às vítimas – seja importante para explicar o tipo de mobilização predominantemente individual do TEDH, a análise dos casos deve também estar atenta ao contexto social e político em que se dão as disputas judiciais. Neste capítulo, porém, a nossa análise limita-se à apresentação de um retrato geral da litigação transnacional, sem atenção ao contexto em que se deu a mobilização do TEDH.

Centrando a nossa análise somente nos indivíduos, procurámos obter outras informações, nomeadamente o sexo e a nacionalidade. Neste sentido, constata-se que são na sua maioria homens (71,1%), contra 28,9% das mulheres, e de nacionalidade portuguesa (92,8%). Dito de outro modo, do total de julgamentos contra Portugal, a maioria das pessoas queixosas tem cidadania portuguesa. Encontram-se, ainda, casos apresentados por cidadãos franceses (3,1% do total), por cidadãos alemães (0,8%), suecos (0,8%), espanhóis (0,8%) e argentinos (0,8%). De referir que estes cidadãos estrangeiros são residentes nos países de origem.

Olhando mais atentamente para a categoria residência, construída com base no distrito, no que diz respeito a Portugal, verifica-se que, das 98 sentenças, 96 continham informação sobre a residência da pessoa requerente. Assim, os/as cidadãos/ãs portugueses/as na sua maioria são residentes no distrito de Lisboa (46,9%), seguindo-se o distrito do Porto (17,7%). Em terceiro lugar, aparecem os distritos de Setúbal e Leiria, ambos com 6,3%, valores bastante distantes dos distritos anteriores.

Relativamente aos dados referentes às empresas, e apesar de nos acórdãos nem sempre haver referência ao local da sua sede, verifica-se que, dos 18 casos julgados, a maioria tinha sede em Portugal. Encontram-se, ainda, dois casos apresentadas por empresas com sede nos Estados Unidos da América e em França.

4. Origem da queixa: o processo nacional

Para melhor compreender os direitos em causa e os objetivos das partes requerentes na apresentação da sua queixa junto do TEDH, torna-se importante conhecer o conflito que esteve na origem da queixa. Deste modo, procurámos também caracterizar os processos no âmbito dos tribunais nacionais. Para tal, tivemos em atenção a informação referente não só ao tipo de conflito, às pessoas envolvidas e às sentenças, mas também ao ano em que o processo deu entrada nos tribunais, o ano da sua conclusão e, ainda, a localização desses tribunais.

Esta análise demonstra que, em primeiro lugar, o momento temporal em termos de entrada dos processos vai desde 1974 até 2001. Por outro lado, deparámo-nos com valores elevados de queixas cujo processo nacional, à data do julgamento do TEDH, ainda se encontrava pendente. Por exemplo, encontrámos um número significativo de processos que deram entrada nos tribunais nacionais entre 1991 e 1994 e que à data da decisão do TEDH ainda não tinham conhecido uma decisão final – cerca de 45% do total de processos.

Relativamente aos tribunais onde deu entrada o processo, o destaque vai para Lisboa e Porto, com o maior número de processos – valores na ordem dos 50% e 20%, respetivamente. No lado oposto, temos os distritos de Vila Real, Viana do Castelo e Bragança, com os valores mais baixos (0,7%).

4.1. Autor/a do processo nacional

Um outro fator tido em atenção prende-se com saber se a pessoa queixosa junto do TEDH é também a autora do processo nos tribunais nacionais. Pela análise dos processos nacionais constata-se que em 86,9% dos casos a pessoa requerente junto do TEDH é também a autora da queixa inicial no tribunal nacional, conforme representado no Gráfico 4.4. Nos restantes casos, a parte requerente junto do TEDH e a autora do processo nacional é descoincidente, notando-se que os autores são empresas em 4,8% dos processos, indivíduos em 6,2% e o próprio Estado português em 2,1%. Contudo, nestes processos foi o réu que levou o caso ao TEDH.

GRÁFICO 4.4
Autor/a do processo nacional (%)

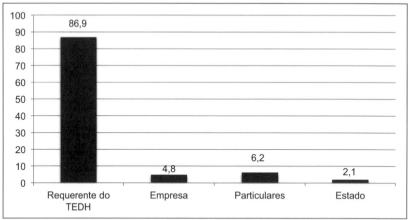

Relativamente à outra parte no processo – contra quem foi iniciada a ação judicial nos tribunais nacionais, e excluindo os casos onde o réu é o próprio requerente –, o Gráfico 4.5 mostra os *particulares* como a categoria que apresenta os valores mais elevados (35,2%). Em segundo lugar, aparece o próprio *Estado*, com 24,1% dos casos. E, por fim, surgem as *seguradoras* como a categoria com maior expressividade.

GRÁFICO 4.5
Réu no processo nacional (%)

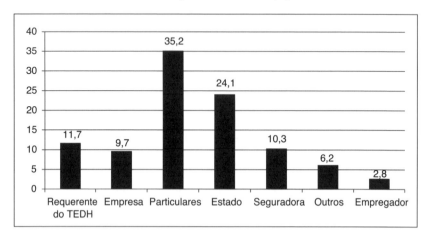

4.2. Assunto e natureza do processo nacional

Na análise do conflito de origem não poderíamos deixar de analisar o assunto do processo nacional, ou seja, o tipo de conflito social e a sua tradução em disputa judicial no processo nacional. Perante a descrição do caso nas sentenças do TEDH, criámos uma categorização que procura resumir o tipo de conflitualidade social subjacente aos litígios, quer em termos jurídico-legais, quer em termos sociológicos. A primeira categoria procura apresentar a natureza jurídica do processo, enquanto a segunda procura ilustrar o tipo de conflitualidade social subjacente à disputa judicial.

Relativamente à natureza jurídica do processo (Gráfico 4.6), concluímos que a esmagadora maioria dos processos é de natureza cível (61,4%), seguindo-se os processos penais (15,2%) e os administrativos (13,8%). Para melhor descortinarmos metodologicamente o tipo de disputa judicial, optámos por apresentar os processos laborais e de família e menores isoladamente. Apesar de representarem apenas 3% e 4% do total de queixas admissíveis, estes dados mostram que existe uma percentagem significativa de queixas que têm na sua origem um conflito de natureza social onde estão envolvidos os direitos dos/as trabalhadores/as e das crianças.

Quanto ao tipo de conflitualidade social subjacente à disputa judicial, as categorias criadas foram: 1) *propriedade*, onde englobámos todos os processos referentes a matérias relacionadas com as expropriações e nacionalizações

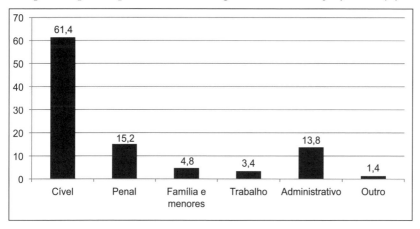

GRÁFICO 4.6
Tipo de disputa no processo nacional, segundo a caracterização jurídica (%)

decorrentes da reforma agrária do pós-25 de Abril de 1974, questões relacionadas com posse de imóveis e ainda de propriedade intelectual; 2) *dívidas e indemnizações*, categoria que abarca conflitos referentes a cobrança de dívidas, pedidos de indemnização, cobrança de créditos a particulares ou empresas, entre outros;[9] 3) *questões laborais*, categoria onde encontramos conflitos relacionados com remunerações, pensões, contratos de trabalho e condições de trabalho; 4) *família e menores*, categoria relacionada, essencialmente, com casos de regulação do poder parental ou regime de visitas a menores; 5) *liberdade de expressão*, categoria que diz respeito aos casos de acusações de difamação, tendo por base o uso da imprensa; 6) *discriminação*, onde encontramos um caso de um indivíduo que alega ter sido discriminado em função da sua orientação sexual; e 7) por fim, *outros*, onde foram agregados casos diversos que, apesar de o valor total ser significativo, desagregados não tinham peso nem significado estatístico.[10]

GRÁFICO 4.7
Tipo de conflitualidade social subjacente à disputa no processo nacional (%)

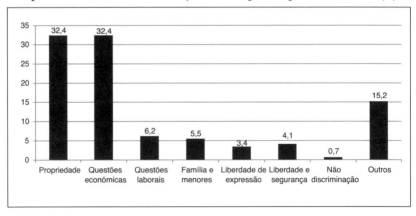

---

[9] Estudos desenvolvidos pelo Observatório Permanente da Justiça Portuguesa (OPJ) têm demonstrado que em Portugal se tem assistido a uma explosão das ações para cobrança de dívidas. A título de curiosidade, este volume de dívidas tem um valor na sua maioria inferior a 2000 €, ao mesmo tempo que se assiste a uma ineficiência de resposta por parte dos tribunais, que tem conduzido ao aumento das pendências (OPJ, 2006).

[10] Esta categoria é composta por decisões que se prendem com a extinção dos processos, queixas sem fundamento, anulação da acusação e a própria desistência da queixa.

Olhando com mais atenção para os dados apresentados no Gráfico 4.7, verifica-se que as questões relacionadas com conflitos de *propriedade* e *dívidas e indemnizações* representam a maioria dos conflitos existentes nos processos de origem, com um peso de 32,4% no total de cada um desses conflitos. De referir, de igual modo, e não contabilizando a categoria *outros* onde foram agregados diversos casos, que as questões laborais aparecem em terceiro lugar, com 6,2%.

Para terminar a análise do processo nacional, observámos ainda qual foi a decisão dos tribunais. Verifica-se que à data do acórdão do TEDH, na maioria dos casos, a decisão nacional ainda se encontrava pendente (38,6%). Por outro lado, numa boa parte dos processos a decisão foi desfavorável à pessoa requerente (22,8%, contra 15,9% em que lhe foi favorável). De referir ainda que em 6,2% dos casos foi obtido um acordo entre as partes. Por fim, de salientar que 2,8% dos processos prescreveram antes que o tribunal pudesse proferir a sentença.

5. O assunto e o resultado da queixa no TEDH
5.1. Os direitos humanos em causa

Após a caracterização do processo que esteve na origem da queixa levada ao TEDH, importa agora perceber quais os direitos invocados pelas pessoas requerentes. Em primeiro lugar, constata-se que a esmagadora maioria dos direitos humanos que alegadamente foram violados são civis (89,7%), seguindo-se os direitos económicos, com 9%, e por fim os culturais (0,7%) e políticos (com 0,6% dos casos) (Gráfico 4.8).

GRÁFICO 4.8
Direitos humanos violados, 1997-2007 (%)

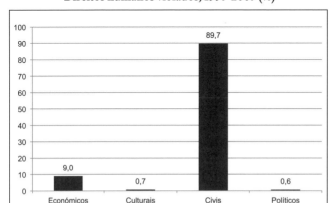

Relativamente à defesa da queixa, ou seja, à representação por advogado/a junto do TEDH, verificámos que a maioria das pessoas requerentes foi representada por um/a advogado/a (89%), contra 9,7% que optou pela não representação por advogado. Há ainda 1,4% dos casos em que foram as próprias pessoas requerentes que assumiram a defesa e apresentação do caso.

Para compreendermos o assunto da queixa apresentada junto do TEDH, à semelhança do que realizámos para os processos nacionais, procurámos criar uma categorização jurídica a partir dos direitos violados segundo os termos da CEDH. Deste modo, construímos oito categorias correspondentes ao conteúdo dos direitos violados. A primeira, relativa aos direitos de *propriedade* (Gráfico 4.9), diz respeito às queixas relativas a processos que se prendem com a posse de bens e com os processos de nacionalização levados a cabo em Portugal após o 25 de Abril de 1974. Esta categoria também inclui casos de violação do direito à propriedade intelectual.

A segunda categoria, a mais representativa, é referente a questões processuais de *prazo razoável da justiça*, nomeadamente a violação do prazo razoável de resolução do processo, que representa 79,3% dos casos julgados no TEDH contra Portugal, como demonstram os dados apresentados no Gráfico 4.9. Ainda relacionada com questões processuais, temos a categoria *equidade no processo*, que diz respeito à atuação dos órgãos do Estado responsáveis por auxiliar os tribunais.

GRÁFICO 4.9
Queixas apresentadas no TEDH, segundo os direitos humanos violados (%)

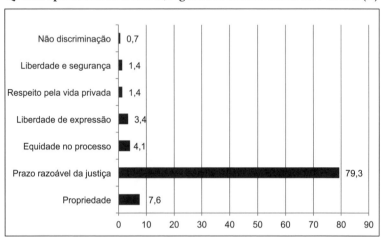

Aqui entram casos onde o Estado não interveio para superar as deficiências do/a advogado/a oficioso/a, ou este/a teve um comportamento negligente e faltoso para com a/o sua/seu cliente, ou até mesmo situações onde o próprio Estado, na figura do Ministério Público, falhou.

A quarta categoria diz respeito à *liberdade de expressão*. Aqui, incluímos casos de liberdade de imprensa e liberdade de opinião. A quinta categoria criada refere-se ao *respeito pela vida privada* (e também familiar), em que contemplámos todos os casos de ingerências arbitrárias dos poderes públicos na vida privada ou familiar do indivíduo. Uma outra categoria por nós construída diz respeito aos direitos de *liberdade e segurança*, em que se incluem os casos de privação da liberdade, de prisão preventiva, de internamento arbitrário, estando esta categoria relacionada com o facto de tal privação ser ou não legal, devendo as jurisdições decidir em prazos curtos sobre essa legalidade. A sétima categoria refere-se à *não discriminação*, onde se verifica apenas uma queixa relativa à discriminação em função da orientação sexual. Por fim, temos a categoria *outros*, relativa a queixas de violação de vários direitos.

Podemos, assim, concluir que a esmagadora maioria das queixas contra Portugal no TEDH diz respeito a questões relacionadas com os **atrasos da justiça portuguesa (79,3%)**, a que se seguem as questões relacionadas com **propriedade (7,6%)** e **equidade no processo (4,1%)**.

5.2. *Áreas de conflitualidade social*

À semelhança da análise do processo nacional, também nas queixas junto do TEDH procurámos perceber o tipo de conflitualidade social associado ou subjacente à queixa. Como se pode verificar pelos dados apresentados no Gráfico 4.10, foram identificadas cinco grandes áreas de conflitualidade social. A área mais premente diz respeito à *ineficiência dos tribunais*, em que se encontram os processos cujas decisões violaram o princípio do prazo razoável, ou seja, ainda estavam pendentes à data da apresentação da queixa, bem como os processos em que as decisões finais dos tribunais demoraram décadas. Encontrámos também casos de atrasos processuais injustificados – inação – em algumas situações por incapacidade das autoridades. Incluímos ainda nesta categoria os casos em que estava em causa o princípio do julgamento justo, isto é, em que uma das partes não foi informada sobre todos os factos constantes no processo ou em que existiu caso de negligência por parte do/a defensor/a oficioso/a.

Segue-se a segunda grande área de conflitualidade social, correspondente aos casos de *conflitos de propriedade*, com queixas referentes a matérias relacionadas

GRÁFICO 4.10
Tipologia da conflitualidade social no TEDH, 1997-2007 (%)

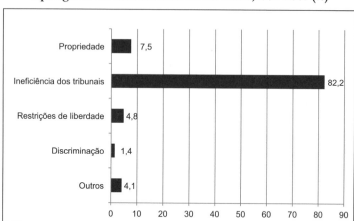

com as expropriações e nacionalizações decorrentes da reforma agrária do pós-25 de Abril de 1974 e ainda questões relacionadas com posse de imóveis e disputa de patentes comerciais (propriedade intelectual).

A terceira área de conflitualidade social mais destacada diz respeito à *restrição da liberdade*. As liberdades que aqui se encontram têm que ver, por um lado, com a liberdade de exprimir opiniões utilizando a imprensa e, por outro, com a liberdade de locomoção, como as questões relacionadas com internamentos e prisão preventiva.

Por fim, identificámos uma área de conflitualidade social relacionada com a *discriminação*. Apesar de termos encontrado apenas um caso julgado – o caso *Salgueiro da Silva Mouta c. Portugal* (TEDH, 1999) –, relativo à discriminação sofrida por um pai homossexual em função da sua orientação sexual, é importante que seja analisado de forma autónoma devido à sua exemplaridade e à repercussão que este caso teve na jurisprudência do TEDH (ver Capítulo 9 neste volume). Incluímos também nesta categoria o caso *Women on Waves e Outros c. Portugal* (TEDH, 2009), uma vez que o conflito social que deu origem à entrada do barco em águas portuguesas referia-se à despenalização da interrupção voluntária da gravidez e à discriminação em função do género (ver Capítulo 10 neste volume).

Para melhor compreendermos o tipo de conflitualidade social, e dado que as categorias analisadas acima são, em alguns casos, demasiado abrangentes, criámos algumas subcategorias, apresentadas no Gráfico 4.11. Neste sentido, quando falamos de *conflitos de propriedade* temos, por um lado, os conflitos respeitantes à *propriedade territorial*, que abarca todas as questões relacionadas com a terra e com a posse de bens e, por outro lado, os conflitos respeitantes à *propriedade intelectual*. Nesta subcategoria encontra-se o caso da disputa de patente relativamente a uma marca de cerveja (*Budweiser*).

Relativamente aos conflitos por *ineficiência dos tribunais,* podemos afirmar que esta situação conduziu à morosidade da justiça, bem como a desigualdades no julgamento. Desta forma, conseguimos chegar a três subcategorias. A primeira diz respeito à *morosidade por inação*, ou seja, ao atraso da justiça e da sentença devido a atrasos injustificados. A segunda refere-se à *morosidade por protelação*, isto é, a atrasos processuais que têm por base o adiamento das sessões, a espera para que outras entidades envolvidas se pronunciem, ao não comparecimento das partes nas audiências, enfim, todo um conjunto de situações que leva os tribunais a marcar sucessivamente novas audiências até chegar à sentença. Por fim, a terceira subcategoria é referente a *falhas e desigualdades no tratamento das partes* que põem em causa o princípio do julgamento justo. Aqui, incluímos os casos de incapacidade das autoridades, de ineficiência ou negligência do Ministério Público ou do/a defensor/a oficioso/a. Das três situações, a que obtém maior representatividade é a morosidade por protelação, com 75% dos casos totais.

A categoria *restrição da liberdade* foi dividida em duas subcategorias: a *liberdade de imprensa* e o *confinamento arbitrário*. No primeiro caso, encontram-se todas as situações de restrições e violações à liberdade de opinião e informação na imprensa, com um peso de 3,4% no total. O segundo caso, por sua vez, diz respeito ao confinamento arbitrário, entendido como a restrição da liberdade de locomoção, ou seja a liberdade de ir e vir. Neste grupo encontram-se os casos da privação da liberdade por prisão preventiva ou por internamento clínico, daí que tenhamos denominado a subcategoria de *confinamento arbitrário*.

Por fim, temos as situações de *discriminação*, que dividimos em duas subcategorias: a da *discriminação por orientação sexual*, em que se inclui o caso apresentado por um pai homossexual, e a da *discriminação em função do género*, a que se refere a queixa apresentada por um conjunto de organizações não-governamentais (ONG) (Gráfico 4.11).

Apesar de as queixas serem sempre apresentadas contra o Estado, é possível identificar, após a análise das mesmas, quais as instituições do Estado responsáveis pelas violações. Deste modo, destacamos os Tribunais como as principais instituições públicas alvo nos processos (Gráfico 4.12).

GRÁFICO 4.11
Tipologia da conflitualidade social no TEDH, por subcategoria (%)

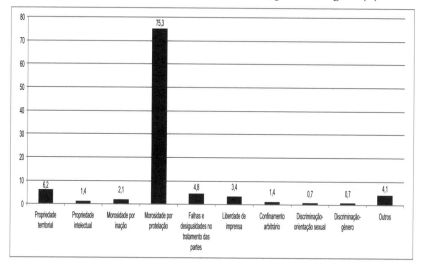

GRÁFICO 4.12
Os denunciados na queixa contra Portugal (%)

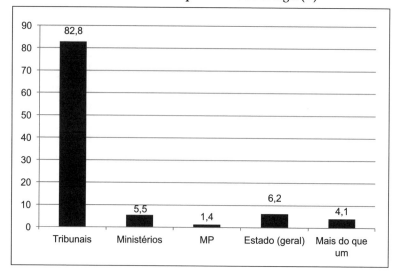

5.3. Decisões do TEDH

Antes do TEDH se pronunciar sobre a alegada violação dos direitos e sobre a reparação pretendida, os Estados contratantes são convidados a chegar a um acordo com a pessoa requerente. Nas 145 queixas analisadas, o Estado português estabeleceu 55 acordos (37,9%) e houve uma situação em que a queixa foi retirada (0,7%) do TEDH, uma vez que a pessoa requerente e o Estado chegaram a acordo no processo nacional. Apesar do número significativo de acordos, em 61,4% dos casos não existiu acordo entre as partes quanto à violação da CEDH (Gráfico 4.13).

GRÁFICO 4.13
Tentativa de conciliação entre o Estado Português e a parte requerente

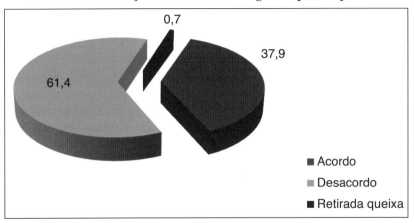

Após falhada a tentativa de conciliação, o TEDH passa a analisar o caso, o processo que esteve na origem da queixa, e pronuncia-se sobre a violação ou não dos direitos consagrados na CEDH (Gráfico 4.14). Verifica-se que nos casos contra o Estado português, no período de 1997-2007, o TEDH considerou que o Estado português não violou a CEDH apenas em dois casos (1,4%).

Apesar de a esmagadora maioria das decisões ter resultado em condenação do Estado português por unanimidade, verifica-se que em 6,2% dos casos julgados a decisão de condenação foi uma decisão por maioria.

GRÁFICO 4.14
Decisão do TEDH sobre violação da CEDH

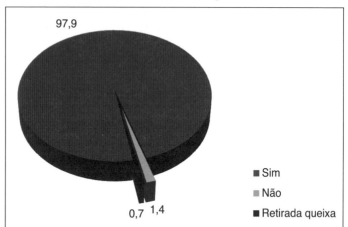

Considerações finais

Os dados apresentados neste capítulo mostram que a mobilização judicial do TEDH em Portugal incide sobre violações que não são consideradas graves. Isto confirma os estudos já realizados sobre o tema. Por outro lado, a análise da presença na imprensa de notícias sobre os casos apresentados no TEDH contra Portugal vai ao encontro do já exposto no início deste capítulo, ou seja, a fraca visibilidade que esta temática tem na sociedade portuguesa. Veja-se que no período de 1997 a 2007 apenas foram encontrados 40 artigos sobre esta questão num jornal diário de tiragem nacional.[11] Estas notícias dividiam-se entre artigos de opinião, escritos por comentadores e colaboradores assíduos, e artigos jornalísticos, escritos por jornalistas do periódico a propósito de algum acontecimento específico.

Após uma breve análise do tipo de artigos publicados, percebemos que existiam dois grandes grupos. O primeiro diz respeito aos casos apresentados contra Portugal e o segundo à análise e comentário de casos e dos direitos em causa. Apesar de a maioria dos artigos ser de opinião e de caráter jurídico, já que os comentadores são juristas ou advogados, os temas abordados são diversos,

---

[11] Realizámos também uma pesquisa no sítio na Internet do jornal *Público*, no período de 1997 a 2007, para averiguar o número e tipo de artigos publicados sobre o TEDH.

passando pela liberdade de expressão – direito aliás bem publicitado também relativamente a casos contra outros países, nomeadamente se estiver em causa a liberdade de imprensa –, pela morosidade da justiça, com destaque para a violação do prazo razoável,[12] pelo julgamento equitativo e pelo direito de propriedade.

Os dados, por sua vez, demonstram que o acesso ao TEDH, embora seja fácil do ponto de vista dos trâmites processuais usualmente exigidos nos tribunais nacionais, ocorre de maneira desigual em Portugal. A maior parte das queixas são apresentadas por indivíduos do sexo masculino, cidadãos portugueses e residentes em Lisboa. As queixas referem-se primordialmente a violações de direitos civis e a questões de ineficiência dos tribunais nacionais, nomeadamente a morosidade da justiça portuguesa. O tipo de conflitualidade social que predomina nos processos de origem diz respeito a expropriações e nacionalizações decorrentes da reforma agrária que ocorreu em Portugal no pós-25 de Abril de 1974. Esses processos resultaram em queixas apresentadas junto do TEDH em decorrência da morosidade dos tribunais e da falta de cumprimento da obrigação do Estado em pagar as indemnizações correspondentes às expropriações. Esta análise parece, assim, apontar para uma mobilização judicial do TEDH de caráter liberal e individualista, bastante distinta da mobilização judicial no âmbito do sistema interamericano dos direitos humanos. Apesar do seu caráter liberal e individualista, indagamos se a litigação transnacional perante o TEDH poderá promover a reconstrução do significado e do âmbito de incidência das normas de direitos humanos consagradas na CEDH e emanadas das decisões deste Tribunal. Esta questão é examinada em outros capítulos deste livro.

Referências bibliográficas

Alves, Jorge J. Ferreira (2007), *Como processar o Estado (no TEDH e nos tribunais nacionais por violação da Convenção Europeia dos Direitos Humanos)*. Porto: Legis Editora.

Barreto, Ireneu Cabral (2004), "A jurisprudência do novo Tribunal Europeu dos Direitos do Homem", *Sub Judice*, 28, 9-32.

Barreto, Ireneu Cabral e Campos, Abel (2004), "Portugal e o Tribunal Europeu dos Direitos do Homem", *Janus* [disponível em: http://www.janusonline.pt/2004/2004_3_2_1.html].

Cavagna, Eliette e Monteiro, Evelyne (1992), "Iberian Peninsula: Spain and Portugal", *in* Mireille Delmas-Marty (org.), *The European Convention for the Protection of human rights. International protection versus national restrictions.* Dordrecht: Martinus Nijhoff Publishers, pp. 171-194.

---

[12] De notar que o primeiro artigo que encontrámos publicado na imprensa escrita portuguesa é referente a um caso de morosidade da justiça portuguesa.

CEDH (2010), *Convenção para a proteção dos Direitos do Homem e das Liberdades Fundamentais – com as modificações introduzidas pelos Protocolos n.ᵒˢ 11 e 14 – acompanhada do Protocolo adicional e dos Protocolos n.ᵒˢ 4, 6, 7 e 13* [disponível em: <http://www.echr.coe.int/NR/rdonlyres/7510566B-AE54-44B9-A163-912EF12B8BA4/0/POR_CONV.pdf>].

Dale, John G. (2007), "Transnational legal conflict between peasants and corporations in Burma. Human rights and discursive ambivalence under the US Alien Tort Claims Act", *in* Mark Goodale e Sally Engle Merry (orgs.), *The practice of human rights. Tracking law between the global and the local*. Cambridge, UK: Cambridge University Press, pp. 285-319.

Duarte, Madalena (2004), "Novas e velhas formas de protesto: o potencial emancipatório da lei nas lutas dos movimentos sociais", *Oficina do CES*, 210.

Gaspar, António Henriques (2004), "A protecção internacional dos direitos humanos", *Sub Judice*, 28, 44-46.

Goldstein, Leslie e Ban, Cornel (2003), "The rule of law and the European human rights regime", *JSP/Center for the Study of Law and Society Faculty Working Papers Center for the Study of Law and Society Jurisprudence and Social Policy Program*, UC Berkeley [disponível em: <http://escholarship.org/uc/item/2q59x006>].

Leandro, Armando Gomes (2000), "O revisitar dos direitos da criança. A defesa da criança na lei portuguesa", *Cadernos de Bioética*, Ano XI, 24, 3-12.

McCann, Michael (2008), "Litigation and legal mobilization", *in* Keith B. Whittington, R. Daniel Kelemen e Gregory A. Caldeira (orgs.) *The Oxford handbook of law and politics*. Oxford, UK/New York: Oxford University Press, pp. 522-540.

Miguel, João Manuel da Silva (2004). "A justiça portuguesa no exame do TEDH", *Sub Judice*, 28, 33-38.

OPJ – Observatório Permanente da Justiça Portuguesa (2006), *A geografia da justiça – Para um novo mapa judiciário*. Relatório do Observatório Permanente da Justiça Portuguesa. Coimbra: Centro de Estudos Sociais da Universidade de Coimbra, Observatório Permanente da Justiça Portuguesa.

Santos, Ana Cristina (2005), *A Lei do desejo. Direitos humanos e minorias sexuais em Portugal*. Porto: Afrontamento.

Santos, Boaventura de Sousa e Rodríguez-Garavito, César A. (orgs.) (2005), *Law and globalization from below. Towards a cosmopolitan legality*. Cambridge, UK: Cambridge University Press.

Santos, Cecília MacDowell (2007), "Ativismo jurídico transnacional e o Estado: reflexões sobre os casos apresentados contra o Brasil na Corte Interamericana de Direitos Humanos", *Sur – Revista Internacional de Direitos Humanos*, 7, 29-59 [disponível em: <http://www.surjournal.org/index7.php>.

Santos, Cecília MacDowell; Santos, Ana Cristina; Duarte, Madalena; Lima, Teresa Maneca (2009), "Portugal e o Tribunal Europeu dos Direitos Humanos. Reflexões sobre a literatura jurídica", *Revista do Ministério Público*, 117, 127-158.

Santos, Cecília MacDowell; Santos, Ana Cristina; Duarte, Madalena; Lima, Teresa M. (2010), *Reconstruindo Direitos Humanos pelo Uso Transnacional do Direito? Portugal e o Tribunal Europeu de Direitos Humanos*. Relatório final de projeto, financiado pela Fundação para a Ciência e a Tecnologia (FCOMP-01-0124-FEDER-007551). Coimbra: Centro de Estudos Sociais da Universidade de Coimbra.

Silva, Germano Marques (1999), "O processo penal português e a Convenção Européia dos Direitos do Homem", *Revista CEJ*, 3(7), 84-92 [disponível em: <http://www2.cjf.jus.br/ojs2/index.php/cej/article/view/182/344>].

Slaughter, Anne-Marie (2003), "A global community of courts", *Harvard International Law Journal*, 44(1), 191-219.

TEDH – Tribunal Europeu dos Direitos Humanos (1999), *Salgueiro da Silva Mouta c. Portugal*, queixa n.º 33290/96, acórdão de 21 de dezembro de 2009, R-1999-IX [tradução disponível em: <http://www.gddc.pt/direitos-humanos/portugal-dh/acordaos/traducoes/Trad_Q33290_96.pdf>].

TEDH (2003), *Gouveia da Silva Torrado c. Portugal*, queixa 65305/01, decisão de 22 de maio [tradução do acórdão disponível em: <http://www.gddc.pt/direitos-humanos/portugal-dh/acordaos/traducoes/Trad_Q65305_01.pdf>].

TEDH (2004), *O Tribunal Europeu dos Direitos do Homem – História, organização e processo. Estrasburgo: Conselho da Europa* [disponível em: <http://www.echr.coe.int/NR/rdonlyres/106DF26F-001B-4F29-B11A-548D2B14CDBC/0/POR_Infodoc.pdf>].

TEDH (2009), *Women on Waves e Outros c. Portugal*, queixa n.º 31276/05, acórdão de 3 de fevereiro de 2009 [disponível em: <http://cmiskp.echr.coe.int/tkp197/view.asp?action=html&documentId=846488&portal=hbkm&source=externalbydocnumber&table=F69A27FD8FB86142BF01C1166DEA398649>].

CAPÍTULO 5

DA MOROSIDADE AO ACESSO AOS TRIBUNAIS:
CASOS CONTRA PORTUGAL NO TEDH[1]

Teresa Maneca Lima

Introdução

O principal direito humano, segundo Hannah Arendt, sem o qual se dá o «fim dos direitos humanos», é o direito a pertencer a uma comunidade política e o consequente reconhecimento do «direito a ter direitos» (Arendt, 2004). Não há dúvida de que os direitos humanos não podem ser protegidos se os sujeitos de direitos nem sequer forem reconhecidos como tal. Mas os direitos humanos também perdem a sua força jurídico-política e social se não puderem ser defendidos judicialmente. Se os tribunais não fornecerem respostas eficazes às demandas dos sujeitos de direitos, ficará comprometida a proteção de todos os direitos humanos. A demora excessiva e injustificada da prestação jurisdicional e o julgamento injusto tornam inócuo o direito a ter direitos, podendo acarretar danos irreparáveis para os sujeitos de direitos.

O problema da morosidade da justiça não é incomum. Dele sofre a generalidade dos países. É, na verdade, uma das facetas mais palpáveis daquilo que se pode chamar de defeito ou «anormal funcionamento da justiça» e que coloca em causa o direito ao acesso à justiça e em última análise os direitos humanos (Ferreira e Nora, 2007). O reconhecimento do direito a um julgamento justo, por sua vez, é necessário para a proteção dos indivíduos contra os abusos e a arbitrariedade das decisões judiciais.

Em Portugal, um dos mais basilares preceitos constitucionais relacionados com a tutela jurisdicional efetiva consiste no direito universal à obtenção em «prazo razoável» de uma decisao judicial em processo no qual se tenha

---

[1] Os resultados aqui apresentados e referentes ao TEDH encontram-se publicados no Relatório Final de Investigação do projeto «Reconstruindo direitos humanos pelo uso transnacional do direito? Portugal e o Tribunal Europeu dos Direitos Humanos» (Santos, C.M. *et al.*, 2010). Integraram também a equipa de investigação Cecília MacDowell dos Santos (coordenadora), Ana Cristina Santos e Madalena Duarte, que foram coautoras do Relatório Final e concederam autorização para utilizar, neste capítulo, as informações resultantes do projeto.

intervenção, ideia acolhida na Convenção Europeia dos Direitos Humanos e das Liberdades Fundamentais (CEDH) e consubstanciada no sistema jurídico português mediante o Decreto-Lei n.º 48051, relativo à responsabilidade extracontratual do Estado. Se assim não suceder, existirá responsabilidade civil extracontratual do Estado, desde que das suas ações ou omissões resulte a violação de direitos, liberdades e garantias ou prejuízo de outrem, conforme resulta do texto constitucional (Fonseca, 2008).

Desde 1978, quando Portugal ratificou a CEDH, «o Estado português já pagou mais de 200 indemnizações, quase todas por causa dos atrasos na justiça» (DN, 2006). De acordo com os dados do estudo «Reconstruindo direitos humanos pelo uso transnacional do direito? Portugal e o Tribunal Europeu dos Direitos Humanos», que compreendeu a análise dos casos contra Portugal julgados pelo Tribunal Europeu dos Direitos Humanos (TEDH) entre 1997 e 2007, a maioria (82,2%) destes casos é referente a questões de ineficiência dos tribunais. Compreende-se por ineficiência dos tribunais, nesta abordagem, os casos de morosidade ou atrasos processuais injustificados, bem como os casos de falhas e tratamento desigual das partes onde está em causa o princípio do julgamento justo.

Embora os casos relativos à ineficiência dos tribunais, e mais especificamente à morosidade da justiça, sejam repetitivos e não apresentem desafios à aplicação da CEDH, eles são relevantes tanto do ponto de vista sociológico como jurídico. Representam a natureza da litigância portuguesa junto do TEDH, pela exemplaridade de um problema que é endémico à administração da justiça em Portugal e em outros países, e desafiam a capacidade de resposta do TEDH a um grande volume de queixas relativas a atrasos da justiça, para as quais o TEDH não tem uma solução senão a imposição de indemnizações.

Este capítulo procura abordar o direito à justiça e o funcionamento dos tribunais portugueses a partir da análise de alguns casos apresentados contra Portugal no TEDH. Os casos aqui descritos mostram o modo como a noção de prazo razoável e o princípio do julgamento justo são disposições fundamentais numa sociedade democrática. No entanto, para uma melhor compreensão do peso e significado deste tipo de queixas, importa conhecer os principais problemas que a justiça portuguesa enfrenta. O retrato destes problemas é apresentado no primeiro ponto deste capítulo, onde se destaca o problema dos atrasos da justiça como um elemento que afeta a qualidade da justiça.

1. Quando o tempo é demasiado tempo para se fazer justiça[2]

O discurso da crise da justiça, prevalecente em Portugal desde os anos 1990, está ancorado em dois fatores principais salientados por vários estudos sociojurídicos:[3] a dificuldade que o sistema judicial do pós-25 de Abril de 1974, depositário de um elevado grau de expetativa e confiança na construção de um Estado de direito democrático, enfrentou em julgar de baixo para cima, ou seja, em julgar pessoas social ou economicamente influentes; e a inoperância funcional do sistema face à explosão da litigação, levando ao crescimento progressivo das pendências processuais e, consequentemente, ao aumento da duração dos processos. Perante a sua incapacidade de resposta, o sistema judicial evidencia múltiplas vulnerabilidades estruturais e funcionais confrontando-se com a acusação de, por um lado, ser incapaz de lidar com as pessoas social ou economicamente mais fortes e, por outro, de constituir um entrave ao desenvolvimento económico – uma das consequências apontadas à morosidade dos tribunais.

Se é certo que outros problemas do sistema judiciário, como a qualidade das acusações ou das decisões, têm vindo a emergir no debate, a verdade é que o principal sintoma da crise da justiça continua a reconduzir-se à morosidade judicial. A relação entre tempo e justiça encontra no conceito de morosidade a sua expressão mais negativa, dando conta da insatisfação com os longos períodos de espera nos tribunais e das consequências negativas da imprevisibilidade da duração dos processos para os cidadãos e as empresas.

O conceito de morosidade não é, porém, facilmente definível, sendo genericamente considerado como um excesso de tempo face ao que seria necessário ou expectável em relação à duração de um processo judicial. Os principais textos normativos também pouco ajudam à definição do conceito. A Constituição da República Portuguesa, tal como a Convenção Europeia dos Direitos Humanos, define de forma muito superficial e ambígua o conceito de morosidade, o que é, desde logo, revelador da dificuldade de um compromisso político forte e claro com a celeridade da resposta judicial, apresentando um conceito amplo de «prazo razoável» que não aprofunda a relação entre o possível e o desejável na eficiência da justiça, isto é, que não estabelece qualquer referência temporal

---

[2] Conceição Gomes, coordenadora executiva do Observatório Permanente da Justiça Portuguesa, preparou este ponto, pelo que lhe estou muito grata.

[3] A este propósito, consultar os estudos desenvolvidos pelo Observatório Permanente da Justiça Portuguesa, nomeadamente, Santos, B.S. *et al.* (1996), Santos, B.S. *et al.* (1998) e OPJ (2008).

146 A ROTINIZAÇÃO DA LITIGÂNCIA TRANSNACIONAL

concreta que induza um limite a partir do qual se conclua que está excedido o prazo razoável.

Morosidade, em termos comuns, significa lentidão no andamento da justiça e na obtenção de respostas por parte dos cidadãos e das empresas; enquanto numa perspetiva técnica pode remeter para a ultrapassagem mais ou menos gravosa dos prazos legalmente estipulados. A morosidade é um conceito negativo, desde logo distinto do conceito de duração legal (Santos, B.S. *et al.*, 1998). Este refere-se ao cálculo predefinido dos limites temporais (que, em regra, não são cumpridos) para a resolução de um litígio e que pode ser variável (mais breve ou mais lento) consoante os fatores interligados que influenciam uma decisão. A morosidade, por sua vez, pode reconduzir-se tanto à distância entre as expetativas e as experiências concretas dos mobilizadores dos tribunais e/ou as suas perceções sobre a lentidão da justiça (morosidade subjetiva) – que pode ir muito para lá da morosidade sistémica – como à ineficiência do sistema judicial na tramitação dos processos ou ao incumprimento, por fatores de variada ordem, das determinações legais (morosidade sistémica). Se no primeiro tipo de morosidade a variável determinante é a avaliação subjetiva de que o mobilizador do tribunal é portador, construída a partir de referenciais e interesses em causa específicos (o tempo dos negócios, o tempo das vítimas, o tempo das partes), no segundo são os fatores que influenciam a morosidade sistémica no interior do sistema judicial ou na sua interação com entidades auxiliares da justiça.

No último tipo de morosidade, as fontes do consumo de tempo e as dinâmicas sociojurídicas que estão na sua origem são muito diferentes entre si, podendo, a título de exemplo, reenviar tanto para a retenção de um processo no gabinete do advogado, como para uma sucessão de atos que, ainda que praticados dentro dos ritmos legais, tomam um tempo socialmente significativo entre a ocorrência lesiva e a decisão judicial. Embora a natureza, a complexidade e a estratégia dos intervenientes constituam dimensões determinantes no cronograma dos processos, é certo que os direitos das partes se encontram assegurados por um conjunto dc atos c prazos processuais impostos pela lei que visam responder de forma equilibrada à tensão entre as garantias dos envolvidos e a eficácia judicial. É, portanto, a partir dos princípios e da engenharia jurídica e organizacional que dão cumprimento àquele objetivo que se deve problematizar os bloqueios e a fluidez processual nos tribunais na ótica do valor, da poupança e do desperdício de tempo.

Considerando a dimensão jurídica, o excesso de garantismo processual, que, não raras vezes, alberga práticas de instrumentalização e dilação dos processos,

DA MOROSIDADE AO ACESSO AOS TRIBUNAIS: CASOS CONTRA PORTUGAL NO TEDH   147

ao contrário dos seus fundamentos originais, pode constituir um obstáculo ao exercício efetivo de direitos e, portanto, um efeito perverso com impactos assinaláveis na celeridade processual. Do ponto de vista da racionalidade e da administração da justiça, os paradigmas burocráticos que estão na matriz organizacional e funcional das instituições judiciárias conservam muitas resistências ao planeamento flexível dos recursos e dos processos, sendo responsáveis por grande parte da demora e ineficiência no desempenho funcional dos tribunais judiciais.

Todos os indicadores, nacionais e internacionais, salientam a ineficiência e os atrasos da justiça portuguesa. Tomemos como exemplo a jurisdição cível, onde se registam atrasos muito significativos.[4] Em 2001, o número de processos pendentes na jurisdição cível era de 986 954, computando-se em 20 meses a duração média para a resolução dos processos findos nesse ano. Nos anos seguintes, e apesar de várias reformas, tanto o número de processos pendentes como a sua duração média de resolução sofreram um aumento gradual até 2007. Nesse ano, o número de processos pendentes aumentou para 1 250 000 e a duração média dos processos que findaram em 2007 foi de 33 meses. Em 2009, apesar de se verificar uma diminuição da duração média dos processos para 28 meses, registou-se um aumento do número de processos pendentes para 1 378 000.

A maioria dos processos pendentes na jurisdição cível corresponde a ações executivas, que eram 350 084 em 2001, 942 025 em 2005 e 1 109 000 em 2009. A duração média dos processos pendentes na jurisdição cível foi, ainda, fortemente influenciada pela duração média das ações executivas, cuja duração média registou um aumento progressivo e constante, passando de 24 meses, em 2001, para 43 meses, em 2009. São ainda de assinalar, pelo seu impacto no quotidiano de cidadãos mais vulneráveis, os indicadores que mostram que as ações em que se pedem pensões de alimentos demoram, em média, cerca de dois anos a obter uma decisão em primeira instância e as relacionadas com direitos laborais e/ou acidentes de trabalho e de viação, cerca de cinco anos.

As recentes orientações inscritas no Memorando de Entendimento sobre as Condicionalidades da Política Económica (FMI/BCE/UE/Portugal) relativamente à redução da pendência processual em domínios essenciais ao desenvolvimento económico (jurisdição tributária, insolvências ou mercado

---

[4] Os dados que aqui se apresentam referentes ao movimento processual são dados disponibilizados pelo Ministério da Justiça. A este propósito, ver também OPJ (2008).

de arrendamento), ao estabelecer metas para a conclusão de processos, mostram, por um lado, a essencialidade desta matéria no desenvolvimento das políticas públicas e da ação do Estado no setor da justiça e, por outro, que essas preocupações e os mecanismos avançados para a agilização da resolução dos processos não têm equivalência nas situações de maior vulnerabilidade ou urgência social, que diariamente confrontam os tribunais com a sua impotência ou inoperância, como é o caso das ações acima referidas, cujos sujeitos são crianças ou trabalhadores acidentados, e que se veem avolumadas e agravadas neste momento mais crítico. A qualidade, a eficiência e a celeridade da justiça devem ser objetivos a atingir para a ação do sistema no seu todo e não seletivamente para determinados litígios.

A consciência da importância de uma justiça rápida e eficaz, como condição essencial ao funcionamento da economia de mercado, ajudou a trazer para o debate e ação política a discussão sobre a morosidade dos tribunais. O excesso de tempo para a resolução da generalidade dos litígios em tribunal tornou-se, assim, numa imputação abrangentemente denunciada, não só pelos agentes políticos e pelos próprios operadores judiciários – que, ao referirem tal facto, o relacionam, regra geral, com as más condições de trabalho e o fraco investimento no sistema de justiça –, mas também pela generalidade dos cidadãos. O combate à morosidade tem sido assumido, deste modo, como um dos objetivos fundamentais dos planos de ação dos últimos governos, com especial ênfase na jurisdição cível – área que mais diretamente afeta o desenvolvimento económico. Numa tentativa de combater o número crescente de pendências sucederam-se os planos de ação para o descongestionamento dos tribunais, de 2005 e 2007, com o objetivo de aliviar os tribunais de uma excessiva carga de processos, que incluíam medidas de natureza diversa atuantes sobre a procura ou de estímulo à conclusão de processos, como, por exemplo, através de incentivos especiais às partes para, de forma amigável, colocarem termo ao processo.

Como acima já se referiu, a perceção e o discurso sobre a crise da justiça extravasa o círculo restrito da discussão entre peritos e profissionais. Em dois inquéritos realizados pelo Centro de Estudos Sociais da Universidade de Coimbra (CES), em 1993 e em 2011, procurou-se perceber qual a perceção dos cidadãos relativamente à justiça, através de uma amostra representativa de indivíduos residentes em Portugal (nacionais ou estrangeiros), com idade superior a 18 anos. Resultou de tais inquéritos que, em ambos os momentos temporais, as opiniões negativas acerca da justiça suplantam as positivas. De entre as opiniões negativas mais relevantes encontra-se precisamente o tempo da justiça, considerado como um tempo marcado pela forte morosidade. Este indicador foi o que suscitou, em 2001, um valor mais negativo em relação ao inquérito realizado em 1993, tendo aumentado o sentimento negativo sobre a morosidade dos tribunais em cerca de 7%. Cerca de 70% dos inquiridos subscreve a afirmação de que «as decisões dos tribunais são tão lentas que não vale a pena recorrer ao tribunal».

É, contudo, relevante que as perceções negativas quanto à morosidade dos tribunais não sejam primeiramente influenciadas por qualquer experiência direta dos inquiridos em tribunal. Por um lado, apenas cerca de 23% dos inquiridos alguma vez durante a sua vida teve experiência em tribunal e, destes, a grande maioria teve apenas uma única experiência. Por outro, apesar de os inquiridos com experiências em tribunal revelarem que, em cerca de 50% dos processos cíveis, foram necessárias mais de quatro deslocações a tribunal para a resolução de um processo, a experiência em tribunal, independentemente do tipo de litígio, da posição no processo ou do grau de satisfação com essa experiência, não se revela uma variável determinante na apreciação sobre a morosidade dos tribunais. Como refere Conceição Gomes,

> Este resultado é indiciador de que a opinião individual se molda não apenas pela experiência e trajetória pessoal mas, sobretudo, pelos efeitos da hegemonia mediática sobre o estado da justiça em Portugal, em especial, sobre a lentidão dos tribunais, o que enfatiza a importância da comunicação social na construção das percepções sociais sobre os tribunais e a justiça (Gomes, 2011: 50).

Os tempos da justiça passam, assim, a concorrer com os tempos da comunicação social, cuja instantaneidade acentua a perceção de lentidão dos tribunais, gerando uma maior pressão social sobre as políticas da justiça e a ação dos poderes político e judicial. Os tribunais judiciais são instrumentos centrais de resolução de conflitos. As disfuncionalidades do seu desempenho funcional afetam não só o desenvolvimento social e económico, mas também a qualidade da democracia. Exigem, por isso, políticas e ações concertadas e eficazes no seu combate.

2. Os casos de morosidade: dos tribunais nacionais ao TEDH

O diagnóstico apresentado no ponto anterior dá-nos conta de que a justiça tem um tempo próprio e que, mesmo em sistemas eficientes, poderá ser excessivo. Este excesso tende a transformar o acesso aos tribunais e à justiça num recurso teórico e ilusório, como argumenta Frédéric Edel (2007), uma vez que o uso dos tribunais é feito com o propósito de obter uma decisão que permita a resolução de um conflito. É sobre este conteúdo temporal do direito à justiça que se centra a CEDH. De facto, o direito a uma decisão judicial em tempo razoável é, segundo alguns autores, um elemento fundamental na Convenção (Alves, 2006; Edel, 2007, entre outros).

O n.º 1 do artigo 6.º da CEDH define que qualquer pessoa tem direito a que a sua causa seja examinada equitativa e publicamente, num prazo razoável, por um tribunal independente e imparcial.

Artigo 6.º
(Direito a um processo equitativo)

1. Qualquer pessoa tem direito a que a sua causa seja examinada, equitativa e publicamente, num prazo razoável por um tribunal independente e imparcial, estabelecido pela lei, o qual decidirá, quer sobre a determinação dos seus direitos e obrigações de caráter civil, quer sobre o fundamento de qualquer acusação em matéria penal dirigida contra ela. O julgamento deve ser público, mas o acesso à sala de audiências pode ser proibido à imprensa ou ao público durante a totalidade ou parte do processo, quando a bem da moralidade, da ordem pública ou da segurança nacional numa sociedade democrática, quando os interesses de menores ou a proteção da vida privadas das partes no processo e exigirem, ou, na medida julgada estritamente necessária pelo tribunal, quando, em circunstâncias especiais, a publicidade pudesse ser prejudicial para os interesses da justiça (CEDH, 2010: 5-6).

A noção de prazo razoável transforma-se, assim, num «elemento essencial para uma boa administração da justiça» (Barreto, 2005: 144). A Constituição da República Portuguesa trilha no mesmo sentido o direito ao julgamento no prazo razoável, garantindo, no n.º 2 do Art.º 32.º, que toda a pessoa arguida deve «ser julgad[a] no mais curto prazo compatível com as garantias de defesa» (CRP, 2005).

Infelizmente, alguns países europeus têm sistemas jurídicos sujeitos a atrasos que não são consideráveis razoáveis. Sustenta-se que «o problema da morosidade da justiça não é mais razoável em Espanha ou em França, não é melhor na Itália que em Portugal. O problema está generalizado» (Ribeiro, 2009: 29). Portugal, como referido anteriormente, enfrenta também um problema de morosidade da justiça. Este problema fica visível quando olhamos para o número de queixas apresentadas no TEDH contra Portugal.

2.1. Queixas apresentadas no TEDH contra Portugal

O Estado português tem sido condenado por diversas vezes por violação do art.º 6.º, n.º 1 da CEDH, cuja interpretação feita pelo TEDH tem sido extensiva «com o fundamento de que os direitos nele garantidos têm uma importância vital para o funcionamento da democracia» (Alves, 2006: 76). De acordo com o estudo «Reconstruindo direitos humanos pelo uso transnacional do direito? Portugal e o Tribunal Europeu dos Direitos Humanos», no período de 1997 a 2007, a maioria dos casos julgados contra Portugal pelo TEDH (82,2%) é referente a questões de ineficiência dos tribunais (Gráfico 5.1).

GRÁFICO 5.1
Queixas apresentadas no TEDH, segundo os direitos humanos violados (%)[5]

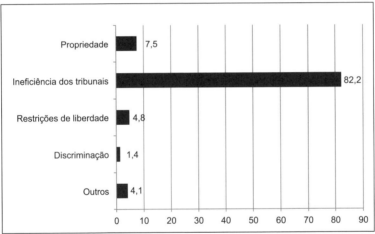

Entende-se por ineficiência dos tribunais as situações respeitantes tanto a casos de morosidade da justiça como de tratamento desigual das partes. A morosidade da justiça engloba os atrasos processuais injustificados e/ou situações de incapacidade das autoridades morosidade por inação – e os atrasos processuais

---

[5] Os gráficos que aqui se apresentam foram retirados do Relatório Final de Investigação do projeto «Reconstruindo direitos humanos pelo uso transnacional do direito? Portugal e o Tribunal Europeu dos Direitos Humanos» (Santos, C.M. *et al.*, 2010). O gráfico foi construído e trabalhado pelas autoras do Relatório Final a partir de dados recolhidos do Portal do TEDH. Pode ser encontrado também no Capítulo 4 deste livro, onde é apresentada uma análise do tipo de queixa contra Portugal no TEDH.

que têm por base o adiamento das sessões, a espera para que outras entidades envolvidas se pronunciem e o não comparecimento das partes nas audiência – morosidade por protelação.[6]

O tratamento desigual das partes refere-se a casos onde está em causa o princípio do julgamento justo, seja devido à incapacidade das autoridades ou à ineficiência ou negligência do Ministério Público ou do defensor oficioso. De acordo com os dados apresentado no Gráfico 5.2, constata-se que a maioria das queixas relativas à ineficiência dos tribunais diz respeito a situações de morosidade por protelação (91,7% do total de casos de ineficiência dos tribunais).

GRÁFICO 5.2
Tipologia da Morosidade (%)

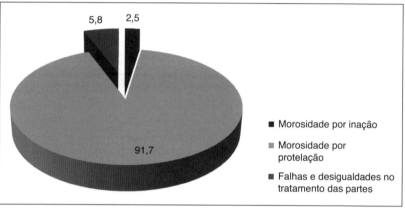

De referir ainda que, no período de 1997 a 2007, o Estado português optou por estabelecer acordos amigáveis com os requerentes em 53 queixas consideradas admissíveis, evitando assim o aumento do número de condenações. Como refere Henriques Gaspar, ex-agente do Estado português no TEDH, em muitos casos o Estado português sabia que tinha sido ultrapassado o prazo razoável e não contestava:

---

[6] Os dois tipos de morosidade aqui definidos, que encontramos também em Santos, C.M. et al. (2010), reportam-se a categorias criadas com base nos dados recolhidos através da análise dos acórdãos do TEDH. Neste sentido não correspondem às classificações teóricas usualmente utilizadas para descrever este fenómeno. Sobre este assunto, ver Gomes (2011: 32 e ss).

[O] Estado estava disposto a fazer logo o acordo, porque sabia-se quais eram os critérios objetivos, [...], hoje é histórico, hoje não será tanto assim, pelo menos com a intensidade do que era, mas houve momentos, todos conhecemos [...] que havia ali um ultrapassar do prazo razoável e não valia a pena estar ali a discutir aquilo. Havia possibilidade de acordo, as partes aceitavam e fazia-se um acordo, dentro de critérios que sabíamos quais eram. Eram critérios minimamente quantificados [...]. Normalmente nem se negociava muito, aceitavam-se as propostas do próprio Tribunal (Henriques Gaspar, Coimbra, entrevista realizada em 15 de novembro de 2008).

Os acordos entre o Estado e as pessoas requerentes são também salientados pelo jurista português no TEDH, Abel Campos, que refere que o acordo acontece quando as partes têm noção de que a proposta não será diferente da decisão final do TEDH:

De facto, a maior parte das vezes nesses casos, 90% das vezes, é o próprio Tribunal que faz uma proposta às partes. E, obviamente, quando as partes recebem essa proposta, já sabem que essa proposta não vai ser muito diferente daquilo que será a decisão, não é? Daí que muitos desses casos tenham sido resolvidos dessa maneira. Depois parou, em 2007, porque deixou de haver casos de atraso (Abel Campos, Estrasburgo, entrevista realizada em 28 de maio de 2009).

Em termos de absolvições, ou seja, casos em que ficou provado que o Estado português não violou a CEDH e o direito ao julgamento em prazo razoável, Portugal conta apenas com quatro casos.

Esta realidade de violação do direito à justiça em prazo razoável, e de condenação do Estado português, tem adquirido alguma visibilidade nos meios de comunicação. A título de exemplo, em 21 de maio de 2007, o jornal online *Portugal Diário* noticiou que, desde 1984, com o «caso Guincho» (o primeiro caso que levou à condenação de Portugal), o Estado português já tinha sido condenado em mais de 160 processos contra si instaurados junto do TEDH e que já havia pago, até àquela data, cerca de um milhão e setecentos mil euros em indemnizações. As condenações, segundo o referido jornal, respeitariam na esmagadora maioria dos casos a atrasos na realização da justiça. Mais recentemente, em 27 de julho de 2011, o jornal *Público* publicou uma notícia sobre a morosidade da justiça portuguesa e o TEDH intitulada «Por excessiva morosidade dos processos, Estado perdeu cinco casos no Tribunal Europeu dos Direitos Humanos só em Julho» (Machado, 2011).

3. Do prazo razoável ao julgamento justo: da violação à reparação

Os métodos de interpretação do TEDH são muito marcados pela especificidade de cada caso, avaliando cada situação no seu conjunto e não segmento a segmento. A análise que se apresenta de seguida mostra o modo como o TEDH interpreta o direito ao acesso à justiça.

3.1. O prazo razoável e a questão da morosidade

A noção de prazo razoável, segundo o entendimento do TEDH, pretende garantir a eficácia e a credibilidade da justiça. Contudo, definir e delimitar o conceito de «prazo razoável» é uma tarefa ingente. A apreciação deste conceito exige um processo de avaliação em concreto e numa perspetiva global, implicando não só a análise dos prazos legalmente estabelecidos, mas também a duração do processo judicial e os critérios associados à complexidade do processo, ao comportamento das partes, à atuação das autoridades competentes no processo e ao objeto ou finalidade do processo (Fonseca, 2008).

A determinação do prazo razoável é diferente de acordo com a natureza do processo. Se estivermos perante um processo de natureza civil, «o prazo começa a correr, em princípio, a partir da data de apresentação do pedido no tribunal [...]. Em matéria penal, o prazo inicia-se a partir do momento em que o requerente foi acusado» (Barreto, 2005: 144, 145). Apesar destas diferenças, o prazo razoável cobre todo o processo, incluindo as instâncias de recurso, cabendo aos Estados a prova de que não foi ultrapassado o prazo razoável (*idem*: 144). Para tal terão que ser fornecidas ao TEDH informações sobre os motivos dos atrasos verificados.

Caso 1: Caso *Fernandes Magro c. Portugal* (TEDH 2000)

João Fernandes Magro, residente em Braga, apresenta em 1997 uma queixa no TEDH contra Portugal por violação do artigo 6.º, n.º 1, da CEDH. Na origem da queixa estava um processo, apresentado no Tribunal Administrativo do Porto contra a Junta Autónoma de Estradas em 1990, referente à reparação de danos sofridos num acidente de viação. Após decisão, em 1992, do Tribunal de Braga desfavorável ao requerente, há recurso para o Supremo Tribunal Administrativo, que, em sentença de março de 1998, decide em favor do requerente.

A queixa é apresentada ao TEDH em 1997 e julgada em 2000 – já sendo conhecida a decisão final dos tribunais nacionais. Perante a análise do caso, o TEDH condena o Estado português por violação do "prazo razoável" com direito a uma indemnização ao requerente por danos morais.

No Caso 1, o atraso verificado foi de sete anos e três meses. O Estado português desde logo admitiu existir um atraso na decisão do Supremo Tribunal Administrativo, justificado pelo volume de processos presentes neste Tribunal. Perante esta situação, informa o TEDH das medidas que estavam a ser postas em prática para solucionar este tipo de problema. No entanto, na perspetiva do TEDH, cinco anos e nove meses – o tempo que o processo esteve no Supremo Tribunal Administrativo – era tempo suficiente para examinar o recurso que o requerente tinha interposto e as circunstâncias não justificavam um atraso considerado manifestamente excessivo. O TEDH refere ainda no acórdão que cabe aos Estados contratantes a organização do sistema judiciário de forma a garantir que se obtenha uma decisão definitiva dentro de um prazo razoável (TEDH, 2000: 3). Deste modo, e perante as circunstâncias do caso, o TEDH considera que foi ultrapassado o prazo razoável e condena o Estado português por violação do art.º 6.º, n.º 1, havendo lugar a uma indemnização por danos morais.

Na análise da jurisprudência do TEDH, verifica-se que poderá existir também violação do prazo razoável quando o processo ainda não findou, ou seja, quando este ainda se encontra pendente nos tribunais nacionais aquando da decisão do TEDH.

Caso 2: *Caso Garcia da Silva c. Portugal* (TEDH, 2004)
Cidália Garcia da Silva, residente no Porto, apresenta em 2000 uma queixa junto do TEDH contra o Estado português, alegando a violação do art.º 6.º, n.º 1, da CEDH. Na origem da queixa estava um processo de ação de inventário de bens após o falecimento do seu tio. Esta ação deu entrada no Tribunal do Porto em 1992 e continuava por decidir, encontrando-se pendente.

Em 29 de abril de 2004, data da decisão do TEDH, a ação continuava ainda pendente. O Estado português foi condenado por violação do "prazo razoável" com direito a uma indemnização ao requerente por danos morais.

Neste segundo caso, a questão colocada foi a de saber se onze anos constituíam ou não um prazo razoável para a obtenção de uma decisão. Tanto a requerente como o seu advogado argumentavam que esta duração era «manifestamente excessiva» e que a justiça portuguesa não tinha atuado, uma vez que o processo ainda se encontrava pendente. Os argumentos apresentados pelo Estado português prendiam-se com a complexidade do processo e o comportamento das partes, referindo que a lista de bens foi recorrentemente contestada, aparecendo ou desaparecendo novos herdeiros, factos que justificavam o prolongamento do processo no tempo (TEDH: 2004). Como refere Ireneu Cabral Barreto, «a circunstância mais invocada para explicar um atraso fundado sobre a natureza de um processo é a sua complexidade» (Barreto, 2005: 148). No entanto, também o comportamento do requerente é utilizado para justificar o atraso, uma vez que este é um elemento que não é imputável ao Estado e, como lembra Jorge Ferreira Alves, somente «as delongas imputáveis ao Estado podem levar a constatar a ultrapassagem do prazo razoável» (Alves, 2006: 87).

Tendo em atenção a argumentação do Estado português, o TEDH considerou que, apesar de estarem em causa questões de averiguação de parentesco, a sua complexidade não era suficiente para explicar a duração do processo. Neste sentido, a duração excessiva do processo não se ficou a dever ao comportamento das partes mas, sim, à atuação das autoridades competentes, condenando o Estado português por violação do art.º 6.º, n.º 1, da CEDH (2010). Mais uma vez há lugar ao pagamento de uma indemnização por danos morais.

Sempre que há excesso do prazo razoável, o TEDH considera que a vítima tem direito à reparação dos danos, quer materiais, quer morais, estando, deste modo, os Estados obrigados ao pagamento de uma indemnização.

Como a análise deste tipo de casos não é complexa, o TEDH tem atualmente uma jurisprudência já bem estabelecida que permite «ao Tribunal adotar um procedimento abreviado para a análise das situações de atraso, ensaiando mesmo um tratamento em conjunto deste tipo de queixas relativas a um determinado Estado» (Barreto, 2005: 149). Abel Campos, jurista português no TEDH, também salientou que os casos relativos aos atrasos são resolvidos de forma mais expedita:

> São casos que nós tratamos da maneira mais expedita possível, são casos também que do ponto de vista da aplicação da Convenção, para nós..., obviamente para as pessoas o caso delas é o caso mais importante do mundo, não é? mas para nós são casos que não têm grande interesse do ponto de vista da aplicação da Convenção (Abel Campos, Estrasburgo, entrevista realizada em 28 de maio de 2009).

Também é comum, neste tipo de casos, a celebração de acordos amigáveis entre o Estado e os requerentes. Este acordo é alcançado com base nas propostas do TEDH ou, «se esse acordo é conseguido pelas partes e se inspira no respeito dos DH, o Tribunal redige uma sucinta decisão com um breve resumo dos factos e da solução encontrada» (Barreto: 315). Como já foi referido anteriormente, no período de 1997 a 2007 foram realizados 53 acordos relativos a atrasos. Estes acordos resultaram de um consenso entre os interesses do Estado português e os interesses dos requerentes. No entanto, sempre que um Estado resolve o conflito por acordo, não há violação dos direitos humanos, apesar de haver lugar a indemnização:

> Nos casos de atraso [...] o interesse do Tribunal, o interesse do requerente e o interesse do Estado reúnem-se no sentido de haver um acordo. O Tribunal, porque evita um acórdão, portanto, poupa o seu tempo, poupa o dinheiro dos contribuintes. O requerente tem a sua indemnização e tem-na mais cedo do que a teria se o processo chegasse ao fim, chegasse a um acórdão. O interesse do Estado é ter menos uma condenação, como tem uma condenação não vai chegar ao fim do ano com mais um acórdão de violação do artigo 6.º nas estatísticas e paga mais ou menos a mesma coisa que teria de pagar. Portanto, quando os interesses de todas as partes estão reunidos, acho que a maneira mais lógica de resolver as coisas é o acordo (Abel Campos, Estrasburgo, entrevista realizada em 28 de maio de 2009).

3.2. *O julgamento justo e o acesso ao tribunal*
O direito de acesso aos tribunais significa que ninguém pode ser impedido, por lei, por procedimentos administrativos ou por falta de recursos materiais, de se dirigir a um tribunal a fim de fazer valer os seus direitos. Como refere Barreto «todo o indivíduo deve ter a possibilidade de apresentar a sua causa perante um tribunal, com livre acesso e o domínio dos meios materiais e humanos necessários» (Barreto, 2005: 151). Por sua vez, um processo justo e equitativo é uma exigência num Estado de direito democrático e permite «que cada uma das partes tenha possibilidades razoáveis de defender os seus interesses numa posição não inferior à parte contrária» (*idem*: 133).

Os casos que se analisam abaixo dão conta do modo como o TEDH interpreta o direito ao acesso a um tribunal e a um julgamento justo a partir das responsabilidades do Estado em garantir a efetividade deste direito.

No Caso 3, o requerente coloca em causa a atuação do Ministério Público. Argumenta que, por falta de notificação, durante o prazo para apresentação do recurso, foi impedido de recorrer do acórdão do Supremo Tribunal

Administrativo. O requerente argumenta ainda que a apresentação de recurso seria importante para a harmonização da jurisprudência, já que existia uma sentença anterior favorável.

Caso 3: Caso *Gregório de Andrade c. Portugal* (TEDH, 2006)
José Pedro Gregório de Andrade apresenta, em 2002, junto do TEDH uma queixa contra Portugal. Em 2004, o requerente morre e passa a ser representado pelo seu filho. O requerente alegou que a notificação tardia de uma decisão do Supremo Tribunal Administrativo, por parte do Ministério Público, constituía violação do princípio do julgamento justo.

Na origem desta queixa está uma ação apresentada junto do Tribunal Administrativo de Lisboa por um conjunto de trabalhadores da Companhia do Caminho de Ferro de Benguela, onde era solicitada a atualização do valor das pensões de acordo com os anos de trabalho em Angola, quando este país era ainda uma colónia portuguesa. Esta ação teve decisão favorável em maio de 2000 e foi confirmada pelo Supremo Tribunal Administrativo em janeiro de 2001. No decurso da ação apresentada, o requerente solicitou ao Ministério Público que instaurasse uma ação semelhante, em 1998. Contudo, a decisão do Supremo Tribunal Administrativo não foi ao encontro da proferida anteriormente. Esta decisão foi comunicada pelo Ministério Público ao requerente em 10 de julho de 2002, e recebida a 15 de julho, mas a decisão já tinha transitado em julgado, impedindo assim que o requerente pudesse recorrer desta decisão.

Segundo o Estado português, não existe nenhuma obrigação de recurso das decisões judiciais no Estatuto do Ministério Público. Deste modo, o Ministério Público, ao considerar que o acórdão do Supremo Tribunal Administrativo era justo e fundamentado, não solicitou uma harmonização da jurisprudência. O Estado português alegou, ainda, que o requerente dispunha da possibilidade de ser representado por um advogado, bem como solicitar patrocínio oficioso, caso não possuísse recursos suficientes, mas, ao optar pela representação do Ministério Público, era obrigado a aceitar as disposições estatutárias que regulamentavam a sua atuação. Por último, e relativamente ao direito de acesso a um tribunal, foi referido pelo Estado português que este direito não é absoluto e que se presta a limitações inseridas no princípio da margem de apreciação que cabe aos Estados-membros da CEDH.

Perante a argumentação apresentada pelo requerente e pelo Estado português, o TEDH lembra que o acesso ao direito e à justiça é um direito fundamental:

O artigo 6.º, n.º 1, garante a cada um o direito a que um tribunal conheça de qualquer contestação relativa aos seus direitos e obrigações de carácter civil; deste modo, este artigo consagra o direito a um tribunal, cujo direito de acesso, a saber, o direito de interpor recurso em matéria civil perante o tribunal, constitui um aspecto (TEDH, 2006: 8).

O TEDH frisou também que cabe aos Estados-membros criar tribunais de recurso, para que os cidadãos gozem junto destes das garantias fundamentais constantes no artigo 6.º da CEDH. Relativamente aos factos em causa, constatou que o requerente se viu na impossibilidade de interpor recurso para um Tribunal Superior, uma vez que a decisão já tinha transitado em julgado e havia expirado o prazo para a apresentação do recurso para a harmonização da jurisprudência. Deste modo, as omissões dos representantes do Ministério Público, na opinião dos juízes do TEDH, envolveram a responsabilidade do Estado. Apesar de o Estado português ter alegado que a apresentação do recurso não fazia parte das funções do Ministério Público, o TEDH referiu que, dadas as circunstâncias do caso e havendo uma decisão contrária, o requerente tinha pelo menos motivos pertinentes para querer submeter a questão ao Pleno da Secção junto do Supremo Tribunal Administrativo. E, mesmo que o representante do Ministério Público concordasse com a sentença, deveria ter prevenido o requerente da sua decisão de não interpor recurso, situação que não ocorreu.

Deste modo, o TEDH considerou que a ação do representante do Ministério Público funcionou como um obstáculo ao exercício do direito de recurso do requerente, do acesso a um tribunal, condenando o Estado português por violação do artigo 6.º, n.º 1, da CEDH, a uma indemnização ao herdeiro do requerente por danos morais.

Se no caso anterior estava em causa a atuação do Ministério Público, no Caso 4 discute-se o papel do advogado no processo equitativo e a garantia de acesso a um tribunal. Um dos direitos do arguido no processo penal, tal como ele é definido no art.º 6º da CEDH, é o de ser assistido gratuitamente por um defensor oficioso se não se tiver meios para remunerar um defensor e se os interesses da justiça o exigirem, tal como refere a alínea c, do art.º 6.º, n.º 3.

160 A ROTINIZAÇÃO DA LITIGÂNCIA TRANSNACIONAL

Caso 4: Caso *Czekalla c. Portugal* (TEDH, 2002)

Robby Czekalla, cidadão alemão, apresentou em 1997 uma queixa contra Portugal no TEDH. O requerente alegou insuficiências no apoio jurídico de que beneficiou e considera que o seu acesso ao Supremo Tribunal de Justiça foi violado em virtude da negligência da defensora oficiosa.

Na origem desta queixa estava um processo-crime por tráfico agravado de estupefacientes e associação criminosa. Em 1993, o requerente fora preso e acusado por tráfico de estupefacientes, tendo ficado em prisão preventiva. Em abril do mesmo ano, o requerente, representado por advogado, solicita que fosse confrontado com outra pessoa, pedido que lhe fora negado. Em 1994, o requerente solicita em inglês ao juiz a tradução das observações do Ministério Público para alemão, a sua língua materna. Este pedido foi indeferido, por não ter sido redigido em português. Após a intervenção da Embaixada da Alemanha, que disponibilizou um tradutor, o julgamento inicia-se em novembro de 1994, mas, em fevereiro de 1995, ainda no decorrer do julgamento, o requerente revoga a procuração concedida ao advogado, pedindo a nomeação de um advogado oficioso.

Em julho de 1995, o requerente foi considerado culpado da prática de crime de tráfico agravado de estupefacientes, mas não de associação criminosa, e condenado a 15 anos de prisão.

Após a decisão, o requerente interpôs ele mesmo recurso, redigido em alemão, para o Supremo Tribunal. Este foi recusado por não estar escrito em português. Perante tal recusa, o requerente volta a interpor recurso, mas desta vez por intermédio da advogada oficiosa, onde alega a violação de várias disposições do Código de Processo Penal, assim como dos artigos 5.º e 6.º da CEDH. Após este recurso, o requerente nomeia advogado e põe termo às funções da advogada oficiosa e volta a interpor recurso para o Supremo Tribunal.

O Supremo Tribunal, após a apreciação dos diversos recursos, ordena que o pedido apresentado pelo requerente fosse traduzido para devida apreciação. Porém, o seu pedido fora considerado inadmissível. Após este período, o requerente apresenta novos recursos. Este processo terminou nos tribunais nacionais em 2000, tendo sido autorizado o pedido de transferência para a Alemanha, onde o requerente cumpriu o resto da pena, tendo saído em março de 2001 em liberdade condicional. ▶

> De referir ainda que o requerente apresentou junto da Ordem dos Advogados de Lisboa uma queixa contra a advogada oficiosa. O requerente alegou que a advogada apresentou, contrariamente às suas instruções, recurso para o Supremo Tribunal de Justiça e que este não preenchia as condições formais necessárias. A Ordem dos Advogados de Lisboa abriu um processo disciplinar à advogada, penalizando-a por comportamento ético incorreto.

Artigo 6.º
(Direito a um processo equitativo)

3. O acusado tem, como mínimo, os seguintes direitos:

[...]

c) Defender-se a si próprio ou ter a assistência de um defensor da sua escolha e, se não tiver meios para remunerar um defensor, poder ser assistido gratuitamente por um defensor oficioso, quando os interesses da justiça o exigirem (CEDH, 2010).

Estes direitos aplicam-se apenas ao processo penal, porque, tal como lembra Ireneu Cabral Barreto, «a Convenção não garante assistência judiciária no processo civil», e garantem «uma defesa, não teórica ou ilusória, mas concreta e efectiva, o que pode exigir que o Estado forneça uma assistência judiciária gratuita» (2005: 168). Deste modo, cabe ao TEDH verificar se o meio oferecido se enquadra nas garantias de um processo equitativo e se os Estados tomaram as medidas necessárias a assegurar o exercício efetivo do direito à assistência de um defensor oficioso.

É com base no disposto no n.º 3 do art.º 6.º da CEDH que o requerente fundamenta a sua queixa no TEDH. Alega que devido ao erro cometido pela defensora oficiosa, que não formulou as conclusões, não lhe foi permitido o acesso ao Supremo Tribunal de Justiça.

Perante as circunstâncias descritas e os argumentos do requerente, o Estado português argumenta que

Os actos e omissões de um defensor oficioso não podem, salvo circunstâncias muito excepcionais, implicar a responsabilidade de um Estado nos termos da Convenção. Lembra que o comportamento da defesa é da responsabilidade exclusiva do defensor, que apenas está adstrito no exercício da sua actividade às regras específicas da profissão de advogado, sobre as quais o Estado não tem qualquer poder de controlo (TEDH, 2002: 18).

O Estado português refere também que, segundo a própria jurisprudência do TEDH, apenas existe uma obrigação positiva para o Estado quando uma carência absoluta do defensor oficioso é levada ao conhecimento do juiz. E, no caso concreto, o erro verificado na interposição do recurso não constitui, ele mesmo, uma carência.

O TEDH na sua análise tem em atenção o período que vai desde a data da designação da defensora oficiosa até ao momento em que o requerente pôs termo às funções da mesma e constituiu um novo advogado. Refere, por um lado, que não se pode afirmar que a advogada oficiosa não prestou assistência ao requerente. No entanto, é necessário saber se o «ter interposto o seu recurso sem respeitar as regras formais exigidas pela legislação interna e pelo Supremo Tribunal de Justiça pode considerar-se como sendo uma "falta evidente"» (TEDH, 2002: 20). Por outro lado, sublinha, tal como já argumentado pelo Estado português, que o comportamento da defensora oficiosa não decorre da responsabilidade do Estado. No entanto, como o comportamento da advogada privou o requerente de uma via de recurso é necessário saber se compete ou não ao Estado assegurar o direito a recurso.

Perante estas constatações, o TEDH concluiu que o erro na apresentação do recurso foi uma situação de «carência manifesta» e que o Supremo Tribunal poderia ter convidado «a defensora oficiosa a completar ou a corrigir as alegações do recurso em vez de declarar a inadmissibilidade do recurso» (TEDH, 2002: 22)[7] e que este convite não colocaria em causa a independência da advocacia relativamente ao Estado nem traria prejuízos para a igualdade de armas, como contra-argumentara o Estado português. Neste sentido, o TEDH considerou que o Estado português violou a CEDH, uma vez que o Supremo Tribunal deveria ter garantido o respeito concreto e efetivo dos direitos da defesa do requerente e condenou o Estado português a uma indemnização por danos morais.

Perante esta decisão, fica claro que, segundo a CEDH, o direito a um defensor oficioso não é apenas uma designação, acarreta para o Estado obrigações no sentido de assegurar a efetividade desse direito. Apesar de não se imputar

---

[7] Este tipo de situação não se coloca atualmente nos tribunais nacionais. A interpretação do artigo 412.º do Código do Processo Penal foi considerada inconstitucional pelo Tribunal Constitucional (cf. Acórdão nº 337/2000, de 27 de junho, publicado no Diário da República de 21 de julho de 2000, e Acórdão n.º 265/01, de 19 de junho de 2001, publicado no Diário da República de 16 de julho de 2001), tendo-se abandonado a rejeição pura e simples de um recurso sem o convite prévio ao recorrente de corrigir ou completar as suas alegações de recurso. Encontramos referência a este facto no Acórdão deste caso.

ao Estado as deficiências do defensor oficioso, cabe a este, e de acordo com as circunstâncias descritas anteriormente, controlar e corrigir o comportamento do defensor oficioso.

4. A importância das decisões do TEDH

Através da análise dos casos concretos é possível identificar o modo como o TEDH aplica a CEDH, mas também a conceção e abrangência de determinados direitos humanos. Apesar de os casos relativos à ineficiência dos tribunais, mais concretamente os da morosidade, não serem complexos, deixam claro que o direito ao acesso à justiça e aos tribunais representa um direito fundamental nas sociedades democráticas, constituindo uma obrigação efetiva dos Estados. Contudo, a ação do TEDH parece não ir além da determinação do pagamento de uma indemnização. Como nos referiu o jurista português no TEDH:

> Porque são casos em que de alguma maneira o papel do Tribunal se limita quase a uma comissão de indemnização, não é? [...] Nós aqui não conseguimos resolver essa situação, depende de investimentos dos Estados-membros [...] nos sistemas de justiça e, a partir daí, os casos que me chegam aqui são aqueles casos mais..., digamos, anormais, aqueles casos mais escandalosos e que nós resolvemos com quê? Com pagamento de indemnização (Abel Campos, Estrasburgo, entrevista realizada a 28 de maio de 2009).

Também, os objetivos dos requerentes neste tipo de casos não vão além da obtenção de uma reparação individual, ou seja, de uma indemnização. Como nos referiu o advogado que representou a queixa de *Garcia da Silva c. Portugal*, os portugueses usam o TEDH,

> para pedirem [uma] indemnização que lhes é devida porque na verdade, quer dizer, o Tribunal Europeu não pode decidir a questão. [...] Pode arbitrar uma indemnização porque a justiça foi demorada. Ora bem, e é isso que eu aconselho a pedir, a indemnização por causa disso (Teixeira Portela, Porto, entrevista realizada em 16 de setembro de 2009).

No entanto, e como defende a *European Commission for Democracy through Law*[8] (2007), a CEDH e os direitos nela consagrados não podem ser

---

[8] A Comissão Europeia para a Democracia através do Direito, mais conhecida por Comissão de Veneza, é um órgão consultivo do Conselho da Europa sobre questões constitucionais, constituída em 1990.

sistematicamente substituídos pelo pagamento de indemnizações. Neste sentido, cabe aos Estados contratantes o dever primário de proteção dos direitos humanos. Também o Comité de Ministros do Conselho da Europa tem reafirmado que os Estados contratantes estão obrigados a adotar de forma rápida medidas de caráter individual que procurem minimizar as consequências das violações, bem como a adoção de medidas de caráter coletivo de teor preventivo de novas violações.

Neste sentido, o TEDH, em 22 de maio de 2003, decidiu nos casos apresentados por Silva Torrado e Paulino Tomás contra Portugal que, antes de uma queixa ser levada ao TEDH, os requerentes deveriam procurar remédio nos tribunais nacionais (TEDH, 2003a, 2003b), propondo uma ação por responsabilidade civil extracontratual do Estado nos Tribunais Administrativos. Esta decisão, de acordo com as palavras de Ireneu Cabral Barreto, conduziu a uma diminuição do número de queixas apresentadas no TEDH e as que lá chegavam eram rejeitadas, uma vez que não tinham sido esgotados todos os meios internos:

> Entre 2003 e 2008 o Tribunal entendeu que havia um meio interno a esgotar que era a ação por responsabilidade civil extracontratual do Estado. Nesse período, as queixas que nos apareciam eram rejeitadas (Entrevista publicada no *Boletim da OA*, edição 74/janeiro de 2011).

Esta realidade também foi referida pelo agente do Estado português no TEDH, em exercício de funções aquando da entrevista (outubro de 2008), que confirmou que as queixas relativas à morosidade da justiça diminuíram a partir de 2003:

> Os primeiros [casos], de atrasos da administração da justiça, conheceram uma quebra em 2003, subsequente a uma decisão do tribunal [TEDH], que reconheceu que havia um meio interno que devia ser esgotado antes de ser pedida a intervenção do Tribunal, o caso *Paulino Tomás e Silva Torrado [c. Portugal]*, é uma decisão de 2003, de maio de 2003. Hoje, subsequente a algumas decisões dos tribunais administrativos, a questão está novamente a colocar-se mas sem a intensidade do passado, e espero que a nova lei da responsabilidade civil extracontratual do Estado possa clarificar o sistema associado à jurisprudência mais recente do Supremo Tribunal Administrativo (João da Silva Miguel, agente do Estado português no TEDH, Lisboa, entrevista realizada a 24 de outubro de 2008).

DA MOROSIDADE AO ACESSO AOS TRIBUNAIS: CASOS CONTRA PORTUGAL NO TEDH

Em 2008, assistimos a uma inversão desta realidade, com o acórdão *Martins Castro e Alves Correia de Castro c. Portugal* (TEDH, 2008), em que o TEDH concluiu que a ação por responsabilidade civil extracontratual do Estado não é mais um meio interno a esgotar. O TEDH afirma que o tempo que os tribunais administrativos levam a apreciar as ações de responsabilidade extracontratual «parece muitas vezes prolongar-se por períodos significativos» (TEDH, 2008: 8). Por outro lado, as indemnizações por danos ou não tinham lugar ou os valores eram inferiores aos constantes na jurisprudência do TEDH.

Parente esta situação há autores que defendem que o Estado português não garante o exercício efetivo dos direitos da CEDH (Alves, 2006: 134), contribuindo esta ação para o aumento do número de queixas no TEDH e retirando utilidade à jurisprudência fixada anteriormente. Porque, apesar de o Estado português ter vindo a procurar soluções capazes de esbater a insatisfação geral ao nível do funcionamento e da eficiência das próprias instituições judiciais num tempo considerado útil, a presença de casos contra Portugal apresentados junto do TEDH tem vindo a demonstrar crescentemente a sua ineficácia. De facto, o TEDH tem-se imposto cada vez mais como um recurso credível e benéfico para situações em que o recurso a todas as instituições e/ou meios internos que as possam regularizar se esgotaram.

Considerações Finais

A celeridade processual é, assim, uma situação que leva a que os cidadãos acreditem no seu sistema judicial, pois é um direito a que todos podem recorrer. Caso esta celeridade não se verifique, o seu direito está claramente violado dada a excessiva demora do processo judicial que pode, entre muitas consequências, provocar diretamente aos requerentes situações como a erosão da prova, a demora na justa reparação do direito violado, o que por sua vez originará um desincentivo ao recurso ao tribunal (Santos, B.S. *et al.*, 1996).

O uso do TEDH face às situações de atraso nas decisões e de acesso aos tribunais parece ser, cada vez mais, um recurso credível. Contudo, o objetivo que está por detrás deste recurso, por parte dos requerentes, revelou-se ser apenas o da reparação dos danos sofridos através do pagamento de uma indemnização. Dito de outro modo, a análise destes casos mostrou que, quando os tribunais nacionais falham, o TEDH é usado de forma individual e instrumental, contribuindo para transformar o TEDH numa comissão de indemnizações.

Esta situação pode levantar discussões sobre a continuidade de entrada e avaliação deste tipo de queixas, procurando-se saber se o TEDH deve ou não continuar a dedicar tempo e recurso com este tipo de violação, ou se se deve centrar na análise do que é designado por violações mais graves de direitos humanos:

Neste momento o nosso papel é o papel de uma comissão de indemnizações, mais nada. O artigo 6.º prevê o direito ao prazo razoável na Convenção, temos que examinar esses casos.

Há quem diga que nós não devíamos examinar esses casos, mas temos que examinar esses casos, examinamos mas são casos que não têm um interesse muito grande do ponto de vista da aplicação da Convenção, há violações bastante mais [graves]. Portanto, o objetivo do tribunal é melhorar a proteção dos direitos humanos na Europa e temos outras situações mais importantes, mais graves, diria eu também, onde deveríamos gastar o nosso tempo em vez de com os casos de atraso (Abel Campos, Estrasburgo, entrevista realizada a 28 de maio de 2009).

As conclusões desta análise prendem-se, por um lado, com o facto de este tipo de casos parecer ser «desinteressante» do ponto de vista da aplicação da CEDH e de uma possível reconstrução dos direitos humanos, na medida em que são quase todos resolvidos do mesmo modo, atendendo aos critérios de averiguação do prazo razoável. Por outro lado, constata-se que o elevado número de casos relativos à ineficiência dos tribunais, e sobretudo os que se referem à morosidade da justiça, colocam em evidência os dilemas do TEDH enquanto instância supranacional acessível a todos os cidadãos para a resolução de todo o tipo de violação dos direitos humanos *versus* um tribunal supranacional para tratar de casos «exemplares» e dos casos «mais graves».

Apesar de todas as evidências, os casos relacionados com o atraso da justiça, e que poderão ser designados de casos «em série», são também relevantes. Do ponto de vista sociológico, jurídico e político, expõem as fragilidades dos sistemas de justiça nacionais, que não garantem o pleno acesso aos tribunais e o direito à prestação jurisdicional de maneira efetiva e justa, e dão conta da necessidade de existência de uma colaboração entre o TEDH e os tribunais nacionais para que as decisões do TEDH sejam efetivas e garantam a proteção e o desenvolvimento dos direitos humanos.

Referências bibliográficas

Alves, Jorge de Jesus Ferreira (2006), *Morosidade da justiça. Como podem ser indemnizados os injustiçados por causa da lentidão dos Tribunais à luz da Convenção Europeia dos Direitos do Homem e da legislação nacional.* Porto: Legis Editora.

Arendt, Hannah (2004), *Origens do Totalitarismo.* São Paulo: Companhia das Letras.

Barreto, Ireneu Cabral (2005), *A Convenção Europeia dos Direitos do Homem.* Anotada. Coimbra: Coimbra Editora.

CEDH – Convenção Europeia dos Direitos Humanos (2010), *Convenção para a proteção dos Direitos do Homem e das Liberdades Fundamentais, com as modificações introduzidas pelos Protocolos n.os 11 e 14, acompanhada do Protocolo adicional e dos Protocolos n.os 4, 6, 7 e 13.* Strasbourg: Secretaria do Tribunal Europeu dos Direitos do Homem [disponível em: <http://www.echr.coe.int/NR/rdonlyres/7510566B-AE54-44B9-A163-912EF12B8BA4/0/POR_CONV.pdf>].

CRP – Constituição da República Portuguesa (2005), *Constituição da República Portuguesa, VII Revisão Constitucional* [disponível em: <http://www.parlamento.pt/Legislacao/Documents/constpt2005.pdf>].

DN – *Diário de Notícias* (2006, 5 de fevereiro), "Portugal condenado por lentidão dos tribunais" [disponível em: <http://www.dn.pt/inicio/interior.aspx?content_id=635415&page=-1>].

Edel, Frédéric (2007), *The length of civil and criminal proceedings in the case-law of European Court of Human Rights.* Strasbourg: Council of Europe.

European Commission for Democracy through Law (2007), *Can excessive length of proceedings be remedied?* Strasbourg: Council of Europe.

Ferreira, Cristiana e Nora, Joana Costa (2007), "A morosidade da justiça: Como responsabilizar o Estado?", *Aware*, 23, 1-3.

Fonseca, Isabel Celeste M. (2008), "A responsabilidade do Estado pela violação do prazo razoável: *quo vadis?*", *Revista do Ministério Público*, 115, 5-42.

Gomes, Conceição (2011), *Os atrasos da justiça.* Lisboa: Fundação Francisco Manuel dos Santos.

Machado, Ana (2011), "Estado perdeu cinco casos no Tribunal Europeu dos Direitos Humanos só em Julho", jornal *Público* de 27 de julho [disponível em: <http://www.publico.pt/Sociedade/estado-perdeu-cinco-casos-no-tribunal-europeu-dos-direitos-humanos-so-em-julho_1504950>, consultado em 4/08/2011].

OPJ – Observatório Permanente da Justiça Portuguesa (2008), *Bloqueios ao andamento dos processos e propostas de decisão.* Coimbra: Centro de Estudos Sociais da Universidade de Coimbra, Observatório Permanente da Justiça Portuguesa.

Ribeiro, Manuel de Almeida (coord.) (2009), *Um debate sobre a morosidade da justiça.* Coimbra: Edições Almedina.

Santos, Boaventura de Sousa; Marques, M. Manuel Leitão; Pedroso, João; Ferreira, Pedro Lopes (1996), *Os tribunais nas sociedades contemporâneas: O caso português.* Porto: Afrontamento, pp. 387-482.

Santos, Boaventura de Sousa; Marques, M. Manuel Leitão; Pedroso, João; Gomes, Conceição; Pinto, Paula; Santos, Renato; Pereira, Rui (1998), *A Justiça cível e penal*, Vol. 1, Relatório do Observatório Permanente da Justiça. Coimbra: Centro de Estudos Sociais da Universidade de Coimbra.

168 A ROTINIZAÇÃO DA LITIGÂNCIA TRANSNACIONAL

Santos, Cecília MacDowell; Santos, Ana Cristina; Duarte, Madalena; Lima, Teresa M. (2010), *Reconstruindo Direitos Humanos pelo Uso Transnacional do Direito? Portugal e o Tribunal Europeu de Direitos Humanos.* Relatório final de projeto, financiado pela Fundação para a Ciência e a Tecnologia (FCOMP-01-0124-FEDER-007551). Coimbra: Centro de Estudos Sociais da Universidade de Coimbra.

TEDH – Tribunal Europeu dos Direitos Humanos (2000), *Fernandes Magro c. Portugal*, queixa 36997/97, acórdão de 29 de fevereiro [disponível em: <http://cmiskp.echr.coe.int/tkp197/view.asp?action=html&documentId=701018&portal=hbkm&source=externalbydocnumber&table=F69A27FD8FB86142BF01C1166DEA398649>].

TEDH (2002), *Czekalla c. Portugal*, queixa 38830/97, acórdão de 10 de outubro, R-2020-VIII [tradução disponível em: <http://www.gddc.pt/direitos-humanos/portugal-dh/acordaos/traducoes/Trad_Q38830_97.pdf>].

TEDH (2003a), *Gouveia da Silva Torrado c. Portugal*, queixa 65305/01, decisão de 22 de maio [tradução do acórdão disponível em: <http://www.gddc.pt/direitos-humanos/portugal-dh/acordaos/traducoes/Trad_Q65305_01.pdf>].

TEDH (2003b), *Paulino Tomás c. Portugal*, queixa 58698/00, decisão de 22 de maio, R-2003-VIII [tradução disponível em: <http://www.oa.pt/upl/%7Bc5186190-b87a-4470-b036-767a081953b8%7D.pdf>].

TEDH (2004), *Garcia da Silva c. Portugal*, queixa 58617/00, acórdão de 29 de abril [disponível em: <http://cmiskp.echr.coe.int/tkp197/view.asp?action=html&documentId=704176&portal=hbkm&source=externalbydocnumber&table=F69A27FD8FB86142BF01C1166DEA398649>].

TEDH (2006), *Gregório de Andrade c. Portugal*, queixa 41537/02, acórdão de 14 de novembro [tradução disponível em: <http://www.gddc.pt/direitos-humanos/portugal-dh/acordaos/traducoes/trad07000201.pdf>].

TEDH (2008), *Martins Castro e Alves Correia de Castro c. Portugal*, queixa 33729/06, acórdão de 10 de junho [disponível em: <http://cmiskp.echr.coe.int/tkp197/view.asp?action=html&documentId=836412&portal=hbkm&source=externalbydocnumber&table=F69A27FD8FB86142BF01C1166DEA398649>].

CAPÍTULO 6

ENTRE A HONRA E O DIREITO A INFORMAR: REDEFINIR A LIBERDADE DE EXPRESSÃO E IMPRENSA[1]

Teresa Maneca Lima
Cecília MacDowell dos Santos

Introdução

A liberdade de expressão refere-se à livre comunicação de opiniões, bem como à liberdade de informar e receber informações. Segundo Teixeira da Mota, muitos autores consideram que a liberdade de expressão é uma das formas mais fiáveis de aferir a democracia de um Estado e de uma sociedade, uma vez que a possibilidade de nos exprimirmos sem sermos punidos pelas nossas opiniões ou a possibilidade de informarmos ou sermos informados é essencial em termos de desenvolvimento individual e social (Teixeira da Mota, 2009: 17). Deste modo, a liberdade de expressão é concebida como um direito e um bem fundamental, estruturante para as sociedades democráticas e característica das sociedades atuais. A imprensa garante a informação e a divulgação de factos que permitem à sociedade o conhecimento da informação e o pleno exercício da democracia (Schäfer e Decarli, 2007: 122, 128).

No caso de Portugal, o direito à liberdade de expressão tem sido posto em causa ao longo de séculos, mesmo após a instauração do regime democrático de 1974. A sua violação tem sido alvo de um grande número de ações de natureza penal em sede de defesa da honra e reputação por parte de políticos e titulares de cargos públicos face a meros relatos factuais e críticas difundidas através da comunicação social, principalmente em épocas eleitorais, sendo essa a altura em que se observa um maior número de queixas (Simões, 2008). Estas situações fazem com que Teixeira da Mota refira que

---

[1] Os resultados deste estudo encontram-se publicados no Relatório Final de Investigação «Reconstruindo direitos humanos pelo uso transnacional do direito? Portugal e o Tribunal Europeu dos Direitos Humanos» (Santos *et al.*, 2010). Integraram também a equipa de investigação Ana Cristina Santos e Madalena Duarte, que foram coautoras do Relatório Final e nos concederam autorização para utilizar, neste capítulo, as informações resultantes do projeto.

170 A ROTINIZAÇÃO DA LITIGÂNCIA TRANSNACIONAL

a liberdade de expressão não tem sido ao longo dos séculos um valor especialmente protegido e, mesmo depois da instauração do regime democrático em 1974, ainda prevalece, muitas vezes, na lei, nos tribunais e na sociedade, o entendimento apaziguador e paralisante de que o «respeitinho é muito bonito». Tal entendimento constitui uma interiorização de limites à liberdade de expressão que resultam de regras sociais, colocando ao abrigo desse «respeitinho» e fora da liberdade de criticar, inúmeras matérias que não devem escapar ao escrutínio da opinião pública (Teixeira da Mota, 2009: 18).

As decisões dos tribunais portugueses sobre matérias de liberdade de expressão, nomeadamente aquelas em que se dá o confronto com o direito à honra e ao bom nome, ainda são subsidiárias deste entendimento bastante redutor e minimalista do direito à liberdade de expressão. Deste modo, assistimos em Portugal a inúmeras condenações pelo crime de difamação ou de injúria, considerando para tal os tribunais que outras palavras ou expressões menos agressivas e violentas poderiam ter sido utilizadas. Algumas destas decisões têm dado lugar à apresentação de queixas no Tribunal Europeu dos Direitos Humanos (TEDH) contra Portugal por violação da liberdade de expressão (art.º 10.º da Convenção Europeia dos Direitos Humanos e das Liberdades Fundamentais – CEDH).

O objetivo deste capítulo é o de analisar de que modo os casos sobre liberdade de expressão apresentados contra Portugal junto do TEDH contribuem para a redefinição de direitos humanos emanada da CEDH. O TEDH tem desempenhado um importante papel na definição do que é ou deve ser a liberdade de expressão, e tem ajudado a perceber melhor a natureza redutora de muitas das decisões dos tribunais portugueses, onde o caráter pessoal e a defesa da honra são sobrevalorizados em relação ao direito de informar e ser informado (Teixeira da Mota, 2009: 20). Para demonstrar a contribuição deste tribunal, será analisado com detalhe o caso *Colaço Mestre e SIC – Sociedade Independente de Comunicação, S.A. c. Portugal* (TEDH, 2007),[2] em que se verifica que o TEDH ampliou o exercício dos direitos humanos por introduzir uma interpretação mais alargada do direito de liberdade de expressão e imprensa, previsto no artigo 10.º da CEDH. Ao discutir a noção de «figura pública» – concebida neste caso não apenas como representantes políticos ou cientistas senão como indivíduos conhecidos publicamente e que tenham uma atuação

---

[2] Queixas n.º 11182/03 e n.º 11319/03, que, apesar de terem sido apresentadas ao TEDH em separado, o Tribunal resolveu agregar e analisar em conjunto.

pública relevante numa sociedade – o TEDH restringiu o recurso à proteção do «bom nome» e da «honra» como justificativa para a limitação da liberdade de expressão e imprensa.

1. Liberdade de expressão e imprensa: enquadramento jurídico

1.1. A liberdade de expressão e imprensa na CEDH

A liberdade de expressão é considerada pela literatura jurídica como um direito humano fundamental e um pré-requisito para o usufruto de todos os direitos humanos. Quando esta liberdade é suprimida seguem-se violações dos outros direitos humanos. A liberdade de expressão transforma-se, assim, numa condição para a liberdade de desenvolvimento e discussão de ideias, para a autonomia e a realização do indivíduo, e ainda para a efetiva participação na vida política de uma sociedade democrática (Cernic, 2007; Simões, 2008; Teixeira da Mota, 2009).

Encontra-se uma ligação estreita entre liberdade de expressão e democracia, uma vez que a proteção do direito a expressar as ideias livremente é fundamental para a plena vigência dos outros direitos humanos. Sem liberdade de expressão e informação não há uma democracia plena, e sem democracia o direito à vida e até o direito à propriedade são colocados em sério perigo (Tarschys, 1999; Hugenholtz, 2001; Cernic, 2007; Simões, 2008; Teixeira da Mota, 2009). A liberdade de expressão constitui, assim, o «direito mãe a partir do qual as demais liberdades comunicativas foram sendo autonomizadas, tendo em vista responder às sucessivas mudanças tecnológicas, económicas e estruturais relevantes no domínio da comunicação» (Machado, 2002: 416).

O direito à liberdade de expressão e informação está protegido em diversos instrumentos e tratados internacionais. Numa perspetiva europeia, o artigo 10.º da CEDH é o mais relevante:

Artigo 10.º

(Liberdade de expressão)

1. Qualquer pessoa tem direito à liberdade de expressão. Este direito compreende a liberdade de opinião e a liberdade de receber ou de transmitir informações ou ideias sem que possa haver ingerência de quaisquer autoridades públicas e sem considerações de fronteiras. O presente artigo não impede que os Estados submetam as empresas de radiodifusão, de cinematografia ou de televisão a um regime de autorização prévia (CEDH, 2010: 6-7).

Como se constata, a liberdade de expressão e de receber e transmitir informação inclui o direito a ter opiniões, distribuir e receber informação sem a existência de interferência por parte de um governo, podendo haver autorização prévia para o meio de transmissão, mas não ingerência ou censura das autoridades públicas sobre o conteúdo da informação. Por outras palavras, liberdade de informação é compreendida como a liberdade de informar, de ser informado e de se informar. A liberdade de informar pressupõe a divulgação de conteúdos, ou seja, factos, transmissão de dados ou opiniões que possuam um valor fundado para o interesse público na perspetiva do sujeito emissor, a qual se caracteriza como elemento fundamental da participação democrática do indivíduo (Machado, 2002).

Nesta perspetiva, a liberdade de expressão diz respeito não somente às informações ou ideias acolhidas positivamente, ou consideradas como inofensivas ou indiferentes, mas também àquelas que ferem ou inquietam o Estado ou uma qualquer fração da população. Não pode haver democracia sem liberdade de expressão (Tarschys, 1999). Deste modo, entramos no campo da liberdade de imprensa, como uma liberdade que devirá diretamente da liberdade de expressão, que pode ser descrita como compreendendo a possibilidade de recurso a uma certa dose de exagero, se não mesmo de provocação, para transmitir algum tipo de informação ao público.

Convém, porém, advertir que a liberdade de imprensa não é absoluta, tendo que ser equilibrada com outros interesses e estar de acordo com o exercício de outros direitos. Deste modo, podemos afirmar que a liberdade de expressão e a de imprensa refletem

> não apenas interesses individuais mas interesses da sociedade como um todo. A posição da liberdade de expressão como um direito superior deriva da sua importância para a democracia e o debate público. A expressão política – o direito a debater questões e atores políticos – é necessariamente um direito crucial e altamente protegido. Mas até os direitos mais fundamentais têm deveres e responsabilidades correspondentes. O conglomerado dos direitos à informação, de liberdade de expressão e de imprensa precisa de ser cotejado com outra ordem de considerações, tal como o direito à privacidade (Cernic, 2007: 444).[3]

---

[3] Tradução das autoras. No original lê-se: «*not only individual interests but the interests of society as whole. The position of freedom of expression as a superior right stems from its importance for democracy and public debate. Political expression – the right to debate political affairs and players – is necessarily a*

ENTRE A HONRA E O DIREITO A INFORMAR: REDEFINIR A LIBERDADE DE EXPRESSÃO E IMPRENSA 173

De acordo como o artigo 10.º, n.º 2, da CEDH, o exercício da liberdade de expressão e de imprensa pode estar sujeito a algumas formalidades, condições, restrições ou penalizações, conforme previsto em lei, tidas como necessárias nas sociedades democráticas para a proteção dos direitos de outrem:

Artigo 10.º
(Liberdade de expressão)

2. O exercício destas liberdades, porquanto implica deveres e responsabilidades, pode ser submetido a certas formalidades, condições, restrições ou sanções, previstas pela lei, que constituam providências necessárias, numa sociedade democrática, para a segurança nacional, a integridade territorial ou a segurança pública, a defesa da ordem e a prevenção do crime, a proteção da saúde ou da moral, a proteção da honra ou dos direitos de outrem, para impedir a divulgação de informações confidenciais, ou para garantir a autoridade e a imparcialidade do poder judicial (CEDH, 2010: 7).

As limitações ou ingerências do Estado à liberdade de expressão têm que corresponder a uma necessidade social imperiosa. Para Hugenholtz (2001), e consoante a jurisprudência recente do TEDH, os direitos de outrem têm sido utilizados como justificação por parte dos Estados para limitar a liberdade de expressão e imprensa. Por exemplo, no caso *Groppera Radio AG e Outros c. Suíça*, o TEDH (1990) considerou as restrições impostas pela Suíça a uma estação de rádio não nacional como sendo legítimas e protegendo os direitos de outrem. Para este autor, o TEDH tem interpretado o direito de outrem no mesmo sentido de interesse público. Contudo, permanece ainda a questão das regulações que restringem a liberdade de expressão e de imprensa como sendo necessárias numa sociedade democrática. O TEDH tem analisado estas restrições e esta necessidade, muitas vezes invocada pelos Estados, dentro da margem de apreciação que estes detêm. No entanto, o TEDH procura sempre analisar a proporcionalidade e a legitimidade da restrição, ou seja, cada caso é analisado como único, e as medidas impostas pelos Estados são apreciadas para o caso concreto (Hugenholtz, 2001). Com efeito, como refere Abel Campos, jurista português no TEDH:

---

crucial and highly protected right. But even primary rights carry corresponding duties and responsibilities. The conglomerate of rights to information, freedom of expression and freedom of the press may need to be balanced with competing considerations, such as the right to privacy».

174   A ROTINIZAÇÃO DA LITIGÂNCIA TRANSNACIONAL

Cada caso exige uma apreciação individual e casuística, portanto. Obviamente que os grandes princípios existem, os princípios sobre liberdade de imprensa e liberdade de expressão, é aquilo que o Tribunal tem vindo a dizer já desde os anos 1970 e 1980, não é? Os princípios existem e vão sendo depois afinados em função de cada caso, mas isto não são casos *clone* [idênticos, repetidos, em série], não podemos chamar casos *clone* porque são casos que têm que ser decididos de facto em função das circunstâncias concretas de cada um deles (Abel Campos, Estrasburgo, entrevista realizada a 28 de maio de 2009).

Deste modo, o TEDH avalia se as restrições impostas à liberdade de expressão são proporcionais aos factos em causa, sendo imperioso garantir aos meios de comunicação social a sua liberdade e independência.

1.2. A liberdade de expressão e imprensa em Portugal

Em Portugal tem-se assistido, nos últimos anos, a um aumento da litigância penal em sede de defesa da honra e reputação por parte de políticos e titulares de cargos públicos, como já mencionado. Algumas análises teóricas e jurídicas sobre a jurisprudência nacional referem que é notória a tendência para, perante um conflito entre o direito à honra e à reputação e o direito à liberdade de expressão, os tribunais nacionais decidirem em favor do primeiro (Simões, 2008; Teixeira da Mota, 2009). Cláudia Araújo (2010) vai mais longe ao afirmar que as queixas nos tribunais nacionais tendem a aumentar sempre que se trata de processos que envolvam figuras do poder político e económico e figuras públicas. Esta autora demonstra, também, que em Portugal são os crimes por difamação os que têm maior peso nos processos onde está em causa a liberdade de expressão.

A explicação para esta tendência encontra-se no facto de sermos o «país do respeitinho», «respeitinho» confundido com «intolerância à crítica e ao dissenso», de «natureza paroquial», portador de uma «insuportável imobilidade social» e «contiguidade excessiva de elites» (Simões, 2008: 102). Apesar de a liberdade de expressão ser reconhecida como um direito constitucional (art.º 37.º da Constituição da República Portuguesa) que não pode ser impedido ou limitado por qualquer tipo ou forma de censura, ainda não foi abandonado pelos tribunais nacionais o entendimento de que pode haver responsabilização daquele que exerça livremente o seu direito de se exprimir quando o faça de forma abusiva (Meira, 2011: 4), que atente, portanto, contra o bom nome e a honra. Como refere Simões, o principal argumento invocado pelos tribunais portugueses para decidirem neste sentido é o facto de em causa estarem dois direitos de igual hierarquia constitucional e, como tal, devido aos limites a que o direito à liberdade de expressão está sujeito, terá necessariamente que ser restringido em face do direito à honra e à reputação, mesmo que as alegadas ofensas sejam proferidas no âmbito do direito de participação na vida política e relativamente a assuntos de interesse público, como são os relativos à questão autárquica (Simões, 2008: 103).

De referir também os resultados publicados em 2009 pelos *Repórteres Sem Fronteiras* sobre a liberdade de imprensa, que colocam Portugal em 30.º lugar do *ranking* mundial da liberdade de imprensa. No ano de 2008, Portugal constava da lista dos vinte melhores países para se fazer jornalismo em liberdade, ao classificar-se em 16.º. Um ano depois, Portugal desce para 30.º lugar, surgindo empatado com o Mali e a Costa Rica.[4]

Este resultado dá ainda mais coerência à argumentação defendida por Simões (2008) quando refere ser imperioso garantir aos meios de comunicação social a sua liberdade e independência, visando a construção de uma sociedade mais transparente, respeitando na plenitude o princípio do Estado de Direito democrático, de que a liberdade de expressão e informação são «pilares fundamentais», de forma a não comprometer «a qualidade da nossa vida colectiva» (Simões, 2008: 103-104).

2. Queixas sobre liberdade de expressão apresentadas contra Portugal no TEDH: casos emergentes

No período de 1997 a 2007, que compreendeu o estudo realizado no âmbito do projeto «Reconstruindo direitos humanos pelo uso transnacional do direito? Portugal e o Tribunal Europeu dos Direitos Humanos», houve cinco casos apresentados contra Portugal junto do TEDH relativos ao direito à liberdade de expressão, e em todos o Estado português foi condenado. Desde 2000, ano em que deu entrada no TEDH a primeira queixa relativa a este direito, até dezembro de 2011, o país já contava com 13 condenações, ou seja, mais de uma condenação por ano. Estes dados mostram que o TEDH e os tribunais nacionais não têm tido o mesmo entendimento sobre a liberdade de expressão, e apresentam Portugal como uma sociedade que não lida bem com a crítica.

---

[4] Cf. *Jornal de Negócios*, 20 de Outubro de 2009 [disponível em: <http://www.jornalde negocios.pt/home.php?id=391983&template=SHOWNEWS_V2>].

A orientação do TEDH nas diferentes decisões tem sido a de dar prevalência ao interesse público de informar. Até mesmo nos processos de danos aos direitos de personalidade, em que estamos perante um conflito entre o direito à informação e o direito à honra, moral ou bom nome, e onde estão em causa questões públicas ou políticas, nelas se incluindo figuras públicas e as suas atuações, o TEDH tem atribuído a máxima proteção ao debate público e à liberdade de expressão.

Parece, assim, que o TEDH funciona como elemento de ponderação entre os dois princípios – liberdade de expressão e direitos de personalidade – e as circunstâncias do caso concreto, pois, tal como refere Canotilho, «o apelo à metódica de ponderação é, afinal, uma exigência de solução justa de conflitos entre princípios» (Canotilho, 2002: 1125).

GRÁFICO 6.1
Queixas apresentadas no TEDH, segundo os direitos humanos violados, 1997-2007 (%)[5]

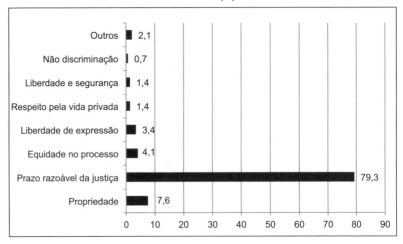

[5] Este gráfico foi retirado do Relatório Final de Investigação, «Reconstruindo direitos humanos pelo uso transnacional do direito? Portugal e o Tribunal Europeu dos Direitos Humanos» (Santos et al., 2010). O gráfico foi construído e trabalhado pelas autoras do Relatório Final a partir de dados recolhidos do Portal do TEDH – <http://www.echr.coe.int>. Este mesmo gráfico também se encontra no Capítulo 4 deste livro, onde é apresentada uma análise do tipo de queixa contra Portugal no TEDH.

ENTRE A HONRA E O DIREITO A INFORMAR: REDEFINIR A LIBERDADE DE EXPRESSÃO E IMPRENSA 177

Da análise das queixas apresentadas no TEDH contra Portugal verifica-se que os casos de liberdade de expressão parecem ter adquirido algum destaque nos últimos anos – Gráfico 6.1. Estamos perante **casos emergentes**, que não constavam das estatísticas antes de finais dos anos 1990, mas que atualmente parecem ter ganho visibilidade junto do TEDH, como fica patente pelas declarações de Abel Campos, jurista português no TEDH:

> Temos um segundo grupo de casos que também já se reveste de alguma importância, que são casos que têm a ver com a liberdade de imprensa, com a liberdade de expressão, com o artigo 10.º, e são sobretudo casos que têm a ver com condenações em Portugal por difamação, com o abuso de liberdade de imprensa, na altura, mas mais por difamação. Existem já alguns acórdãos mais, alguns dos quais penso que vocês terão visto, o caso do Vicente Jorge Silva ou o caso da SIC [...], do Manuel Mestre, são casos que tiveram algum impacto mediático em Portugal e a partir daí penso que as pessoas começaram a mandar esse tipo de casos para cá. Temos alguns, temos já um número relativamente importante de casos desse tipo (Abel Campos, Estrasburgo, entrevista realizada a 28 de maio de 2009).

3. O Caso Colaço Mestre e SIC *c.* Portugal

Este caso envolve duas queixas apresentadas separadamente, uma por José Manuel Colaço Mestre e outra pela SIC – Sociedade Independente de Comunicação, S.A. Os requerentes alegavam que a sua condenação por crime de difamação cometido através da imprensa violava o artigo 10.º da CEDH. O TEDH decidiu juntar as duas queixas para serem apreciadas conjuntamente. A análise deste caso é pertinente para demonstrar o modo como os tribunais nacionais e o TEDH atuam quando estão perante um conflito de interesse. Do mesmo modo, através da descrição do caso pretende-se demonstrar o modo como a atuação do TEDH permite ampliar a conceção de direitos humanos – neste caso concreto, o direito à liberdade de expressão e o direito a informar.

3.1. Histórico do caso nos tribunais nacionais

Na origem do processo nacional está uma entrevista realizada pelo jornalista da SIC José Manuel Colaço Mestre, em 1996, ao Secretário-Geral da União das Federações Europeias de Futebol – UEFA. Nesse ano corria em Portugal um debate público relativo à corrupção dos árbitros nos jogos de futebol. Ao longo da entrevista, realizada em francês e que incidiu sobre a situação do futebol em Portugal, o jornalista pediu comentários sobre o comportamento de Jorge

Nuno Pinto da Costa, na época Presidente da Liga de Futebol e Presidente do Futebol Clube do Porto.

Esta entrevista foi exibida pela SIC num programa semanal de grande audiência sobre desporto, *Os Donos da Bola*, no dia 22 de novembro de 1996. Abaixo transcrevemos alguns excertos da mesma, para que possamos demonstrar os conteúdos da referida entrevista:

– José Manuel Mestre (JMM): O Presidente da Liga [portuguesa] é ao mesmo tempo Presidente de um grande clube.

– Gerhard Aigner (GA): Está a falar do Presidente do FC do Porto?

– JMM: Sim, é ao mesmo tempo Presidente da Liga e patrão dos árbitros e ao mesmo tempo ao Domingo senta-se no banco dos jogadores.

– GA: Penso que ele não tenha interesse em tomar o lugar dos jogadores, mas é inevitável que o Presidente da Liga esteja presente aquando dos jogos do seu clube, mas que isso tenha repercussões na acção dos árbitros no terreno [...] penso que se formos a fazer reflexões desse tipo o futebol não poderia prosseguir a sua actividade.

– JMM: Posso dar um exemplo: na sua condição de Presidente do FC do Porto, o mesmo Presidente da Liga insultou publicamente no ano passado dois árbitros de dois jogos em que o clube dele não venceu. Acha normal?

– GA: Conheço bastantes situações idênticas em que o Presidente de uma Liga é igualmente Presidente de um clube, no qual um organismo da Liga designa os árbitros e em alguns casos há também decisões disciplinares que são tomadas por organismos da Liga, por isso Portugal não é caso isolado (TEDH, 2007: § 10).

Não gostando do que viu e ouviu, Pinto da Costa apresentou, em 1999, junto do Ministério Público do Porto uma queixa-crime contra José Manuel Mestre e mais três jornalistas da SIC, em que os acusava de crime de difamação através da imprensa (abuso da liberdade de imprensa), tendo o Ministério Público acompanhado a acusação.

Em finais de 2001, dos três acusados, o Tribunal Criminal do Porto condenou apenas José Manuel Mestre a uma multa no valor de 260 000 escudos ou, em alternativa, a 86 dias de prisão. Condenou ainda o jornalista e a SIC ao pagamento de uma indemnização, no valor de 800 000 escudos, a favor de Pinto da Costa.

De referir que o Tribunal Criminal do Porto fundamentou a acusação e a sua decisão no facto de as perguntas atentarem contra a «honra» de Pinto da Costa, não tendo sido feita prova de que Pinto da Costa tivesse efetivamente insultado os árbitros nem que tivesse utilizado a sua posição para influenciar a decisão dos árbitros. O Tribunal Criminal «considerou provado que, com as suas perguntas, o jornalista não tinha pretendido informar mas apenas rebaixar o Sr. Pinto da Costa, apresentando-o como uma pessoa execrável junto das instâncias internacionais do futebol» (TEDH, 2007: § 13).

Após esta decisão, tanto o jornalista como a SIC apresentaram recurso junto do Tribunal da Relação do Porto, alegando a violação do seu direito à liberdade de expressão. Salientaram que se tratava de uma «situação de intenso debate público atinente ao futebol que se vivia à época» e argumentaram que o jornalista «se limitara a fazer uso do seu direito de transmitir informação, baseando-se, para a formulação das questões litigiosas, nos factos confirmados e amplamente divulgados na imprensa nacional» (TEDH, 2007: § 14).

Em 2002, o Tribunal da Relação entendeu confirmar a decisão anterior, por não «merecer qualquer censura, mostrando-se a pena bem doseada e equilibrada».

Como bem se refere na decisão recorrida a entrevista em causa ao ser transmitida num programa de televisão [...], também é vista por pessoas que não dominam o conhecimento, quer das regras, quer do funcionamento das instituições que regem o futebol e por isso desconhecerão que o Presidente da Liga não tem qualquer poder concreto e institucional sobre a escolha, classificação e actuação dos árbitros [...]. Assim [o primeiro requerente] ao referir-se ao assistente como patrão dos árbitros [...] fê-lo intencionalmente a poder criar dúvidas ao entrevistado, assim como a todo o público televisivo, sobre a conduta do assistente, no sentido de beneficiar o seu próprio clube.
[...].
Assim dúvidas não restam de que o [primeiro requerente] ao realizar a entrevista da forma ora apurada, fê-lo consciente de que colocava em causa a honra e consideração do assistente (acórdão do Tribunal da Relação do Porto, 2 de outubro de 2002, *apud* TEDH, 2007: § 15).

Perante a confirmação da primeira decisão – condenação – o jornalista e a SIC resolveram apresentar queixa junto do TEDH.

3.2. O caso no TEDH e os principais argumentos das partes
Em 2003, José Manuel Colaço Mestre e a SIC não se conformaram com esta decisão e, tendo esgotado os recursos internos, apresentaram queixa no TEDH. As motivações que estiveram por detrás da apresentação da queixa

junto do TEDH, nomeadamente por parte de José Manuel Colaço Mestre, prendem-se com a noção de justiça/injustiça e com a sua condenação. Como explicou o jornalista,

> Nunca ofendi Pinto da Costa, limitei-me a defender as regras da minha profissão e a perguntar uma coisa que era da opinião pública. Fiquei chocado por ter sido condenado (declarações à agência *LUSA*, 26 de abril de 2007).

Estas declarações são-nos confirmadas pelos advogados do caso:

> José Manuel Mestre sente-se profundamente injustiçado no exercício da profissão e portanto toma a iniciativa. Pede o apoio institucional da casa onde se encontra, esse apoio é-lhe concedido de tal forma que a queixa é formulada em nome dos dois: em seu nome pessoal e também em nome da instituição que com ele acabou por ser condenada no processo que correu em Portugal. Esta é a origem do processo (Carlos B. Moniz, advogado, Lisboa, entrevista realizada em 23 de março de 2009).

Os requerentes sustentavam que a sua condenação penal não seria necessária numa sociedade democrática e que violara a liberdade de expressão. Sublinharam que se tratava de uma entrevista verbal, por natureza mais espontânea do que uma intervenção escrita, e que se limitaram a informar o público sobre uma acalorada discussão de atualidade no contexto de um debate muito intenso na época. Deste modo, apelaram ao TEDH que tivesse em consideração todas as circunstâncias dos factos que rodeavam o mundo do futebol (anteriores e posteriores à entrevista).

> [H]ouve um cuidado muito significativo, designadamente por parte do José Manuel Mestre, em refazer uma recolha exaustiva de documentação, poder-se evidenciar que as questões que foram por ele, na altura, formuladas ao secretário- -geral da UEFA, Sr. Gerhard Aigner, tinham fundamento. Ou seja, de evidenciar que não são perguntas que têm por único desiderato eventualmente ofender a honra e a dignidade do Sr. Jorge Nuno Pinto da Costa mas, sim, à luz do enquadramento nacional, evidenciar que isto eram questões prementes. Estavam a ser objeto de debate, não só por parte dos órgãos de comunicação social mas também por parte dos representantes da Liga Portuguesa de Futebol, por parte até de entidades públicas governamentais, por parte do próprio Presidente da República, ou seja, fazer um enquadramento do caso. E dessa forma justificar a pertinência das questões que eram colocadas pelo José Manuel Mestre ao

Secretário-Geral da UEFA (Eduardo Maia Cadete, advogado, Lisboa, entrevista realizada em 23 de março de 2009).

Por fim, os advogados deste caso referiram-nos que o sistema democrático exige que aqueles que desempenham funções na vida pública se submetam à fiscalização não só dos seus congéneres, mas também da opinião pública.

Havia fundamento jurídico suficiente para se demonstrar [que] os limites tinham sido ultrapassados naquele caso e que, portanto, o enquadramento que resultou da decisão condenatória não respeitava esses limites e portanto essa razão de proporcionalidade que sempre tem de existir entre um comportamento concreto e a forma como o direito o enquadra.

[...]

O alcance do princípio da liberdade de expressão é justamente a questão da natureza pública, da personalidade que está em causa e, portanto, é o grau de exposição que decorre dessa circunstância que teve que ser tratado (Carlos B. Moniz, advogado, Lisboa, entrevista realizada em 23 de março de 2009).

O governo português, por seu lado, considerou que não existia dúvida de que o primeiro requerente proferiu expressões difamatórias para com o queixoso, entrando, pois, no campo da legislação penal. Estas expressões prejudicaram o queixoso porquanto foram transmitidas na televisão aquando de uma emissão de grande audiência, motivo pelo qual a segunda requerente – a SIC – devia também ser considerada responsável, tal como aconteceu. Por conseguinte, o governo concluiu pela não violação da disposição invocada. Ou seja, o governo português considerou que esta decisão foi uma ingerência necessária para proteger os valores essenciais de convivência numa sociedade democrática e constitucionalmente tutelados, como é o respeito pelo bom nome, honra e consideração das pessoas.

O TEDH fez uma análise rigorosa de todo o caso e do papel que a imprensa deve desempenhar nas sociedades democráticas e condenou o Estado português por violação do art.º 10.º da CEDH, em 26 de abril de 2007 (TEDH, 2007), sustentando que

não se pode negar que o debate em questão, mesmo se não estritamente político, relevava do interesse geral. Com efeito, o debate sobre as questões de corrupção no futebol era à data a que os factos se reportam muito intenso e era com regularidade notícia de primeira página na imprensa generalista. O próprio processo judicial suscitou ao tempo, como as partes salientaram, uma ampla cobertura mediática (TEDH, 2007: § 27).

182 A ROTINIZAÇÃO DA LITIGÂNCIA TRANSNACIONAL

Por outro lado, refere o TEDH que, apesar de o queixoso não ser um homem político, era uma «figura pública» e a entrevista não se referia à sua vida privada:

se é verdade que o queixoso não era um homem político no exercício de funções oficiais, domínio no qual a margem de apreciação do Estado seria mais reduzida, não é menos verdade que se tratava de uma personalidade bem conhecida do público, que desempenhava à época – assim como hoje – um papel de relevo na vida pública da Nação, como Presidente de um grande clube de futebol e, à data a que se reportam os factos, Presidente da Liga, a qual tinha por objecto a organização do campeonato de futebol profissional. Importa, também, recordar que a entrevista em causa não se referia de nenhum modo à vida privada do queixoso, mas exclusivamente às suas actividades públicas como Presidente de um grande clube de futebol e da Liga, o que relaciona esta entrevista com questões de interesse geral (TEDH, 2007: § 28).

De referir, ainda, que o TEDH

não ficou convencido com os argumentos apresentados pelo governo português, quando se refere ao conteúdo das decisões das jurisdições internas, nos termos das quais o requerente teria ultrapassado os limites da ética jornalística ao utilizar a expressão «patrão dos árbitros», à qual as jurisdições internas deram muita importância e admitindo mesmo que tal expressão seria, tomada isoladamente, objectivamente difamatória, o Tribunal sublinha que decorre claramente de toda a entrevista que o objectivo do requerente era obter do Secretário-Geral da UEFA um comentário sobre a acumulação de funções do Sr. Pinto da Costa à época (TEDH, 2007: § 29).

Perante estes factos, prossegue o acórdão do TEDH,

não se pode censurar o jornalista de tratar deste modo uma questão que preocupava vivamente o público. Além disso, o assunto foi abordado no quadro de uma emissão que tratava especificamente do futebol português e era destinado a um público que se pode supor interessado e bem informado (TEDH, 2007: § 30).

Por outro lado, referiu o TEDH que «importa não esquecer que o requerente não se exprimia na sua língua materna, o que pôde afectar a formulação das questões acusatórias; este último ponto não foi todavia tratado pelas jurisdições nacionais» (TEDH, 2007: § 30. Deste modo,

ENTRE A HONRA E O DIREITO A INFORMAR: REDEFINIR A LIBERDADE DE EXPRESSÃO E IMPRENSA   183

[s]ancionar um jornalista com uma multa penal por ter formulado as suas perguntas de uma certa maneira bem como condenar o canal que o emprega no pagamento de uma indemnização pode entravar gravemente o contributo da imprensa nas discussões de problemas de interesse geral (TEDH, 2007: § 31).

O TEDH considerou «que não foi tido em conta um justo equilíbrio entre a necessidade de proteger o direito do requerente à liberdade de expressão» e imprensa, por um lado, «e a protecção dos direitos e a reputação do queixoso», por outro (TEDH, 2007: § 32). Condenou, portanto, o Estado português pela violação do art.º 10.º da CEDH, determinando que o Estado indemnize José Manuel Mestre em 2783,06 € e a SIC em 678,37 € por danos materiais (TEDH, 2007: § 39), além de 10 000 € pelas despesas e honorários (TEDH, 2007: § 43). Quanto aos danos morais, o TEDH considerou que a condenação por si só constituiu uma reparação moral (TEDH, 2007: § 40).

Por fim, importa referir que esta decisão do TEDH não foi uma decisão unânime, uma vez que uma juíza não subscreveu esta condenação do Estado português, referindo na sua opinião dissidente que:

> Considero que nem o debate intenso, nem os assuntos acalorados podem justificar a difamação através da imprensa. É preciso não esquecer que «a protecção da reputação ou dos direitos de outrem» é de forma explícita focada no artigo 10.º, n.º 2, da Convenção. Na minha opinião, não se trata apenas de negar aos jornalistas a possibilidade de fazer «reportagens relatando factos – mesmo controversos – susceptíveis de contribuir para um debate numa sociedade democrática» (§ 28 da sentença). Trata-se mais simplesmente de respeitar os limites impostos pela existência dos direitos de outrem e, por isso, relativamente aos factos do caso em apreço, de não suscitar perguntas de modo difamatório.
>
> Considero que o argumento da maioria segundo o qual a entrevista em questão não se referia de forma alguma à vida privada do queixoso mas exclusivamente às suas actividades públicas enquanto Presidente de um grande clube de futebol e da Liga, que tinha por objecto a organização do campeonato de futebol profissional (*ibidem*), não pode ser utilizada para reduzir a quase nada a protecção da reputação do Sr. J. Pinto da Costa.
>
> Quanto às expressões utilizadas, contrariamente à maioria, considero que os motivos fornecidos pelas jurisdições nacionais para justificar a condenação dos requerentes são não só pertinentes mas também suficientes. Tomadas em conjunto, as duas questões controversas podem na minha opinião passar por difamatórias.

Partilho as conclusões das jurisdições internas, segundo as quais o primeiro requerente teria ultrapassado os limites da ética jornalística (TEDH, 2007: 12, opinião dissidente da Juíza Mularoni).

4. O impacto do caso para os direitos humanos: honra *versus* informação

A análise deste caso trouxe para a discussão dois conceitos importantes: a defesa da honra e o direito e dever de informação. Ou seja, em causa estavam as funções do Estado democrático: o dever do Estado em proteger a reputação do indivíduo público – onde entra a injúria e difamação – *versus* o direito e o dever de informação.

As análises sobre a liberdade de expressão e imprensa mostram que um Estado poderá limitar este direito quando estão em causa os direitos de outrem. Contudo, as sanções ou restrições aplicadas têm que ser proporcionais às questões em jogo (Simões, 2008; Teixeira da Mota, 2009). O TEDH atuou precisamente nesta perspetiva. Ou seja, o TEDH procurou, em primeiro lugar, analisar as ingerências à liberdade de imprensa, salvaguardadas nos artigos 37.º e 38.º da CRP e no art.º 3.º da Lei n.º 2/99, de 13 de janeiro,[6] e em segundo lugar saber da sua necessidade e perceber se a sanção aplicada se adequava ou não aos factos em causa.

Por outro lado, e de acordo com Simões (2008), nas decisões sobre casos onde é invocada a violação da liberdade de expressão e de imprensa, o TEDH tem firmado pela preponderância da liberdade de expressão, contrariamente à jurisprudência nacional, «limitando drasticamente as hipóteses de *ingerência* que o n.º 2 do art.º 10.º da CEDH consagra». A liberdade de expressão valerá não só no campo das opiniões favoráveis ou inofensivas, mas também para aquelas que ofendam ou choquem, no respeito pela sociedade democrática.

As decisões do TEDH têm também mostrado que, quando está em causa um político, «agindo na sua qualidade de personalidade pública», a liberdade de expressão vigora na sua amplitude máxima. O mesmo se diga relativamente a «figuras públicas» que, apesar de não serem políticas, assumem particular destaque na vida da Nação.

O caso analisado neste capítulo – *Colaço Mestre e SIC c. Portugal* – vem, assim, reforçar toda a argumentação em torno da noção de «figura pública» como suscetível às críticas negativas ou positivas por parte da imprensa no exercício do

---

[6] A Lei n.º 2/99, de 13 de janeiro, denominada Lei de Imprensa, foi retificada pela Declaração de Rectificação n.º 9/99, de 18 de fevereiro, e alterada pela Lei n.º 18/2003, de 11 de junho.

direito de expressão no sentido mais amplo possível, mostrando que no caso de os factos publicados ou noticiados serem de interesse geral – no caso concreto, relativos à possibilidade de existência de corrupção no futebol português – prevalece a liberdade a informar sobre a honra e os interesses dos indivíduos. Esta prevalência foi-nos reforçada pelas palavras de Teixeira da Mota:

> Esta questão da figura pública foi avançada pelo Tribunal Europeu, a questão da definição do que é a liberdade de expressão em termos de direito, a dois níveis: direito individual e direito coletivo. A tal questão de que a liberdade de expressão, que o Tribunal Europeu tem muito elaborado, é não só um direito das pessoas, mas é um direito da sociedade, porque assegura o funcionamento [da sociedade], são as questões que são fulcrais (Francisco Teixeira da Mota, advogado, Lisboa, entrevista realizada em 26 de março de 2009).

Mas, como nos referem os advogados dos requerentes, o caso veio também restabelecer o «bom nome» profissional do jornalista:

> Ser condenado num processo de natureza criminal, isso não é brincadeira para o jornalista. Quer dizer, depois o jornalista, que tem consciência, obviamente ele é uma pessoa com muita ética, e custou-lhe, não é? [...] também não se pode levar a extremo em que o jornalista quase que tem de fazer uma autocensura sistemática sobre aquilo que vai perguntar. E claro que foi importante ver que apesar das instâncias nacionais não lhe terem dado razão, e não obstante a argumentação que foi apresentada, haver uma instância internacional, neste caso o Tribunal Europeu, que confirmou que ele atuou de forma correta, que a postura dele não é censurável ao abrigo da Convenção, e como tal o Estado português foi condenado porque não atuou em conformidade com a Convenção. Eu acho que foi muito importante (Eduardo Botelho, advogado, Lisboa, entrevista realizada em 23 de março de 2009).

Após a decisão favorável do TEDH e as alterações introduzidas pela Lei n.º 48/2007, de 29 de agosto, no Código do Processo Penal (CPP), José Manuel Mestre e a SIC efetuaram o pedido de revisão da pena. Estas alterações vieram permitir a revisão de sentença com base no art.º 449.º do CPP: «1 – A revisão de sentença transitada em julgado é admissível quando: [...] g) Uma sentença vinculativa do Estado Português, proferida por uma instância internacional, for inconciliável com a condenação ou suscitar graves dúvidas sobre a sua justiça» (AR, 2007). Em abril de 2011, tanto o jornalista como a SIC viram anuladas pelo Supremo Tribunal de Justiça as condenações por crime de difamação.

4.1. Recomendações do Conselho da Europa para a descriminalização da difamação

Apesar destas alterações introduzidas na legislação nacional, a Assembleia Parlamentar do Conselho da Europa convidou o Comité de Ministros, através da Recomendação 1814 (2007), a incitar os Estados-membros a reverem as suas legislações sobre difamação e, se necessário, a alterá-las em conformidade com a jurisprudência do TEDH.[7] Na base desta recomendação está o princípio de que, onde não haja uma verdadeira liberdade de expressão, não poderá haver uma verdadeira democracia, mas também o número crescente de queixas sobre violação da liberdade de expressão.

De igual modo, o Conselho da Europa tem procurado criar sinergias entre a CEDH e os Estados-membros, aconselhando inclusive que as questões da violação da liberdade de expressão possam ser resolvidas internamente. Por um lado, e relativamente à questão analisada ao longo deste capítulo – a difamação –, o Comité de Ministros do Conselho da Europa apela aos Estado, incluindo Portugal, que procedam a uma despenalização da difamação, abolindo-se assim a pena de prisão para a difamação e injúria. Em Portugal continua a existir uma penalização e criminalização da difamação. Apesar de atualmente a pena de prisão não ser efetiva e de serem aplicadas outras medidas, o Conselho da Europa considera esta realidade inaceitável, porque em sociedades democráticas é um verdadeiro entrave à liberdade de expressão.

Por outro lado, o TEDH tem apelado a que os jornalistas «atuem de boa-fé e forneçam informações verdadeiras e fidedignas, em cumprimento da ética jornalística» (TEDH, 1996: 500), porque, apesar de o art.º 10.º da CEDH garantir a liberdade de expressão quanto a críticas e ideias desfavoráveis, que chocam, ofendem e perturbam, tal liberdade não é ilimitada, podendo mesmo revelar-se necessária a intervenção do Estado, desde que, obviamente, pautada pela prossecução do interesse público, conforme o n.º 2 do referido artigo. Contudo, apesar da margem de apreciação dos Estados e da liberdade que estes têm na publicação de leis antidifamação, estas devem ser aplicadas muito cautelosamente, para não ferir a liberdade de expressão, como ficou demonstrado no caso estudado em que o jornalista foi condenado criminalmente pelos tribunais nacionais.

---

[7] Solicitou, ainda, ao Comité de Ministros que instruísse o Comité Diretor para a Comunicação Social e para os Novos Serviços de Comunicação no sentido de, tendo em conta a jurisprudência do TEDH sobre esta matéria, preparar uma recomendação que estabeleça regulamentação detalhada, com o propósito de suprimir totalmente o recurso abusivo a processos-crime por difamação.

ENTRE A HONRA E O DIREITO A INFORMAR: REDEFINIR A LIBERDADE DE EXPRESSÃO E IMPRENSA 187

Perante estas situações, a Assembleia recomenda a todos os Estados partes da CEDH que a pena de prisão por difamação seja abolida, prevendo-a apenas para o incitamento à violência ou o discurso do ódio e a sua promoção, e que as legislações nacionais contenham uma definição mais precisa do conceito de difamação para evitar interpretações arbitrárias e, por fim, a remoção da legislação de qualquer proteção acrescida para «figuras públicas».

Estas são apenas algumas das recomendações e sugestões de alterações que poderão contribuir para que a liberdade de expressão não continue a sofrer atropelos e que os cidadãos deixem de ser condenados por difamação. Tal como nos refere Teixeira da Mota, o grau de liberdade de expressão pode ser um bom indicador para medir o grau de democracia de uma sociedade:

> O grau de liberdade de expressão de um país é uma boa forma de aferir a democraticidade desse mesmo país. Acho que a liberdade de expressão é onde melhor se pode medir o que é que uma sociedade é. Uma sociedade pode prender e matar por questões de liberdade de expressão, pode só multar, pode só incomodar ou pode ser uma sociedade muito livre em termos de liberdade de expressão. Eu penso que numa sociedade democrática a liberdade de expressão é o essencial. É o essencial porque não havendo a possibilidade de formação de uma opinião pública, livre e esclarecida, de facto, estamos mal (Teixeira da Mota, advogado, Lisboa, entrevista realizada em 26 de março de 2009).

Considerações Finais

No final dos anos 1990, surgiram diversas queixas apresentadas no TEDH contra Portugal por violação da liberdade de expressão. Perante estas queixas, caracterizadas como sendo casos emergentes, os agentes portugueses no TEDH têm tido um árduo trabalho para defender as decisões tomadas pelos tribunais nacionais, uma vez que as decisões nacionais são contrárias à jurisprudência recente do TEDH (Teixeira da Mota, 2009: 117).

O caso analisado neste capítulo – *Colaço Mestre e SIC – Sociedade Independente de Comunicação, S.A. c. Portugal* – veio introduzir na discussão do artigo 10.º da CEDH a noção de «figura pública». Se até então todos os casos apresentados contra Portugal eram referentes a figuras políticas ou científicas, este caso trouxe para o debate a noção de «figura pública», ou seja, um indivíduo conhecido publicamente pelas suas funções relevantes na sociedade. Ao condenar o Estado português por violação da liberdade de expressão, o TEDH expandiu o âmbito de incidência da liberdade de expressão e reduziu a proteção do bom nome e da honra.

A «dimensão da liberdade de expressão», como assinala o advogado Teixeira da Mota, é seguramente uma das formas mais fiáveis de aferir a democracia de um Estado. Como nos referiu diversas vezes, os tribunais nacionais continuam a ter uma conceção minimalista deste direito fundamental. Nas suas palavras,

> [a] liberdade de expressão é um bocadinho como a educação, toda a gente sabe sobre isso, toda a gente fala sobre a educação. Quando se começa a discutir sobre os professores, toda a gente sabe como devia ser. À liberdade de expressão, todos os juízes sem aprofundarem as questões acham que é uma coisa, coisinha. Tipo, escusava de ter dito isso. É neste domínio, é a luta, e é isso que é a liberdade de expressão, seja no tribunal da América, seja no Tribunal Europeu, seja aquilo que a lei portuguesa permite, mas que muitas vezes não é aplicado, é aceitar o direito ao erro, o direito ao excesso, o direito até a ser injusto na crítica. É esta luta, é esta abertura que a mim me fascina e o Tribunal Europeu em geral tem caminhado neste sentido (Teixeira da Mota, advogado, Lisboa, entrevista realizada em 26 de março de 2009).

Através da análise do caso *Colaço Mestre e SIC – Sociedade Independente de Comunicação, S.A. c. Portugal* verifica-se que, enquanto o TEDH analisa as ingerências à liberdade de expressão como tendo um caráter excecional, os tribunais portugueses parecem ter uma tendência para a liberdade de expressão ser relegada para um segundo plano. Neste caso concreto, em primeiro lugar estava a defesa da honra de uma figura pública e só depois o direito a informar. Entre os interesses privados e os interesses públicos, a cultura jurídica dos tribunais nacionais deu preferência, portanto, aos interesses privados, mesmo que isto significasse um prejuízo ao direito a informar tão necessário à democracia.

Referências bibliográficas

AR – Assembleia da República (2007), "Lei n.º 48/2007, de 29 de Agosto – 15.ª alteração ao Código de Processo Penal, aprovado pelo Decreto-Lei n.º 78/87, de 17 de Fevereiro", *Diário da República*, n.º 166, 1.ª série, de 29 de agosto de 2007 [disponível em: <http://dre.pt/pdfgratis/2007/08/16600.pdf>].

Araújo, Cláudia (2010), *Os crimes dos jornalistas: uma análise dos processos judiciais contra a imprensa portuguesa*. Coimbra: Almedina.

Canotilho, J. J. Gomes (2002), *Direito Constitucional e a teoria da Constituição*. Coimbra: Almedina.

CEDH (2010), *Convenção para a proteção dos Direitos do Homem e das Liberdades Fundamentais – com as modificações introduzidas pelos Protocolos n.os 11 e 14 – acompanhada do Protocolo adicional e dos Protocolos n.os 4, 6, 7 e 13* [disponível em: <http://www.echr.coe.int/NR/rdonlyres/7510566B-AE54-44B9-A163-912EF12B8BA4/0/POR_CONV.pdf>].

Cernic, Jernej Letnar (2007), "Freedom of Press in the European Context: *Klein v Slovakia*", *The Edinburgh Law Review*, 11(3), 444-446 [disponível em: <http://dx.doi.org/10.3366/elr.2007.11.3.444>].

Hugenholtz, P. Bernt (2001), "Copyright and freedom of expression in Europe", *in* Rochelle Cooper Dreyfuss, Diane Leenheer Zimmerman e Harry First (orgs.), *Expanding the Boundaries of Intellectual* Property *Innovation Policy in an Information Age*. Oxford: Oxford University Press, pp. 343-364 [disponível em: <http://www.ivir.nl/publications/freedom-of-information.html>].

Machado, Jónatas (2002), *Liberdade de expressão: Dimensões Constitucionais da esfera Pública no Sistema Social*. Coimbra: Coimbra Editora

Meira, Miguel Salgueiro (2011), "Os limites à liberdade de expressão nos discursos de incitamento ao ódio", *Verbo Jurídico* [disponível em: <http://www.verbojuridico.com/doutrina/2011/miguelmeira_limitesliberdadeexpressao.pdf >, consultado em junho de 2011].

Santos, Cecília MacDowell; Santos, Ana Cristina; Duarte, Madalena; Lima, Teresa M. (2010), *Reconstruindo Direitos Humanos pelo Uso Transnacional do Direito? Portugal e o Tribunal Europeu de Direitos Humanos*. Relatório final de projeto, financiado pela Fundação para a Ciência e a Tecnologia (FCOMP-01-0124-FEDER-007551). Coimbra: Centro de Estudos Sociais da Universidade de Coimbra.

Schäfer, J. Gilberto e Decarli, Nairane (2007), "A colisão dos direitos à honra, à intimidade, à vida privada e à imagem *versus* a liberdade de expressão e informação", *Prisma Jurídico*, vol. 6, 121-138 [disponível em: <http://www.uninove.br/PDFs/Publicacoes/prisma_juridico/pjuridico_v6/prismajuridico_v6.pdf>].

Simões, Dâmaso Euclides (2008), "A liberdade de expressão na jurisprudência do Tribunal Europeu dos Direitos do Homem", *Revista do Ministério Público*, 113, 101-116.

Tarschys, Daniel (1999), *Media and Democracy*. Strasbourg: Council of Europe Publishing.

TEDH – Tribunal Europeu dos Direitos Humanos (1990), *Groppera Radio AG e Outros c. Suíça*, queixa n.º 10890/84, acórdão de 28 de março, série A173 [disponível em: <http://cmiskp.echr.coe.int/tkp197/view.asp?action=html&documentId=695500&portal=hbkm&source=externalbydocnumber&table=F69A27FD8FB86142BF01C1166DEA398649>].

TEDH (1996), "Goodwin v. the United Kingdom", *Reports of Judgments and Decisions 1996-II*. Strasbourg: Council of Europe, 500-01.

TEDH (2007), *Colaço Mestre e SIC – Sociedade Independente de Comunicação, S.A. c. Portugal*, queixas n.ºˢ 11182/03 e 11319/03, acórdão de 26 de abril [tradução do acórdão disponível em: <http://www.gddc.pt/direitos-humanos/portugal-dh/acordaos/traducoes/ac%F3rd%E3o%20sic-mestre%20port.2.pdf≥].

Teixeira da Mota, Francisco (2009), *O Tribunal Europeu dos Direitos do Homem e a Liberdade de Expressão. Os casos portugueses*. Coimbra: Coimbra Editora.

PARTE 3

OS DIREITOS HUMANOS ENTRE MOBILIZAÇÕES SOCIAIS E JUDICIAIS

CAPÍTULO 7

DIREITOS HUMANOS E MOVIMENTOS SOCIAIS EM PORTUGAL: APROPRIAÇÃO, RESSIGNIFICAÇÃO E DES/POLITIZAÇÃO

Ana Cristina Santos

Introdução

O uso dos direitos humanos enquanto ancoragem simbólica é uma prática transversal a vários movimentos sociais. Também no contexto português os direitos humanos apresentam um uso duplo. Por um lado, os direitos humanos têm também uma utilização formal, enquanto instrumento jurídico de proteção, reparação e mobilização. Por outro lado, surgem como ferramenta discursiva, visando dotar de maior abrangência e legitimidade causas que, de contrário, estariam mais vulneráveis ao silenciamento e à invisibilidade, por serem historicamente alvo de processos de opressão. Em qualquer dos casos, trata-se de uma apropriação estratégica, apoiada numa ideologia que se acredita partilhada pela generalidade da população.

Neste capítulo discute-se o impacto desta ancoragem simbólica enquanto fonte de politização ou despolitização dos novos movimentos sociais.[1] Na primeira parte procede-se a uma revisão das conceções globais de direitos humanos que dialogam com a ação coletiva local, incluindo os debates sobre universal/particular, individual/coletivo e deveres/direitos. Segue-se uma reflexão acerca de repertórios de resistência convocados por um conjunto de agentes coletivos[2] no contexto português contemporâneo, analisando-se de que forma tais repertórios se articulam com as diversas críticas ao conceito de direitos

---

[1] Desejo agradecer à comunidade científica do Centro de Estudos Sociais da Universidade de Coimbra os perspicazes comentários a uma versão anterior deste texto apresentada num seminário em julho de 2011. A versão final deste capítulo beneficiou também da leitura cuidada e das sugestões de Cecília MacDowell dos Santos e de Fernando Fontes, a quem estou particularmente grata.

[2] Impõe-se aqui uma precisão conceptual. Ao longo do texto utilizo um conjunto de conceitos de forma equiparada, ainda que ciente das suas diferentes implicações noutros contextos. É o caso de conceitos como «agentes coletivos», «movimentos sociais» e «sociedade civil organizada».

humanos. Por fim, explora-se a hipótese da ressignificação do conceito de direitos humanos, decorrente daquilo que designo por «universalismo situado» através de uma apropriação estratégica do imaginário oferecido pelo conceito universalista de direitos humanos moldado pelas especificidades culturais.

1. Direitos humanos: contextualizando abordagens e críticas

A emergência dos direitos humanos enquanto projeto de ambição universal pode ser descrita como resposta a uma sucessão de momentos de ameaça e terror. Vivia-se o pós-Guerra, com as atrocidades do Holocausto bem presentes, o espectro tentacular da Guerra Fria e a ameaça de novos regimes ditatoriais (Falk, 2000). A Declaração Universal de Direitos Humanos (DUDH) surgiu assim, em 1948, como um acordo político de efeito dissuasor, acolchoado por um conjunto de valores que procuraram constituir uma plataforma mínima de consenso social.[3]

Sabemos hoje que esse consenso foi, afinal, tecido pelas maiores potências políticas mundiais, sem que um processo consultivo transversal aos diversos continentes, práticas e saberes estivesse na sua origem. Como bem o demonstram pluralistas culturais como Yash Ghai, Asmarom Legesse e Makau Mutua, entre outros, a diversidade humana não é compatível com um projeto único. Escrevendo nos anos 1980, Raimon Panikkar lembrava que «nenhuma cultura, tradição, ideologia ou religião pode hoje falar em nome de toda a humanidade, quanto mais resolver os seus problemas» (1984: 28). Já nos anos 2000, Yash Ghai (2000) sublinhava que a alegada universalidade dos direitos humanos está ancorada no pressuposto de uma natureza humana universal que pode ser conhecida através da razão e que difere de qualquer outra realidade. Daí a necessidade de reconhecer a incompletude cultural como ponto de partida para uma construção multicultural de direitos humanos, na esteira do que propõe Boaventura de Sousa Santos (2006).

---

[3] Conhecemos os antecedentes desta codificação escrita dos direitos humanos e que remontam ao século XVII, nomeadamente com importantes marcos como a Carta de Direitos Inglesa (1689), a Declaração de Direitos do Homem e do Cidadão no pós-Revolução Francesa (1789), a Declaração de Independência dos EUA (1776) e a abolição da escravatura nos EUA (1863). No registo estrito do pensamento moderno ocidental, todos estes momentos representaram uma vontade partilhada de reconhecer formalmente a dignidade humana enquanto valor fundamental. Foi no entanto a partir de 1948 que este novo documento se constituiu enquanto código fundador de um novo regime internacional de direitos humanos que, na verdade, se baseia numa visão objetivamente ocidental, quando não estritamente europeia, mais do que internacional.

São várias as críticas que se têm levantado ao regime internacional de direitos humanos nos moldes liberais dominantes em que este se apresenta. Um dos debates mais antigos é o que opõe a primazia dos direitos individuais à dos direitos coletivos. A este propósito, Kumar Suresh refere que «uma abordagem positiva dos direitos humanos requer uma reconciliação construtiva entre indivíduo e comunidade, universalidade e especificidade, e o princípio não discriminatório de igualdade e a justiça social» (Suresh, 1999: 38).

Decorrente do debate anterior, também a subjugação do conceito de «dever» a uma abordagem baseada em direitos tem sido assinalada como problemática e contrária a um projeto emancipatório de direitos humanos. Como refere Yash Ghai,

os deveres constituem uma forma melhor de se alcançar os objetivos visados pelos direitos; são menos propensos a rivalidades e alimentam o cultivo das virtudes. Os direitos humanos não são desejáveis uma vez que elevam o indivíduo acima da sociedade e podem prejudicar a construção e coesão da mesma (Ghai, 2000: 1098).

Uma outra linha de críticas ao regime internacional de direitos humanos identifica o Estado como fonte de opressão e exclusão, impossibilitando-o de funcionar como garante de um guião emancipatório para o reconhecimento da dignidade humana. De acordo com esta corrente crítica, não só o modelo de cidadania veiculado pelo Estado introduz incompatibilidades com as culturas comunitárias minoritárias (Baldi, 2004; Santos, B.S., 2006), como é o próprio Estado que frequentemente protagoniza violência e falha em garantir a aplicação de normas supostamente universais de reconhecimento da dignidade humana (Falk, 2000; MacKinnon, 1989; Suresh, 1999; Woodiwiss, 2006).[4]

---

[4] Disto mesmo dão testemunho ativistas do movimento lésbico, gay, bissexual e transgénero (LGBT) no Equador. De acordo com um relatório elaborado pela Amnistia Internacional, neste país registam-se casos de tratamento cruel de detidos LGBT por parte das autoridades policiais, detenção arbitrária, assédio sexual como forma de obtenção de suborno, negligência policial em situações de violência homofóbica e ameaças a ativistas de organizações LGBT. É intrigante que num dos únicos países a nível mundial que proíbe explicitamente na sua Constituição a discriminação por motivo de orientação sexual persistam sistemáticas violações dos direitos humanos LGBT, a maior parte das quais protagonizada ou protegida pelas autoridades policiais (AI, 2002: 3). Tal facto comporta efeitos perversos, uma vez que, na esteira de um quadro jurídico aparentemente progressista – e que, por via disso mesmo, não levantaria grandes suspeitas imediatas a quem monitoriza cenários de violações de direitos humanos –, os abusadores agem impunemente. Nestes casos, a lei funciona não como instrumento de emancipação dos grupos sociais, mas antes como escudo de retórica e demagogia que obstaculiza a efetiva reposição da justiça.

Inspirada na crítica ao protagonismo estatal, surgem também vozes discordantes com uma abordagem exclusivamente doutrinal dos direitos humanos. Sob o peso de um enfoque legalista, tal abordagem é acusada de não levar em linha de conta as forças de transformação política, cultural e social responsáveis pela ressignificação de modelos e conceitos de outra forma cristalizados e, logo, estéreis (Santos, C.M. *et al*, 2010a; Woodiwiss, 2006).

Apesar da justeza dos reparos que têm vindo a ser feitos a este regime europeu, importa também recordar que o conceito de dignidade humana que lhe subjaz não foi jamais homogéneo nem estático, tendo passado por significativas transformações associadas à manutenção de velhas exclusões e à inclusão de novas demandas. Com efeito, após a aprovação da DUDH, seguiram-se-lhe outros documentos visando o reconhecimento de direitos específicos. Entre estes contam-se os direitos das mulheres, das crianças, dos/as prisioneiros/as, das vítimas de crime e tortura e da diferença étnica, religiosa e linguística.[5] A proliferação de documentos internacionais após a DUDH ilustra a impossibilidade de concretizar o projeto universal tal como ambicionava a corrente doutrinal de direitos humanos. Na verdade, cedo se percebeu que o projeto universal era, afinal, mais uma manifestação unilateral, que, de acordo com muitas das críticas que lhe são levantadas, depressa se converteu num instrumento reprodutor de lógicas neocoloniais, racistas e eurocêntricas (Vijapur e Suresh, 1999; Mutua, 2002).

Para construir um discurso e uma prática de direitos humanos que ultrapasse o eurocentrismo subjacente ao regime internacional de direitos humanos não basta promulgar documentos provenientes da periferia do sistema-mundo. Se fosse assim tão simples, declarações como a Carta Africana dos Direitos Humanos, em vigor desde outubro de 1986, seriam suficientes enquanto contradiscurso. Verifica-se, porém, que o registo ocidental dos direitos humanos permeia o atual regime, independentemente da origem geográfica dos documentos que o suportam. Não se trata pois de um monopólio geográfico em sentido estrito, mas antes de uma ideologia simbólica que, não obstante o seu ponto de partida europeu, tornou hegemónica uma determinada forma de entender a

---

[5] Os exemplos incluem a Convenção das Nações Unidas para a Eliminação de Todas as Formas de Discriminação Contra as Mulheres (1981), a Convenção das Nações Unidas sobre os Direitos das Crianças (1990),a Declaração das Nações Unidas dos Direitos das Pessoas de Minorias Nacionais ou Étnicas, Religiosas e Linguísticas (1992) e a Convenção para a Proteção das Minorias Nacionais (adotada pelo Conselho da Europa em 1994).

dignidade humana, invisibilizando entendimentos alternativos. Como sublinha Boaventura de Sousa Santos (2006), a conceção ocidental de direitos humanos caracteriza-se por uma simetria redutora e mecanicista entre direitos e deveres, bem como por uma incapacidade de incorporar direitos coletivos e a noção de interculturalidade.

Através desta breve contextualização acerca do regime internacional de direitos humanos e respetivas críticas resulta evidente a necessidade de uma transformação do próprio conceito de forma a torná-lo mais útil e inclusivo. Esta necessidade tem também lugar no contexto português.

Em Portugal, o entendimento dominante na esfera dos direitos humanos reflete tal conceção ocidental, caracterizada pela ênfase no individualismo, no liberalismo e no eurocentrismo. Do ponto de vista da utilização formal dos direitos humanos enquanto instrumento jurídico de proteção, reparação e mobilização, o uso feito por Portugal junto do Tribunal Europeu dos Direitos Humanos (TEDH) revela uma abordagem individualista que, como ficou demonstrado noutros lugares (Santos, C.M. *et al*, 2009; 2010a; 2010b), não propõe uma reconstrução do conceito.

Tal ênfase numa conceção estritamente ocidental de direitos humanos levanta problemas partilhados com outros contextos internacionais, conforme as críticas mencionadas anteriormente, particularmente agravados pelo contexto histórico de um país com um passado colonial, de recorte semiperiférico e com fortes assimetrias sociais e económicas. Estas características do contexto português ajudam a compreender o desfasamento entre a lei formal (*law in books*) e a prática da lei (*law in action*), sublinhando a importância de aprofundar conhecimentos sobre a apropriação do conceito de direitos humanos por parte da sociedade civil organizada. Mais do que a utilização formal do conceito, é o modo como os agentes coletivos o empregam nos seus discursos e práticas que é objeto de análise neste capítulo.

Importa, pois, identificar, à escala local, alguns dos movimentos sociais que têm feito uso dos direitos humanos enquanto alavanca de mobilização e legitimidade, investigando de que forma se tem feito uso deste recurso, quais os entendimentos polissémicos que são convocados e que potencialidades representam no campo da ação coletiva. A próxima secção trata justamente do tema da apropriação de um conceito de ambição global por parte de movimentos sociais locais.

2. Direitos globais, movimentos locais: apropriação tácita?

A expressão «direitos humanos» tem sido utilizada por um conjunto de movimentos sociais em Portugal após 1974. Desde o movimento feminista ao movimento ambientalista, passando pelo movimento LGBT, antirracista e de pessoas com deficiência, entre outros, o recurso ao valor da dignidade humana enquanto denominador mínimo comum tem sido uma estratégia amplamente utilizada.

De uma forma geral, a abrangência política decorrente de uma colagem do ativismo ao registo de dignidade humana à escala global apresenta vantagens evidentes, desde logo no campo da legitimidade, da visibilidade, da capacitação simbólica e da interseccionalidade,[6] como se analisa a seguir. Assim, um objetivo comum aos diversos movimentos sociais na utilização do argumentário dos direitos humanos é a tentativa de ultrapassar a subalternização das suas reivindicações específicas. Ao socorrer-se do ideário universalista dos direitos humanos, cada movimento social adquire assim um denominador mínimo comum a outras lutas, processo que lhe confere um maior grau de legitimidade social, ao mesmo tempo que reforça uma visão interseccional acerca das múltiplas formas de violação de direitos humanos. Ao nível do diálogo com os poderes instituídos, com especial destaque para decisores políticos e média, a ancoragem simbólica nos direitos humanos parece ser também conducente a uma maior recetividade. Uma ilustração deste facto é a participação da então Secretária de Estado da Igualdade, Elza Pais, no lançamento público da Rota dos Feminismos Contra o Assédio Sexual, iniciativa organizada pela UMAR – União de Mulheres Alternativa e Resposta – precisamente no Dia Internacional dos Direitos Humanos, em 2010.

Paralelamente, ao reforçar aquilo que une os diversos movimentos sociais em luta – a sua identificação com um ideário de direitos humanos, mesmo que imaginado – os diversos movimentos garantem maior visibilidade, conquistando espaço de discussão para além das suas fronteiras estritas, quer através de fóruns

---

[6] O conceito de interseccionalidade, inicialmente avançado por Kimberlé Crenshaw e Patricia Hill Collins para sublinhar a dupla opressão experienciada por mulheres negras nos Estados Unidos da América, tem vindo a ser desenvolvido enquanto metodologia que tem em conta a ação simultânea de uma multiplicidade de eixos de identidade e opressão que constituem cada sujeito. Neste caso, socorro-me da *Association for Women's Rights in Development* que define interseccionalidade enquanto «ferramenta de análise, militância e desenvolvimento de políticas que considera a discriminação múltipla e que nos ajuda a compreender o impacto de diferentes eixos identitários no acesso a direitos e oportunidades» (AWID, 2004: 1-2).

internacionais, quer através do diálogo com outros movimentos sociais ou com o movimento de defesa dos direitos humanos e suas respetivas associações.[7]

Decorrente das duas vantagens anteriores, regista-se uma maior transversalidade nas demandas e nas práticas ativistas, refletindo uma crescente consciencialização face à necessidade de tradução – as «inteligibilidades recíprocas» de que nos fala Boaventura de Sousa Santos (2003) –, mas também em relação a uma conceção multidimensional do ser humano. Nesse sentido, a ação coletiva passa a ser entendida enquanto instrumento de intervenção interseccional, através do qual é não só possível como desejável combater as diversas formas de exclusão e opressão de forma simultânea.

Pesem embora as vantagens de uma utilização do ideário universalista dos direitos humanos por parte dos atores coletivos à escala nacional, o modo como este tem sido apropriado levanta algumas questões importantes, como analiso seguidamente.

Apesar de o dia 10 de dezembro ter sido declarado Dia Internacional dos Direitos Humanos desde 1950, em Portugal, a decisão de celebrar esta data enquanto Dia Nacional dos Direitos Humanos data apenas de 1998.[8] O envolvimento social e político porventura tardio com a temática traduz-se no modo como um conceito universalista de direitos humanos é subentendido, mais do que problematizado. Com efeito, entre os movimentos sociais analisados à escala nacional desconhecem-se críticas ou mesmo questionamentos do que se entende por direitos humanos num mundo crescentemente globalizado e em que as diferenças inter e intraestatais se agudizam, particularmente em contextos de crise socioeconómica.

Para esta ausência de engajamento crítico contribuem as décadas da mais longa ditadura da Europa Ocidental, durante a qual os processos de discussão pública e de desconstrução cognitiva ficaram amplamente comprometidos. Tal legado histórico está associado ao peso de uma moral judaico-cristã muito forte, em que a tradição da «caridade», da «compaixão» e da «tolerância» foi sempre parceira regular de processos de exclusão e opressão, na medida em que reproduzem assimetrias de poder. Não se tolera quem é igual mas, sim, quem é desvalorizado. Outros fatores explicativos incluem a dependência do setor associativo face a programas de financiamento com agenda própria, filtrados pelo Estado

---

[7] Regresso a este ponto na próxima secção deste capítulo.

[8] Resolução da Assembleia da República n.º 69/98 <http://dre.pt/pdfgratis/1998/12/294A00.pdf>.

ou por instituições que lhe são próximas, gerando vícios e minando o exercício saudável da desconstrução. Por parte da academia, assinala-se também a relação de estranheza entre a academia e o ativismo (Santos, A.C., 2006),[9] conducente a relações de objetificação e distanciamento próprias de uma academia encerrada em si mesma, esquecendo que, como diz Boaventura de Sousa Santos (2004), subjacente à injustiça social está também uma injustiça cognitiva.

Tais condições levam a que hoje o entendimento que é feito dos direitos humanos na esfera pública portuguesa inclua sobreposições, ausências e contradições diversas. Um exemplo pode ajudar a ilustrar esta complexidade. Em 2004, um conjunto de associações feministas e de defesa dos direitos sexuais e reprodutivos convidou a organização não-governamental (ONG) holandesa *Women on Waves* a realizar a campanha «Fazer Ondas».[10] Trazendo uma clínica a bordo de um barco que permaneceria em águas internacionais, uma parte importante desta campanha consistia em levar até ao barco mulheres que desejassem abortar, onde lhes seria entregue uma pílula abortiva. O projeto desafiava a restritiva lei do aborto, fazendo uso das possibilidades apresentadas pelo direito internacional e apoiando-se numa série de iniciativas de intuito pedagógico e de impacto mediático. Quando o barco foi proibido de atracar em portos portugueses pelo governo de então, e após esgotadas as instâncias nacionais, a organização decidiu, em 2005, processar o Estado português e levar o caso ao Tribunal Europeu dos Direitos Humanos (TEDH), por considerar que este seria recetivo às suas demandas naquela que foi a mais mediática campanha pró-escolha realizada no país (Santos, C.M. *et al*, 2009; Santos, B.S. *et al*, 2010). Por outro lado, nesse mesmo ano de 2005, Carlos Pinto de Abreu tomava posse como presidente da Comissão dos Direitos Humanos da Ordem dos Advogados. No seu discurso oficial, discorrendo sobre as violações de direitos humanos à escala nacional, dizia: «Grita-se pelo aborto livre, esquecendo que o aborto é sempre violação da vida. E vida humana inocente e sem defesa» (CDHOA, 2006: 18). Com este exemplo se percebe como a evocação do imaginário universalista dos direitos humanos como forma de proteção ao direito à vida pode conduzir a apropriações antagónicas por parte da esfera pública no mesmo contexto espácio-temporal.

---

[9] Refleti em profundidade sobre a relação entre academia e ativismo em Santos, A.C. (2006, 2011). Ver, a este respeito, o número temático da revista *Social Movement Studies*, sob o tema "Ethics of Research on Activism" (2012, no prelo).

[10] Para uma reflexão detalhada sobre este acontecimento ver Duarte (2007), Santos, A.C. e Alves (2009), Santos, B.S. *et al.* (2010) e, no Capítulo 10 deste volume, Santos, C.M. e Duarte.

O que se torna particularmente interessante, dada a incidência de entendimentos contraditórios na esfera pública, é a ausência de debate sobre significados, implicações e potencialidades do uso dos direitos humanos por parte dos movimentos sociais portugueses que os invocam nas mais variadas situações. Vejamos alguns exemplos oferecidos por quatro movimentos distintos.[11]

No âmbito do movimento antirracista, destaca-se a associação SOS Racismo, fundada em 1990, e que, desde então, tem desenvolvido um conjunto de atividades regulares, prestando apoio jurídico e social às populações imigrantes e às minorias étnicas, reivindicando legislação específica, denunciando casos de discriminação, capacitando membros e consolidando trabalho com outras organizações congéneres, nacionais e internacionais. A decisão de criar a associação SOS Racismo no dia 10 de dezembro – Dia Internacional dos Direitos Humanos – é reveladora da sua forte ligação à temática, assumida em inúmeros momentos. Por exemplo, em 2008, aquando da condenação do líder nacionalista Mário Machado, podia ler-se no comunicado de imprensa emitido pela associação:

> Uma ideologia que defende o ódio, que defende a violência contra terceiros, que defende o uso de armas como estratégia, que defende a discriminação, que defende o nazismo não pode ser aceitável em nenhuma sociedade que assente os seus princípios no respeito pelos Direitos Humanos (*Sol*, 2008).

Relativamente àquela que se tratou da primeira condenação por racismo em Portugal, a associação SOS Racismo reagiu reforçando, portanto, a articulação entre luta antirracista e direitos humanos à escala nacional. Mais recentemente, em maio de 2011, a associação SOS Racismo voltou a socorrer-se do ideário dos direitos humanos como forma de condenar publicamente a intervenção policial no Bairro 6 de Maio, na Amadora, em que foram detidas dezassete pessoas. Em declarações à imprensa, a associação exigiu responsabilidades por aquilo que considerou um «acto racista e violador» dos direitos humanos. Como afirmaram na altura, «a cada acção de violência policial que resulta em violações flagrantes dos direitos humanos e/ou em morte, as autoridades aparecem sempre com

---

[11] A escolha dos quatro movimentos sociais analisados deveu-se a razões de ordem metodológica. O olhar analítico incidiu sobre aquilo que cada movimento projeta de si publicamente – através dos *sites*, dos blogues ou dos comunicados de imprensa, por exemplo –, não tendo sido considerados documentos internos. Fora desta análise ficaram as implicações do uso dos direitos humanos por parte de coletivos informais ou pessoas individuais, cuja apropriação contribui, decerto, para o imaginário difuso de direitos humanos aqui proposto.

justificações oficiais que, além de falaciosas, são insultuosas para a dignidade humana» (JN, 2011).

Em nenhuma das ocasiões se verificou uma intenção de clarificar o sentido com que a expressão direitos humanos era evocada, nem tão-pouco ressalvas face às críticas que, desde uma perspetiva anticolonial e multicultural, têm sido historicamente levantadas ao paradigma ocidental e legalista que domina o regime internacional de direitos humanos.

Tal utilização meramente passiva dos direitos humanos é também frequente no movimento feminista português. Para além do já citado caso da campanha «Fazer Ondas», cujo comunicado de reação à decisão favorável do TEDH menciona a «celebração da liberdade, da escolha e do ativismo feminista em Portugal» (Não Te Prives e Clube Safo, 2009) sem dialogar com as implicações do uso do TEDH, noutras ocasiões os direitos das mulheres são equiparados aos direitos humanos como se o sentido atribuído ao conceito fosse um dado adquirido e partilhado, sem requerer, portanto, discussão ou precisão adicional. Por exemplo, no primeiro livro publicado em Portugal sobre o tema do aborto, as suas autoras, ligadas ao Movimento de Libertação das Mulheres (Tavares, 2003), escreveram: «a decisão de fazer um aborto cabe apenas à mulher grávida que tem (ou devia ter) o direito humano de controlar o seu corpo e dele fazer o uso que entender» (Horta *et al.*, 1975: 12).

Mais recentemente, em 2011, na sua campanha «Rota dos Feminismos Contra o Assédio Sexual»,[12] a UMAR – União de Mulheres Alternativa e Resposta – identificou o assédio como um «atentado aos direitos humanos das mulheres». A data escolhida para apresentar publicamente este projeto reforçou intencionalmente este uso simbólico dos direitos humanos, uma vez que se realizou a 10 de dezembro de 2010, dia em que se celebra internacionalmente a DUDH. De resto, na apresentação deste mesmo projeto, a UMAR identificou-se como «uma organização de carácter feminista e que luta pelos direitos humanos das mulheres» (UMAR, s.d.).

Ainda no âmbito do movimento feminista, outro exemplo interessante da convocação estratégica dos direitos humanos surge por via do tema do tráfico de mulheres para fins de exploração sexual. A este respeito, vemos que o grande impulsionador a nível internacional foi a Convenção contra o Tráfico de Seres Humanos, proposta pelo Conselho da Europa e ratificada pelos

---

[12] Mais informações em: <https://sites.google.com/site/rotadosfeminismos> [consultado em 07/07/2011].

Estados-membros em 2005. Na referida Convenção, o tráfico é enquadrado sob a perspetiva de violação dos direitos humanos das mulheres. Foi apenas após este documento que o tema do tráfico adquiriu centralidade para o movimento feminista português, igualmente influenciado pelo Estado português que, através da Comissão para a Cidadania e Igualdade de Género, lançou, em 2007, o I Plano Nacional contra o Tráfico de Seres Humanos (2007-2010).

Registam-se ainda inúmeros casos de utilização dos direitos humanos quando se discute direitos sexuais e reprodutivos, violência doméstica e violência contra os/as trabalhadores/as do sexo, entre outros. Contudo, em nenhuma das ocasiões descritas se assiste a uma desconstrução do conceito de direitos humanos, à sua clarificação ou à discussão dos efeitos associados à sua utilização. Ao invés, os direitos humanos são passivamente assumidos enquanto significante partilhado e aceite culturalmente, contribuindo assim para um imaginário social difuso da categoria de direitos humanos entendida como homogénea.

Também o movimento de pessoas com deficiência oferece diversos exemplos de uma apropriação acrítica do ideário dos direitos humanos. Este movimento é porventura aquele que maior uso tem feito do conceito, quer em documentos oficiais, quer nas suas práticas discursivas e atividades (Fontes, 2011). Por exemplo, por ocasião do Dia Nacional do Deficiente, em 1988, a Associação Portuguesa de Deficientes declarou ter denunciado «a violação dos direitos humanos no que respeita aos deficientes portugueses» (APD, 1988). Já na década de 2000, numa publicação com a chancela da Associação Portuguesa de Deficientes, afirmava-se:

> A linguagem dos direitos humanos foi adoptada pela maioria dos representantes escolhidos pela sociedade em que vivemos e esperamos que se torne uma linguagem comum de promoção de mudanças para a paz e de abertura da comunidade humana para os mais oprimidos (APD, 2002: 50-51).

Os exemplos de utilização dos direitos humanos por parte do ativismo na área da deficiência são muito frequentes, sobretudo a partir da década de 1980 (Fontes, 2011). Talvez por via dessa maior utilização, a ausência de reflexão em torno do conceito se torne ainda mais gritante. Com efeito, verifica-se uma colagem quase sistemática aos direitos humanos enquanto ferramenta de conquista de objetivos comuns às organizações de pessoas com deficiência, sem que o paradigma legalista e ocidental dominante seja desconstruído. Acresce que o discurso dos direitos humanos tem sido amplamente questionado no âmbito dos Estudos da Deficiência a nível internacional, nomeadamente pelos defensores do chamado modelo social da deficiência (Oliver, 1990). O argumento principal apresentado por esta corrente teórica é o de que o enfoque nos direitos humanos descentra a luta do que é central: gerar mudança para transformar a sociedade deficientizadora, mais do que clamar por inclusão num sistema que está, de raiz, comprometido (Barnes e Mercer, 2010; Hahn, 2002). Estas críticas não têm tido correspondência na forma como o movimento de pessoas com deficiência em Portugal utiliza os direitos humanos. Assinale-se, no entanto, uma exceção a esta tendência que surgiu no editorial do jornal *Associação*, publicado pela Associação Portuguesa de Deficientes, em 1990, no qual se podia ler: «Os direitos humanos não são, nem serão, mera propaganda para ocultar uma verdadeira calamidade social vivida por milhares de deficientes portugueses» (APD, 1990: 1). Por aqui se percebe alguma insatisfação com uma abordagem meramente baseada em direitos. Tal descontentamento é, como vimos, circunstancial e não constitui regra.

Por fim, consideremos o tratamento dado ao conceito de direitos humanos por parte do movimento lésbico, gay, bissexual e transgénero (LGBT). Como tive oportunidade de aprofundar noutro lugar (Santos, A.C., 2005), neste movimento verifica-se a centralidade do argumentário jurídico e, mais especificamente, da retórica dos direitos humanos enquanto âncora do desenvolvimento da agenda, particularmente até 2004. A partir da revisão constitucional que incluiu a proibição de discriminação com base na orientação sexual, o enfoque discursivo é ajustado para os códigos nacionais e para as recomendações provenientes da União Europeia. Continuando a ser caracterizado pela sua juridificação, interessante é ainda o facto de esta tendência não obstar a um discurso reflexivo e frequentemente crítico face às possibilidades apresentadas pelo direito em geral (Santos, A.C., 2005; 2012, no prelo). Ainda assim, o movimento LGBT não apresenta, ao longo da sua história, uma preocupação em debater ou clarificar a sua abordagem aos direitos humanos.

Todos os exemplos citados de quatro movimentos sociais distintos configuram aquilo que podemos designar por uma apropriação tácita de um entendimento universalista dos direitos humanos, revelando uma aplicação mecanicista do conceito e sem levar em conta as implicações que esta sua escolha pode representar para as demandas em causa, nem tão-pouco as ausências que tal escolha inevitavelmente gera. Ao invés, os direitos humanos são passivamente assumidos enquanto significante partilhado e aceite culturalmente, contribuindo assim para um imaginário social difuso da categoria de direitos humanos entendida como homogénea.

Tal tratamento acrítico não impede, contudo, que o ativismo contribua para a transformação do próprio conceito de direitos humanos, mesmo que de forma involuntária. É dessa prática de apropriação dos direitos humanos que decorre, portanto, a sua potencial ressignificação da qual depende o dinamismo e a relevância do conceito para os movimentos sociais. É sobre esse processo que incide a próxima secção.

3. Para além do ativismo: direitos humanos ressignificados

Na secção anterior considerou-se o modo como os movimentos sociais portugueses, de uma forma geral, se têm valido do arcaboiço simbólico da categoria «direitos humanos» como forma de obter projeção para as suas demandas específicas. Mesmo na ausência de uma discussão ampla acerca das diferentes abordagens, significados e implicações decorrentes deste conceito, tal utilização produz impactos endógenos, como se viu atrás quando se apresentaram as vantagens associadas à sua utilização.

Paralelamente aos diversos impactos endógenos a cada movimento social, o uso dos direitos humanos por parte dos movimentos sociais contém também um potencial transformador que lhes é externo. Identifico dois tipos de impacto exógeno tanto ao nível do direito como ao nível mais amplo do movimento de defesa dos direitos humanos.

No campo do direito, através da ação das/os ativistas assiste-se à recuperação do argumentário jurídico, invocado como instrumento ao serviço dos cidadãos e das cidadãs. Os movimentos sociais apresentam essa componente de capacitação simbólica, que faz do direito objeto de disputa e ressignificação constante, ao reclamarem para si sentidos para além dos reconhecidos pelo cânone. Por isso se fala da repolitização do direito e da relegalização da política (Santos, C.M., 2007; Duarte, 2011), também espelhada na máxima de José Saramago «Fazer de cada cidadão um político», utilizada pelo Movimento 12 de Março (M12M) na resposta concertada à crise socioeconómica que Portugal atravessa.[13] Como argumenta Madalena Duarte, reportando-se ao potencial emancipatório do uso do direito por parte de atores coletivos,

> Os movimentos sociais e as ONG intervêm, desta forma, na sociedade, não apenas através dos direitos vigentes, clamando pela sua protecção efectiva, mas, na esteira de uma sociologia da libertação, como titulares de direitos e como sujeitos criadores de novos direitos (Duarte, 2011: 40).

---

[13] Esta máxima foi manchete nos média. Ver, por exemplo, <http://jornal.publico.pt/noticia/22-04-2011/movimento-12-de-marco-quer-fazer-de-cada-cidadao-um-politico-21896656.htm> [consultado em 23/04/2011] e <http://www.dn.pt/inicio/portugal/interior.aspx?content_id=1834456&page=-1> [consultado em 22/04/2011].

É justamente nessa sua valência na promoção de novos direitos que os movimentos sociais se apresentam como parte ativa em processos de ressignificação do conceito de direitos humanos, sendo responsáveis pelo segundo tipo de impacto exógeno aqui sugerido. Tal ressignificação acontece por via simbólica – ao reclamarem para si um conceito outrora restrito a um conjunto de categorias codificadas –, mas também pelos efeitos práticos da sua utilização transversal. Assim, pese embora a ausência de reflexão interna sobre o significado atribuído aos direitos humanos por parte dos diversos movimentos sociais aqui considerados, verifica-se um importante efeito de contágio entre lutas relativamente aos coletivos e associações que trabalham o tema genérico dos direitos humanos em Portugal. Trata-se, portanto, de um impacto que é exterior a cada movimento social específico e que se repercute no próprio movimento de direitos humanos. Com efeito, se nos anos 1990 o foco de ação do movimento pela defesa dos direitos humanos em Portugal se centrava sobretudo em direitos civis, como a violência policial em meio prisional, na década de 2000 assiste-se a uma ampliação da esfera de ação, incluindo progressivamente questões relacionadas com cidadania íntima, sexual e reprodutiva, entre outras.

Dois exemplos breves para ilustrar este argumento. Desde 2000, momento da primeira Marcha do Orgulho LGBT em Portugal, a Amnistia Internacional tem sido um parceiro regular das manifestações deste movimento, fazendo-se representar através de membros e dirigentes com faixa própria. Também em 2000, a 21 de julho, a associação Opus Gay organizou um debate subordinado ao tema «Direitos humanos e direitos em geral», para o qual convidou especialistas e ativistas de diversas áreas. Neste debate, a representante da secção portuguesa da Amnistia Internacional, afirmava:

> [N]uma destas acções que eu fiz numa escola, quando falei da inclusão da orientação sexual dos prisioneiros de consciência, vocês não imaginam a luta que isto deu entre os miúdos! Havia um miúdo negro que dizia: «Eu não admito a homossexualidade! Isso é uma perversão!» E depois foram os outros miúdos que lhe disseram: «Ouve lá, tu és preto, não és? E sofreste discriminações por isso, não sofreste? E achas justo? Então por que é que queres discriminar os outros?» E ele ficou calado. Estão a ver a importância da educação em direitos humanos? Estes conceitos introduzem-se nos miúdos porque vão interiorizando a importância disto. Ficam a saber que há abusos nas prisões e que os homossexuais são especialmente abusados. Às vezes até são violados (Santos, A.C., 2005: 162).

Este excerto é particularmente elucidativo da importância reconhecida a metodologias de metáfora e comparação entre as diferentes discriminações, aplicada também em meio escolar.

Na mesma linha, pode destacar-se o papel da Secção de Defesa dos Direitos Humanos da Associação Académica de Coimbra, que, desde 2011, integra a Plataforma Anti-Transfobia e Homofobia, responsável pela Marcha Contra a Homofobia e a Transfobia na cidade de Coimbra. Com efeito, uma consulta ao *site* deste organismo ilustra de forma clara a mudança no sentido de um maior engajamento com temas outrora excluídos do horizonte de possibilidades de intervenção na academia.

Acresce que tal efeito de contágio entre lutas atravessa ainda cada um dos movimentos sociais aqui considerados, o que se tornou especialmente notório após o 1.º Fórum Social Português, realizado em 2003. Por exemplo, em 2009, no texto de celebração dos 19 anos de existência do SOS Racismo, podia ler-se:

> E são 19 anos, 19 anos de lutas, organizando manifestações, publicando argumentos e ideias, debatendo em escolas, universidades, ruas, media. 19 anos a fazer parte da sociedade, intervindo e mudando, propondo e ouvindo. Fazemos desta experiência uma aprendizagem, uma luta para perceber que a discriminação ultrapassa a cor da pele e percebemos a urgência da solidariedade com colectivos LGBT, de mulheres e imigrantes. Aqui estamos. Fomos e somos muitas pessoas diferentes que trocaram experiências, culturas, conhecimentos, amizades e solidariedades. A fazer dos nossos dias uma arma para combater a irracionalidade do racismo: a multiculturalidade (SOS Racismo, 2009).

Este excerto condensa um entendimento amplo de direitos humanos que, a partir de uma luta específica – antirracista –, se desdobra em múltiplas interações, com um intuito proativo claro de gerar tradução e inteligibilidades recíprocas.[14]

Ao dialogar com uma noção abrangente de direitos humanos, os novos movimentos sociais prestam um serviço ao projeto emancipatório que subjaz a este conceito, contribuindo para a sua ressignificação à escala local. Fazem-no de duas formas principais. Por um lado, as práticas dos movimentos sociais analisados promovem uma consciencialização inter/multicultural e interseccional, gerando

---

[14] Refira-se que foram encontrados exemplos semelhantes de contágio entre lutas em cada um dos quatro movimentos sociais analisados neste capítulo.

um efeito multiplicador ao nível das bases, em que muitos/as ativistas militam em diversos movimentos sociais e partidos políticos.

Por outro lado, tal diálogo contraria o monopólio estatal face aos direitos humanos – aquilo que se costuma designar como o risco de institucionalização dos direitos humanos, em que a sua vertente de codificação estática e legalista é dominante. Como refere Madalena Duarte,

> se a história dos direitos humanos compreende não só a criação desses direitos como a não concretização dos mesmos, o activismo em torno do reforço e da protecção efectiva dos direitos humanos tem sido a resposta a essa ineficácia. Os movimentos sociais têm pegado naquela que seria, para muitos, a letra morta dos direitos humanos tornando-a viva (Duarte, 2011: 45).

De facto, os usos diversos que os movimentos sociais têm feito do conceito de direitos humanos sublinham o seu caráter prático, eminentemente político e em permanente construção. É desta elasticidade conceptual que estamos a falar quando reconhecemos o potencial político dos direitos humanos.

Neste sentido, ainda que o uso dos direitos humanos por parte do ativismo careça, como se viu, de reflexividade crítica – pelo que se poderia dizer, por isso, que é despolitizado –, defendo que os efeitos de tal apropriação são políticos e geram mudança, para dentro e para além dos próprios movimentos sociais. É portanto através da prática de direitos humanos entre o global e o local (Goodale e Merry, 2007) que a sociedade civil organizada constrói um guião de direitos humanos potencialmente emancipatório, contribuindo assim para a sua ressignificação e politização.

No entanto, a possibilidade de ressignificação e consequente reconstrução dos direitos humanos não pode ser compreendida, nem, de resto, aplicada sem que se considere o contexto histórico e social em que visa operar. Com efeito, é com base no reconhecimento face ao seu caráter político e, logo, historicamente situado e específico, que um projeto emancipatório de direitos humanos pode vir a ter lugar no momento atual. Não se trata, portanto, de abandonar a especificidade, nem tão-pouco de recusar o potencial de lutas partilhadas à escala global. Pelo contrário, trata-se de perceber a mais-valia de uma utilização reflexiva contextualizada do argumentário dos direitos humanos que vá ao encontro das práticas interseccionais já em curso por parte de cada movimento social à escala local.

4. Universalismo situado como guião emancipatório

Como se viu, o contexto político que originou o conceito de direitos humanos caracteriza-se pela sua fragilidade e eurocentrismo. A história dos direitos humanos na sua vertente normativa é uma história arrogante e colonial, em que o paradigma do selvagem-vítima-salvador vem reforçar o imaginário racista e judaico-cristão (Mutua, 2002). No entanto, o uso deste conceito, que, à escala local, tem sido feito por ativistas de diversos movimentos sociais, vem demonstrar o seu potencial emancipatório, reforçando a sua utilidade estratégica, ao mesmo tempo que ilustra a necessidade de abrir o debate em torno deste conceito. Falar de direitos humanos no movimento ambientalista ou dos imigrantes ilegais é simultaneamente diferente e igual às reivindicações do movimento LGBT ou do movimento de pessoas com deficiência quando marcha pelas ruas.

Do reconhecimento de tais equivalências resulta a necessidade de aplicar uma «hermenêutica diatópica» (Santos, B.S., 2004, 2006) enquanto metodologia de tradução e aprendizagem mútua entre-culturas e entre-lutas sociais.[15] Apenas tal processo de reconhecimento recíproco permite a construção de um guião emancipatório de direitos humanos, que, por sua vez, é alimentado pelas práticas quotidianas de agentes sociais no terreno das múltiplas lutas contra formas de opressão. Como sublinha Iris Marion Young, «a heterogeneidade multicultural não deve apenas existir (*silenciosamente*), deve ser *vista* a existir (*publicamente*)» (Young, *apud* Suresh, 1999: 41; ênfase minha).

Tal caráter público, inerente à ação coletiva, dota a ideia de direitos humanos de um dinamismo acrescido, contrariando uma versão legalista e estática inerente à priorização da codificação da dignidade humana em detrimento das práticas quotidianas. Este dinamismo torna-se particularmente importante no contexto de um país marcado pela sua situação semiperiférica, no qual a transposição mecanicista de modelos dominantes agrava as assimetrias de poder já em curso, gerando invisibilidade e estranheza. Daí a necessidade de reconhecer como específico aquilo que nos caracteriza, incorporando simultaneamente princípios que nos aproximam de um conceito partilhado de dignidade humana, na esteira do cosmopolitismo subalterno baseado simultaneamente «no princípio da igualdade e no reconhecimento da diferença» proposto por Boaventura de Sousa Santos (2009: 42).

---

[15] Para uma leitura acerca do potencial de uma hermenêutica diatópica entre Ocidente e Islão, ver An-na'im (1990, 1992, 2002) e Mutua (2002), entre outros.

Inspirada nas propostas feministas acerca de conhecimento situado (*standpoint*) (Harding, 1991, 2004; Haraway, 2004), cabe aqui pensar os direitos humanos sob a perspetiva do que designo por um «universalismo situado».[16] O universalismo situado visa designar uma política em que a difusão dos princípios universais da não discriminação se articula com a manutenção de recursos identitários constitutivos de subculturas valorizadas pelos sujeitos envolvidos. Assim se torna possível defender uma aplicação generalista das leis e, simultaneamente, uma proteção jurídica direcionada para um grupo tendencialmente excluído. Um universalismo situado, moldado pelo compromisso entre direitos universais e especificidades culturais, é uma condição necessária à construção de um regime de direitos humanos com potencial emancipatório.

Considerando os direitos reivindicados pelo movimento LGBT português, tal visão de um universalismo situado parece plasmar-se na aprovação, em 2001, dos diplomas visando a economia comum e as uniões de facto independentemente da orientação sexual. A aprovação de ambos os diplomas torna clara a necessidade de discriminar positivamente os casais do mesmo sexo. Na verdade, nada impediria que pessoas LGBT beneficiassem da proteção jurídica prevista na lei da economia comum. Todavia, o diploma de economia comum foi considerado insuficiente pelas associações LGBT nacionais, uma vez que destituía a relação familiar LGBT da sua componente afetiva, reduzindo-a a uma vertente meramente económica (Santos, A.C., 2005, 2008, 2012). É por esta razão que, durante a manifestação de rua organizada a 6 de fevereiro de 2000, frente à 6.ª Conservatória do Registo Civil de Lisboa, diversos casais de lésbicas e gays trocaram beijos enquanto empunhavam cartazes onde se lia: «Isto não é uma economia comum!» A lei sobre as uniões de facto, ao reconhecer claramente a sua aplicação, no art.º 1.º, a duas pessoas, independentemente do sexo, visa, assim, precaver qualquer interpretação mais excludente da proteção em causa.

Conclui-se, pois, que o caminho para uma sociedade mais inclusiva passa por reconhecer que não é útil nem justo – nem sequer possível – promover um universalismo essencialista que não considere as especificidades dos contextos.

---

[16] Anteriormente, na falta de melhor solução, referi-me a este conceito como «universalismo útil» (Santos, A.C., 2005). Julgo hoje que universalismo situado é a designação mais adequada, por dar conta de um conhecimento que é sempre contextual e parcial. A aparente contradição contida nos termos desta categoria visa dar conta da impossibilidade de apreender o mundo de forma unívoca. Neste sentido, a ambiguidade conceptual traduz a ambiguidade estratégica que caracteriza também os movimentos sociais em Portugal (Santos, A.C., 2008, 2012, no prelo) e é vista como um recurso, mais do que uma desvantagem.

O universalismo situado deve conduzir a políticas para a igualdade, evitando contudo quaisquer medidas homogeneizantes. Na verdade, quem pode homogeneizar é sempre quem está no topo da pirâmide do poder. É devido a este risco de homogeneização que alguns/mas ativistas LGBT têm vindo a tecer fortes críticas ao discurso em defesa da igualdade, argumentando que os direitos iguais visam, em última instância, anular a diversidade no seio do próprio movimento LGBT (Tatchell, 2002).

Aos novos movimentos sociais compete, pois, um papel de renovação de um conceito central como o de direitos humanos, cuja apropriação estratégica já produz efeitos políticos, tanto endógenos quanto para além de cada movimento social em particular. Tal tarefa reveste-se da maior importância, como vimos ao longo deste capítulo, mas também de uma enorme responsabilidade. Trata-se, no fundo, de contribuir para «a teoria e a prática de inventar a humanidade», como assinala Ken Booth (1999: 46).

Referências bibliográficas

AI – Amnistia Internacional (2002), *Ecuador, Pride and Prejudice. Time to Break the Vicious Circle of Impunity for Abuses Against Lesbian, Gay, Bisexual and Transgendered People* [disponível em: <http://web.amnesty.org/ai/nsf.recent.amr280012002>, consultado em 28/05/2002].

An-Na'im, Abdullahi A. (1990), *Toward an Islamic Reformation*. Syracuse, NY: Syracuse University Press.

An-Na'im, Abdullahi A. (org.) (1992), *Human Rights in Cross-Cultural Perspectives. A Quest for Consensus*. Philadelphia: University of Pennsylvania Press.

An-Na'im, Abdullahi A. (2002) (org.), *Cultural Transformation and Human Rights in Africa*. London/New York: Zed Books.

An-Na'im, Abdullahi A.; Hammond, Jeffrey (2002), "Cultural Transformation and Human Rights in African Societies", *in* A. An-Na'im (org.), *Cultural Transformation and Human Rights in Africa*. London/New York: Zed Books, 13-37.

APD – Associação Portuguesa de Deficientes (1988), *Associação*, 55.

APD (1990), *Associação*, 60.

APD (2002), *Direitos Humanos das Pessoas com Deficiência: da Utopia à Realidade*. Lisboa: APD.

AWID – Association for Women's Rights in Development (2004), "Intersectionality: A Tool for Gender and Economic Justice", *Women's Rights and Economic Change*, 9, 1-8 [disponível em: <http://www.awid.org/Library/Intersectionality-A-Tool-for-Gender-and-Economic-Justice2>].

Baldi, César Augusto (org.) (2004), *Direitos Humanos na Sociedade Cosmopolita*. Rio de Janeiro: Renovar.

Barnes, Colin; Mercer, Geof (2010), *Exploring Disability*. Cambridge, UK: Polity.

Booth, Ken (1999), "Three tyrannies", *in* Tim Dunne e Nicholas J. Wheeler (orgs.), *Human Rigths in Global Politics*. Cambridge, UK: Cambridge University Press, pp. 31-70.

CDHOA – Comissão dos Direitos Humanos da Ordem dos Advogados (2006), *Direitos Humanos, Cidadania e Igualdade*. Estoril: Principia.

Duarte, Madalena (2007), "Entre o radicalismo e a contenção: O papel do direito na campanha Women on Waves em Portugal", *Oficina do CES*, 279 [disponível em: <http://www.ces.uc.pt/publicacoes/oficina/index.php?id=2470>.

Duarte, Madalena (2011), *Movimentos na Justiça. O Direito e o Movimento Ambientalista em Portugal*. Coimbra: CES/Almedina.

Falk, Richard (2000), *Human Rights Horizons: The Pursuit of Justice in a Globalizing World*. London: Routledge.

Fontes, Fernando (2011), "Social Citizenship and Collective Action: the case of the Portuguese Disabled People's Movement", tese de doutoramento, Universidade de Leeds.

Ghai, Yash (2000), "Universalism and Relativism: Human Rights as a framework for negotiating interethnic claims", *Cardozo Law Review*, 21(4), 1095-1140.

Goodale, Mark; Merry, Sally Engle (orgs.) (2007), *The Practice of Human Rights: Tracking law between the global and the local*. Cambridge, UK: Cambridge University Press.

Hahn, Harlan (2002), "Academic debates and political advocacy: the US disability movement", *in* C. Barnes, M. Oliver e L. Barton (orgs.), *Disability Studies Today*. Cambridge, UK: Polity, 162-189.

Haraway, Donna (2004), "Situated knowledges: the science question in feminism and the privilege of partial perspective", *in* S. Harding (org.), *The Feminist Standpoint Theory Reader. Intellectual & Political Controversies*. New York: Routledge, pp. 81-101.

Harding, Sandra (1991), *Whose Science? Whose Knowledge? Thinking From Women's Lives*. New York: Cornell University Press.

Harding, Sandra (org.) (2004), *The Feminist Standpoint Theory Reader. Intellectual & Political Controversies*. New York: Routledge.

Horta, Maria Teresa; Metrass, Célia; Medeiros, Helena de Sá (1975), *Aborto, Direito ao Nosso Corpo*. Lisboa: Editorial Futura.

JN – *Jornal de Notícias* (2011, 5 de junho) "SOS Racismo condena intervenção policial no bairro 6 de Maio" [disponível em: <http://www.jn.pt/PaginaInicial/Policia/Interior.aspx?content_id=1871020&page=1>, consultado em 22/06/2011].

MacKinnon, Catherine A. (1989), *Toward a Feminist Theory of the State*. Cambridge, MA: Harvard University Press.

Mutua, Makau (2002), *Human Rights. A Political & Cultural Critique*. Philadelphia: University of Pennsylvania Press.

Não Te Prives e Clube Safo (2009, 4 de fevereiro), Comunicado de imprensa "Campanha 'Fazer Ondas' – Tribunal Europeu dos Direitos Humanos dá razão a associações feministas portuguesas" [disponível em: <http://naoteprives.blogspot.com/2009/02/campanha-fazer-ondas-tribunal-europeu.html>, consultado em 12/05/2011].

Oliver, Mike (1990), *The Politics of Disablement*. Basingstoke, UK: Macmillan.

Panikkar, Raimon (1984), "Is the notion of Human Rights a Western concept?", *Interculture*, 17(1) e *Cahier*, 82, 28-47.

Santos, Ana Cristina (2005), *A Lei do Desejo. Direitos Humanos e Minorias Sexuais em Portugal*. Porto: Afrontamento.

Santos, Ana Cristina (2006), "Entre a academia e o activismo: Sociologia, estudos queer e movimento LGBT em Portugal", *in* A. C. Santos (org.), "Estudos Queer: Identidades, Contextos e Acção Colectiva", número temático da *Revista Crítica de Ciências Sociais*, 76, 91-108.

Santos, Ana Cristina (2008), "Enacting Activism. The Political, Legal and Social Impacts of LGBT Activism in Portugal", tese de doutoramento, Centre for Interdisciplinary Gender Studies, Universidade de Leeds.

Santos, Ana Cristina (2011), "Vidas cruzadas: reflexões sobre activismo, sociologia e Estudos LGBTQ", *Les Online*, 3(1), 24-28 [disponível em: <http://www.lespt.org/lesonline/index.php?journal=lo&page=issue&op=current>].

Santos, Ana Cristina (2012, no prelo), *Sexual Citizenship and Social Movements in Southern Europe*. Basingstoke, UK: Palgrave-Macmillan.

Santos, Ana Cristina; Alves, Magda (2009), "Entre referendos – contributos e representações sobre a Campanha Fazer Ondas na luta pela despenalização do aborto em Portugal", *in* A. C. Santos, M. Duarte, C. Barradas e M. Alves (orgs.), "Representações sobre o aborto: Acção colectiva e (i)legalidade num contexto em mudança". Número temático dos *e-cadernos CES*, n.º 4, setembro 2009 [disponível em: <http://www.ces.uc.pt/e-cadernos/media/ecadernos4/e-cadernos4.pdf>, consultado em 10/06/2011].

Santos, Boaventura de Sousa (2003), "Para uma sociologia das ausências e uma sociologia das emergências", *in* B. S. Santos (org.), *Conhecimento Prudente para uma Vida Decente: 'Um Discurso sobre as Ciências' revisitado*. Porto: Afrontamento, pp. 735-775.

Santos, Boaventura de Sousa (2004), *A Universidade no Séc. XXI: Para uma Reforma Democrática e Emancipatória da Universidade*. São Paulo: Cortez Editora.

Santos, Boaventura de Sousa (2006), *A Gramática do Tempo: Para uma Nova Cultura Política*. Porto: Afrontamento, pp. 401-435.

Santos, Boaventura de Sousa (2009), "Para além do pensamento abissal: das linhas globais a uma ecologia de saberes", *in* B. S. Santos e M. P. Meneses (org.), *Epistemologias do Sul*. Coimbra: Almedina, pp. 23-57.

Santos, Boaventura de Sousa; Santos, Ana Cristina; Duarte, Madalena; Barradas, Carlos; e Alves, Magda (2010), *Cometi um Crime? Representações sobre a (I)Legalidade do Aborto*. Porto: Afrontamento.

Santos, Cecília MacDowell (2007), "Ativismo jurídico transnacional e o Estado: reflexões sobre os casos apresentados contra o Brasil na Corte Interamericana de Direitos Humanos", *Sur – Revista Internacional de Direitos Humanos*, 7, 29-59 [disponível em: <http://www.surjournal.org/index7.php>.

Santos, Cecília MacDowell; Santos, Ana Cristina; Duarte, Madalena; e Lima, Teresa M. (2009), "Portugal e o Tribunal Europeu dos Direitos Humanos", *Revista do Ministério Público*, 117, 127-158.

Santos, Cecília MacDowell; Santos, Ana Cristina; Duarte, Madalena; e Lima, Teresa M. (2010a), *Reconstruindo Direitos Humanos pelo Uso Transnacional do Direito? Portugal e o Tribunal Europeu de Direitos Humanos*. Relatório final de projeto, financiado pela Fundação para a Ciência e a Tecnologia (FCOMP-01-0124-FEDER-007551). Coimbra: Centro de Estudos Sociais da Universidade de Coimbra.

Santos, Cecília MacDowell; Santos, Ana Cristina; Duarte, Madalena; e Lima, Teresa M. (2010b), "Homoparentalidade e desafios ao direito: O caso Silva Mouta na justiça portuguesa e no Tribunal Europeu de Direitos Humanos", *Revista Crítica de Ciências Sociais*, 87, 43-68 [disponível em: <http://www.ces.uc.pt/rccs/index.php?id=2299&id_lingua=1>].

Sol (2008, 3 de outubro), "SOS Racismo congratula-se com condenação de Mário Machado" [disponível em: <http://canais.sol.pt/paginainicial/sociedade/interior.aspx?content_id=111669>, consultado em 10/07/2011].

SOS Racismo (2009), "Dia Internacional dos Direitos Humanos e 19 anos de SOS Racismo", publicado em 10/12/2009 no blogue da associação [disponível em: <http://sosracismo porto.blogspot.com/2009/12/dia-internacional-dos-direitos-humanos.html>, consultado em 11/05/2011].

Suresh, Kumar (1999), "Multiculturalism, Federalism and the Agenda of Human Rights", *in* A. Vijapur e K. Suresh (orgs.), *Perspectives on Human Rights*. New Delhi: Manak Publications, pp. 37-49.

Tatchell, Peter (2002, 6 de julho), "Gay Pride is Now Respectable, and the Worse For It", *The Independent*.

Tavares, Manuela (2003), *Aborto e Contracepção em Portugal*. Lisboa: Livros Horizonte.

UMAR – União de Mulheres Alternativa e Resposta (s.d.), "Assédio Sexual – Rota dos Feminismos contra o assédio sexual – Projecto Umartivismo – O assédio sexual no espaço público, na rua e no trabalho" <http://www.umarfeminismos.org/index.php?option=com_conten t&view=article&id=281&Itemid=96>, consultado em 12/05/2011.

Vijapur, Abdulrahim P.; e Suresh, Kumar (orgs.) (1999), *Perspectives on Human Rights*. New Delhi: Manak Publications.

Woodiwiss, Anthony (2006), "The law cannot be enough: human rights and the limits of legalism", *in* S. Meckled-García e B. Çah (orgs.), *The Legalization of Human Rights. Multidisciplinary Rights and Human Rights Law*. New York: Routledge, pp. 30-44.

CAPÍTULO 8

ESTADOS DE IMPUNIDADE: O PAPEL DAS ONG NA DENÚNCIA DAS VIOLAÇÕES GRAVES E SISTEMÁTICAS DA CONVENÇÃO EUROPEIA DOS DIREITOS HUMANOS*

Loveday Hodson

> *Vamos acabar com o terrorismo, mas estamos a ser travados pela democracia e pelos direitos humanos.*
>
> General Ahmet Corekci[1]

Introdução

Uma característica marcante dos casos levados ao Tribunal Europeu dos Direitos Humanos (doravante, TEDH ou Tribunal), em Estrasburgo, é o grau de envolvimento das Organizações Não-Governamentais (ONG) quando é apresentada uma queixa bem-sucedida ao abrigo do Artigo 2.º ou 3.º da Convenção Europeia dos Direitos Humanos (doravante, CEDH ou Convenção). Estes artigos referem-se, respetivamente, à proteção do direito à vida e à proibição da tortura, e os casos em que são invocados são, por isso, os mais extremos com que o Tribunal se depara. O envolvimento das ONG na litigação que visa violações graves da Convenção é particularmente acentuado quando essas violações fazem parte de padrões sistemáticos de abusos perpetrados impunemente por funcionários do Estado. Neste tipo de situações, geralmente não há investigação efetiva da alegada violação a nível nacional e, quando o caso chega ao Tribunal de Estrasburgo, o Estado em causa muitas vezes não está disposto a cooperar plenamente e de forma aberta no processo.

Neste capítulo aborda-se o motivo que leva as ONG de direitos humanos a desempenhar um papel tão importante na apresentação das violações graves e

---

* Este capítulo foi traduzido do inglês por Victor Ferreira.

[1] Vice-Chefe do Estado-Maior turco, julho de 1995, citado em Amnistia Internacional (AI, 1996a: 3).

sistemáticas dos direitos humanos junto do Tribunal, incluindo execuções extra-judiciais, desaparecimentos, mortes inexplicáveis de presos e tortura. O papel que as ONG desempenham perante outros tribunais internacionais e regionais de direitos humanos está bem documentado,[2] mas tem sido muito menos tratado no contexto do TEDH. O TEDH é normalmente sujeito a um escrutínio legalista, mas não sociopolítico. Por fim, o Tribunal é encarado neste capítulo como um local onde atores politicamente motivados procuram ter impacto no significado que é dado à linguagem da CEDH e utilizar a Convenção como um mecanismo que pode contribuir para a mudança social. Escolheram-se casos patrocinados pelo Centro Europeu para os Direitos dos Ciganos (*European Roma Rights Centre*, doravante, ERRC) e pelo Projeto Curdo de Direitos Humanos (*Kurdish Human Rights Project*, doravante, KHRP) para serem utilizados como estudos de caso que evidenciam o papel que as ONG desempenham em levar perante o Tribunal as violações graves e sistemáticas da Convenção.

1. Metodologia

Este capítulo baseia-se em dados obtidos a partir de um projeto de investigação mais amplo que examina o papel das ONG na litigação perante o TEDH e para o qual se adotou um processo de investigação em duas fases.[3] Primeiro, selecionou-se uma amostra de casos do TEDH que foram analisados relativamente à incidência e ao tipo de envolvimento das ONG («fase quantitativa»). O objetivo desta fase da investigação foi a obtenção de um quadro sistemático da natureza e frequência do envolvimento das ONG. O núcleo da investigação baseou-se fundamentalmente em dados obtidos a partir da análise de casos em que o Tribunal proferiu sentença em 2000.[4] Embora a análise quantitativa tenha salientado o facto de a maioria dos casos do TEDH não ter atraído o envolvimento de ONG, também destacou o impacto significativo que as ONG têm em certas áreas importantes do contencioso do Tribunal.

---

[2] Ver, por exemplo, David Weissbrodt (1977); Peter Willetts (1982, 1996); Henry Steiner (1991); William Korey (1998); Claude E. Welch (2000); Holly Cullen e Karen Morrow (2001); Ann Marie Clark (2001); Tullio Treves (2005); Steve Charnovitz (2006); e Clifford Bob (2009).

[3] Ver Loveday Hodson (2011).

[4] Embora isto possa parecer uma restrição significativa ao número de casos considerados, as estatísticas do Tribunal mostram que o número de decisões proferidas em 2000 aumentou exponencialmente em relação aos anos anteriores, representando 40% do número total de decisões proferidas pelo Tribunal até àquela data.

ESTADOS DE IMPUNIDADE   217

Uma das conclusões mais relevantes da fase inicial da investigação foi o nível relativamente elevado de envolvimento de ONG em casos relacionados com as violações mais graves da Convenção. Em 2000, o Tribunal proferiu sentença em 442 casos. Dos dez casos em que naquele ano o Tribunal considerou haver violação do Artigo 2.º (direito à vida), as ONG estiveram envolvidas em nove. Mais especificamente, oito casos foram patrocinados pelo KHRP contra a Turquia e o outro caso, contra a Bulgária, foi patrocinado pelo ERRC. Pode ver-se um padrão idêntico, embora não tão acentuado, nos casos de alegada violação do Artigo 3.º (proibição da tortura e de penas ou tratamentos desumanos ou degradantes). Das quinze ações bem-sucedidas da amostra de casos intentadas ao abrigo deste Artigo, sete (ou seja, 46,7%) eram «casos de ONG», todos patrocinados pelo KHRP.[5]

Apesar de as ações ao abrigo dos Artigos 2.º e 3.º serem manifestamente uma parte muito escassa do trabalho do Tribunal, ainda assim os resultados da investigação inicial apontaram para a importância do papel que as ONG desempenham no apuramento de responsabilidades pelas violações mais graves, persistentes e flagrantes da Convenção e pela sua condenação internacional.[6] Isto sugere que organizações como o KHRP e o ERRC estão conscientes do contributo que a litigação no TEDH pode dar para concentrar a atenção internacional nas violações dos direitos humanos que ofendem os princípios mais básicos e enraizados da humanidade. A fase inicial da investigação quantitativa acima descrita foi seguida de intensa investigação qualitativa com base em estudos de caso das estratégias de litigação dessas ONG nos casos da amostra, com o objetivo de examinar quer as atitudes, quer o impacto dos atores sociais que procuram influenciar a litigação do Tribunal. Os resultados dessa análise são apresentados neste capítulo.

---

[5] Embora o KHRP tenha sido a única ONG da amostra a intentar com sucesso uma ação ao abrigo do Artigo 3.º, várias outras organizações tentaram sem sucesso intentar ações nos termos do referido Artigo.

[6] Em contraste com os resultados relativos aos Artigos 2.º e 3.º, é interessante notar que as ONG não estão profundamente envolvidas nos casos que envolvem violações do Artigo 6.º da Convenção, que prevê os padrões mínimos para todos os julgamentos de modo a que sejam considerados justos. Mesmo depois de terem sido excluídos da amostra casos relativos a atrasos nos processos internos, ainda ficaram 69 casos em que o Tribunal ouviu queixas relacionadas com o Artigo 6.º (46,3%), tornando-o de longe o Artigo com mais litigação. Uma vez que apenas seis destes casos eram de ONG, pode ver-se que proporcionalmente existem muito menos ONG a interessar-se por casos de alegada violação do referido Artigo.

1.1. O Centro Europeu para os Direitos dos Ciganos: enfrentar a brutalidade policial contra os ciganos

Um dos casos mais preocupantes no âmbito da amostra da investigação foi o de *Anya Velikova c. Bulgária* (TEDH, 2000a), que diz respeito à morte inesperada de um homem romani às mãos da polícia búlgara enquanto estava detido. Este caso, que é digno de nota pela falta de preocupação demonstrada pelas autoridades búlgaras em descobrir a causa da morte do homem em questão e em levar os responsáveis à justiça, faz parte de um padrão mais amplo de discriminação sistemática e de violência episódica que os ciganos enfrentam, em particular nos países da Europa Oriental e Central. Com o apoio de outras ONG (nomeadamente, o Projeto de Direitos Humanos – *Human Rights Project* – e o Comité de Helsínquia da Bulgária), o ERRC conseguiu mobilizar uma estratégia de litigação que acabou por levar a que o TEDH responsabilizasse o governo búlgaro pela morte do Sr. Tsonchev.

Embora o patrocínio do ERRC no caso *Anya Velikova c. Bulgária* (TEDH, 2000a) não seja aparente na sentença do Tribunal, o caso faz parte de uma significativa campanha estratégica de litigação que esta organização tem levado a cabo em nome dos ciganos. Por isso, este caso proporciona uma perspetiva através da qual se pode iniciar uma análise detalhada do papel que o ERRC tem desempenhado (geralmente agindo em cooperação com outras ONG) em chamar a atenção do TEDH para os abusos significativos de direitos humanos que os ciganos da Europa sofrem. Na segunda parte deste capítulo voltaremos a esta questão para explicar com maior profundidade o contexto mais amplo dos abusos.

1.2. O Projeto Curdo de Direitos Humanos: denunciar as graves violações dos Direitos Humanos contra os curdos da Turquia

De entre a totalidade dos casos da amostra, aqueles que sugerem um padrão de violações mais graves da Convenção foram apresentados contra o governo turco em relação ao seu tratamento de pessoas da minoria curda. Este grupo de casos envolve alegações de violação de um grande número dos direitos consagrados na Convenção, mas a sua gravidade é representada pela preponderância de queixas feitas ao abrigo dos Artigos 2.º e 3.º. Onze casos foram patrocinados pelo KHRP, e da sua estratégia de litigação fazia parte chamar a atenção para os abusos extremos dos direitos humanos que ocorrem nas regiões curdas da Turquia. É claro que seria excessivo expor em pormenor os factos de cada um desses 11 casos, mas apresenta-se de seguida uma breve descrição para mostrar a sua gravidade.

ESTADOS DE IMPUNIDADE 219

Três dos casos da amostra patrocinados pelo KHRP dizem respeito ao desaparecimento inexplicado de um familiar do requerente; em cada um deles a acusação era de que a vítima (curda) tinha sido vista pela última vez sob custódia de agentes do Estado (TEDH, 2000b, 2000c, 2000d). Outros três casos envolveram, respetivamente, o assassinato de um médico, de um jornalista e de um sindicalista, não estando ainda identificados os responsáveis (TEDH, 2000e, 2000f, 2000g). Em cada um destes últimos casos alegou-se que as vítimas tinham sido alvo de ameaças por causa das suas atividades pró--curdas. Também foi defendido que as investigações sobre as mortes tinham sido insuficientes e que os agentes do Estado tinham sido, direta ou indiretamente, responsáveis pelas mortes. Outro caso, que faz lembrar o da Sr.ª Velikova, diz respeito à morte do marido da requerente enquanto estava sob custódia policial por suspeita de envolvimento em atividades pró-PKK (Partido dos Trabalhadores do Curdistão)[7], tendo a morte resultado, alegadamente, de brutalidade policial deliberada (TEDH, 2000h). Um outro caso refere-se às circunstâncias que rodearam os disparos fatais sobre o filho do requerente durante uma busca policial ao seu apartamento no âmbito de uma operação para encontrar membros do PKK (TEDH, 2000i). Um outro caso, ainda, diz respeito às denúncias relativas ao ataque deliberado e continuado ao jornal pró-curdo *Özgür Gündem* (TEDH, 2000j).[8] Nos dois últimos casos dos 11 patrocinados pelo KHRP, as denúncias eram, respetivamente, de destruição da casa e das plantações de um requerente (TEDH, 2000k), e do espancamento do irmão do outro requerente, de que resultou uma paralisia permanente (TEDH, 2000l). Alegou-se em relação a estes dois incidentes que tinham sido atos deliberados das Forças de Segurança durante ataques a aldeias com o objetivo de encontrar terroristas do PKK. Escusado será dizer que nenhum destes incidentes foi resolvido satisfatoriamente através de recursos a nível interno.

Uma leitura das deliberações do Tribunal em relação a estes casos dá-nos uma indicação da natureza extremamente controversa destes requerimentos. Foram levantadas variadíssimas objeções em relação à sua admissibilidade e, ao sugerir que muitas constituíam um abuso do direito, o governo turco foi mesmo ao ponto de alegar, entre outras coisas, que os responsáveis pelas averiguações tinham dado uma importância exagerada aos testemunhos dos requerentes

---

[7] O PKK, fundado em 1978, está listado como organização terrorista pelo governo turco (e por vários outros Estados e organizações interestatais).

[8] Para mais informações sobre este caso, ver KHRP (1993, 1998).

OS DIREITOS HUMANOS ENTRE MOBILIZAÇÕES SOCIAIS E JUDICIAIS

(TEDH, 2000c: § 53), que as queixas tinham uma motivação política e que os próprios requerentes não pretendiam intentar a ação (TEDH, 2000k: § 22). O governo turco chegou nalguns casos a intimidar deliberadamente os requerentes, do que resultaram três decisões do Tribunal de que o governo não tinha cumprido a sua obrigação de não impedir o direito de recurso individual nos termos do antigo Artigo 25.º da Convenção (TEDH, 2000g, 2000h, 2000k). A falta de provas que suportassem as alegações dos requerentes foi consistentemente invocada pelo governo requerido para mostrar que não tinha qualquer conhecimento ou responsabilidade pelos diversos incidentes.

Apesar das obstruções do governo turco, os 11 casos patrocinados pelo KHRP foram ainda assim extremamente bem-sucedidos: o Tribunal encontrou em cada um deles uma violação de pelo menos um Artigo da Convenção. Nos oito casos que envolveram uma alegação de que o Estado fora responsável pela morte do familiar do requerente, o Tribunal constatou a violação do Artigo 2.º. Isto baseou-se na constatação de que o Estado turco tinha sido diretamente responsável pela morte em questão ou de que tinha falhado na proteção da vítima, ou de que tinha violado o direito à vida por ter levado a cabo uma investigação insuficiente dos assassinatos. Estatisticamente falando, trata-se de uma taxa de sucesso bastante impressionante.[9] Em sete casos, o Tribunal concluiu que tinha havido uma violação do Artigo 3.º da Convenção. Houve mais oito decisões de que o direito a um recurso efetivo nos termos do Artigo 13.º tinha sido violado. Houve também duas decisões que concluíram pela violação do Artigo 5.º (direito à liberdade e à segurança), uma do Artigo 8.º (direito ao respeito pela vida privada e familiar), uma do Artigo 10.º (liberdade de expressão) e uma do Artigo 1.º do Protocolo 1 (proteção da propriedade). Todavia, as alegações apresentadas em oito casos de que os ataques tinham sido motivados pela origem étnica das vítimas, invocadas ao abrigo do Artigo 14.º da Convenção, não foram julgadas procedentes.

2. Compreender o papel das ONG nestes casos

O papel das ONG nos dois estudos de caso discutidos neste capítulo só pode ser devidamente entendido no contexto de um sentimento nacionalista, que resulta em padrões persistentes de violações graves dos direitos humanos, ainda

---

[9] De entre os casos da amostra, havia 15 queixas admissíveis contra o governo turco ao abrigo do Artigo 2.º da Convenção. Destes, houve uma decisão de violação do direito à vida das vítimas de um total de nove casos submetidos ao Tribunal.

que os romanis e os curdos o tenham experienciado com níveis diferentes de intensidade. O que unifica estes exemplos é que, em ambos, os apelos ao respeito pelos direitos humanos das minorias em causa tiveram de se confrontar com imensos obstáculos e foram mesmo considerados como contrários aos interesses nacionais. Por outro lado, a ratificação da CEDH pelos Estados requeridos proporcionou uma oportunidade muito necessária para combater a violência e a discriminação profundamente arraigadas. É digno de nota, embora talvez não seja surpreendente dadas as consequências diplomáticas e políticas potencialmente graves que podem advir de se revelar que um Estado Contratante viola os direitos humanos e de o expor ao escrutínio internacional, que mesmo estas violações graves e repetidas da Convenção não foram tratadas através de litigação interestatal.[10] Como notam Reidy *et al.* (1997), o procedimento de queixa individual foi redirecionado para preencher este vazio:

> O mecanismo interestatal no âmbito da Convenção foi concebido para levantar estas questões mais importantes de uma forma mais expedita. No entanto, por não haver vontade política dos outros Estados para se envolverem numa queixa desta natureza contra a Turquia, é no contexto do mecanismo de queixas individuais que têm sido feitos esforços para apresentar queixas de violações desta magnitude... As queixas individuais, enquanto meio para chamar a atenção para uma situação geral de violação e de forçar uma investigação judicial às políticas estatais no contexto de uma emergência, podem ter um potencial considerável a longo prazo, especialmente se os Estados continuarem relutantes em chamar à responsabilidade outros Estados por violação dos compromissos por eles assumidos no âmbito da Convenção. Mas, até agora, a experiência destas queixas turcas tem sublinhado as dificuldades (Reidy *et al.*, 1997: 172).[11]

Apesar de a apresentação de uma queixa ao TEDH não ser necessariamente *a* maneira mais eficaz de tratar casos graves de violações dos direitos humanos (para as ONG, tem lugar inevitavelmente em conjunto com a promoção das suas causas, com publicações e com programas educativos), é certamente

---

[10] Pál Dunay defende em relação aos romanis (e daqui podem ser retiradas analogias com a situação dos curdos) que, por serem um grupo sem Estado, «não podem contar com o apoio efetivo de uma nação representada por um Estado» para os apoiar quando os seus direitos são violados (Dunay, 1995: 27).

[11] Estes autores referem (na p. 164) que um dos dois requerimentos interestatais que foram apresentados contra a Turquia foi parcialmente resolvido com base no acordo da Turquia em aderir ao sistema de petições individuais. Ver, também, Menno Kamminga (1994).

reconhecida como *um* meio eficaz de o fazer. Esta perceção é baseada principalmente na extraordinária reputação do Tribunal. Tal como um experiente advogado do ERRC afirmou, «[as suas decisões] recebem uma grande atenção dos média; isso pode ser usado para fazer pressão e mudar a lei».[12] Cada decisão favorável do TEDH aumenta a credibilidade das alegações de que as violações dos direitos humanos são generalizadas e de é que necessária uma reforma sistémica. Quanto maior for esse conhecimento, mais difícil se torna que essas violações continuem impunes, já que se chama a atenção para a situação a nível interno e internacional.

Resolver as questões estruturais que dizem respeito à discriminação contra grupos minoritários enquanto um todo através de queixas individuais é colocar nestas uma expectativa desmesurada. O que emerge dos estudos de caso é o facto significativo de que os principais promotores da pressão para a reforma estrutural através de queixas individuais são as ONG, que usam a influência política proporcionada pelas decisões do TEDH como meio de divulgar a um público mais amplo o tratamento de que são alvo as minorias dos países em causa. Embora esta função ativista da sociedade civil esteja bem documentada no contexto de outros organismos de direitos humanos, não tem havido um reconhecimento tão imediato de que a litigação no TEDH é usada para fins que, em última instância, são transformadores.

2.1. Recursos

Visto à luz crua das realidades económicas, fica claro por que razão as ONG dotadas de recursos adequados têm um papel na instauração de processos judiciais que apontam violações sistemáticas da Convenção. A litigação, mesmo no âmbito do TEDH, pode ser um processo financeiramente dispendioso. Escusado será dizer que os romanis e os curdos são grupos economicamente desfavorecidos, e seria manifestamente irrealista imaginar que os requerentes individuais teriam condições de financiar o tipo de litigação pioneira e bem-sucedida exemplificada nos estudos de caso (Pogany, 2004: 2-4). É impressionante o elevado número de pessoas, especialistas na sua área, que foi necessário para assegurar que a litigação em questão fosse bem-sucedida.[13] A preparação

---

[12] Entrevista a Branimir Plese, advogado sénior do ERRC, 20 de setembro de 2002, Budapeste.

[13] Sobre a importância das redes de ONG em geral, ver Margaret Keck e Katherine Sikkink (1998).

destes casos envolveu, nomeadamente: recolher provas, tais como relatórios médicos; realizar entrevistas; traduzir materiais; conhecer as disposições legais nacionais pertinentes para os casos; garantir que foram esgotadas todas as vias de recurso nacionais; e fundamentar e redigir os processos legais a apresentar ao Tribunal de Estrasburgo.

Foram também mobilizados recursos consideráveis nos casos acima discutidos para garantir, através de vários relatórios de OIG (Organizações Intergovernamentais) e ONG, que o Tribunal estava ciente do contexto político e social das violações concretas de direitos humanos. Também se assinalaram violações sistemáticas através da apresentação de inúmeros requerimentos reiterativos, o que envolveu «a insistência constante na existência de uma prática de violação da Convenção» (Buckley, 2000). Este tipo de informação serviu não só os objetivos mais amplos da litigação, mas também como recurso parcial para a escassez de informações fornecidas – e para os desmentidos exaustivos apresentados – pelos governos requeridos em resposta às alegações dos requerentes. Sem a cooperação do governo em causa, a recolha de provas para demonstrar a violação dos direitos fundamentais pode ser uma tarefa quase impossível. Por isso, é uma tática sensata de litigação garantir que o Tribunal toma conhecimento dos padrões de abuso dos direitos humanos e dos subsequentes padrões de negação.[14] Particularmente nos casos relacionados com os desaparecimentos e as mortes sob custódia policial, é difícil descortinar que estratégia alternativa seria bem-sucedida na ausência de uma investigação eficaz. Nestas situações, é improvável que uma abordagem à litigação concentrada numa violação isolada dos direitos humanos, sem a colocar no seu contexto mais amplo, venha a ser bem-sucedida.

Com estratégias de litigação que envolvem o patrocínio de vários casos, estas ONG também ganham experiência e conhecimentos especializados que lhes permitem antecipar quais as questões que são suscetíveis de vir a ser problemáticas perante o Tribunal e planear a litigação de acordo com isso. As ONG podem desenvolver argumentos e estratégias inovadoras de litigação em resultado das suas experiências como «intervenientes regulares».[15] Para dar um exemplo dos casos da amostra, a questão do cálculo dos danos materiais no caso *Velikova c. Bulgária* (TEDH, 2000a) poderia ter causado dificuldades a um advogado que não conhecesse a cultura e o estilo de vida romani, uma vez que o Sr. Tsonchev

---

[14] Sobre este ponto, ver Reidy *et al.* (1997: 169).

[15] O termo original, *repeat players*, foi cunhado por Marc Galanter (1974).

não tinha um emprego formal e documentado e, por isso, a requerente não tinha forma de provar o seu rendimento. Porém, como foi o ERRC a promover a apresentação da queixa, o fenómeno das condições de trabalho informal entre os romanis pôde ser explicado ao Tribunal, argumentando-se que a recusa em atribuir uma compensação pela perda de rendimentos com base nisso «tornaria impossível qualquer atribuição de uma compensação pecuniária aos romanis ou a outras pessoas que vivam numa economia estritamente baseada em dinheiro vivo» (TEDH, 2000a: § 100).

Da mesma forma, o KHRP contribuiu para desenvolvimentos significativos na jurisprudência do Tribunal, particularmente em relação às matérias de prova. Por exemplo, o «caso KHRP» de *Timurtas c. Turquia* (TEDH, 2000b), em que o Tribunal considerou haver uma violação do Artigo 2.º em resultado de um desaparecimento, foi particularmente importante para contestar uma decisão anterior em que o Tribunal defendeu que o Artigo 5.º era o que melhor se ajustava para considerar um «desaparecimento» (direito à liberdade e segurança) (TEDH, 1998). Para este efeito, o KHRP também está numa posição que lhe permite aproveitar os conhecimentos de outras organizações. No caso *Timurtas c. Turquia* (TEDH, 2000b), o KHRP pediu ao *Center for Justice and International Law* (Centro para a Justiça e o Direito Internacional – uma ONG com sede em Washington) para fornecer comentários escritos sobre a jurisprudência do Tribunal Interamericano de Direitos Humanos relativamente a desaparecimentos. Esta intervenção ajudou a convencer o Tribunal a adaptar as suas regras para as situações de violações graves e sistemáticas dos direitos humanos. Como Buckley observa em relação à litigação do KHRP em geral:

> Embora os casos em termos genéricos tenham sido valiosos no desenvolvimento da jurisprudência da Convenção, também se pode afirmar que abriram novos caminhos e lançaram as bases para futuras ações no âmbito da Convenção que envolvam conflito armado interno e graves violações dos direitos humanos (Buckley, 2000: 167).

Ao desenvolver uma estratégia de litigação de longo prazo, o KHRP foi bem-sucedido em conseguir que o Tribunal desenvolvesse práticas mais adequadas para lidar com situações de graves e sistemáticas violações de direitos. O conhecimento e a experiência da litigação internacional dos direitos humanos garantem que as ONG estão em melhor posição para enfrentar graves violações dos direitos humanos do que estaria um indivíduo com ou sem um advogado.

2.2. Acesso à Justiça

Assumindo que um requerente está em condições de utilizar o sistema de Estrasburgo para enfrentar o seu governo, a noção de portador individual de direitos pressupõe que consiga encontrar um advogado disposto a representá-lo. Na maioria dos sistemas de justiça, os indivíduos não compreendem bem a linguagem da lei e não sabem como se relacionar com o sistema legal, recorrendo-se normalmente aos advogados para superar essa dificuldade e para tornar os sistemas de justiça acessíveis. Mas o acesso à assistência jurídica nem sempre é fácil. Um ex-funcionário do Projeto de Direitos Humanos (HRP – *Human Rights Project*) que entrevistei assinalou que é frequente os romanis que sofrem uma violação de direitos humanos «não saberem... onde se devem dirigir, como apresentar uma queixa, obter atestados médicos».[16] O HRP refere que a maioria das queixas dos romanis é feita «oralmente a uma qualquer autoridade local. Estas queixas nunca são documentadas e o seu valor legal é nulo» (HRP, 1996). Um outro ponto que me foi referido em entrevista foi que os romanis pura e simplesmente «não têm dinheiro para se deslocarem» de modo a poderem consultar advogados.[17] Por isso, é frequente os membros do pessoal do HRP deslocarem-se para visitar (potenciais) queixosos para realizar entrevistas e averiguações. Em relação ao primeiro estudo de caso discutido neste capítulo, a falta de acesso a advogados para remediar as violações dos direitos humanos seria sem dúvida ainda mais exacerbada pela ausência generalizada de conhecimentos sobre o sistema da Convenção entre os advogados búlgaros, uma vez que, em relação à Bulgária, a Convenção só entrou em vigor a 7 de setembro de 1992.[18]

Mesmo que soubesse a quem recorrer, a Sra. Velikova poderia ter tido dificuldades em encontrar um advogado privado disposto a representá-la. Já foi referido que no momento da morte do Sr. Tsonchev não havia advogados romanis qualificados na Bulgária, e Istvan Pogany escreveu recentemente que «os advogados romanis ainda são muito poucos para que possam ser eles a representar o seu povo nas suas queixas» (Pogany, 2004: 46). Nestas circunstâncias, é particularmente preocupante notar que na Bulgária pós comunista haja tão poucos advogados não-romanis dispostos a aceitar casos dos romanis.[19]

---

[16] Entrevista a Ivan Ivanov, 18 de setembro de 2002.

[17] Entrevista a Ivan Ivanov, 18 de setembro de 2002.

[18] Sobre a falta de conhecimentos dos advogados búlgaros sobre as leis de direitos humanos nesta altura, ver Dimitrina Petrova (1994: 41).

[19] Entrevista a Ivan Ivanov, 18 de setembro de 2002. Ver, também, Petrova (1994: 5).

Os advogados parecem temer que os clientes romanis não lhes possam pagar os honorários em casos que, de qualquer modo, oferecem poucas perspetivas de uma compensação financeira adequada.

Além disso, os advogados têm razões para a sua relutância em defender causas impopulares. O HRP referiu que, no contexto de um crescente sentimento nacionalista, a aceitação de um caso de direitos humanos contra o Governo pode ser encarada como antipatriótica e contrária ao interesse nacional:

> Constitui uma questão de grande preocupação o facto de os «direitos humanos» se estarem novamente a tornar palavras «obscenas» na sociedade búlgara, tal como acontecia durante o regime comunista. Nessa altura, os defensores dos direitos humanos eram vistos como traidores da ordem comunista e agentes do imperialismo mundial, agora são considerados traidores da Nação e agentes de «interesses estrangeiros» (HRP, 1994: 24).

In extremis, a hostilidade contra os defensores dos direitos humanos manifesta-se através da violência. O próprio HRP, por exemplo, refere que tem sido alvo de ameaças dos neonazis (HRP, 1994: 22). De igual modo, a litigação relacionada com os direitos humanos dos curdos é claramente encarada pelo governo turco como parte de uma campanha política pró-curda inspirada por ideais separatistas. Por exemplo, nas observações do governo turco num dos casos do KHRP referidos acima afirma-se que a queixa foi:

> preparada com implicações raciais [...] [que] têm sido constantemente utilizadas pelos representantes dos requerentes em quase todas as queixas provenientes do sudeste da Turquia. O Estado requerido acredita que o objetivo desse esforço é estabelecer a convicção de que o sudeste do Estado turco deve ser considerado como um território curdo, o que também foi claramente definido e aceite pelo líder da organização terrorista PKK durante o julgamento na ilha de Imrali, em maio de 1999, perante o Tribunal de Segurança do Estado de Ancara. Por conseguinte, pode ver-se facilmente que há aqui um paralelo com os objetivos da chamada linha Diyarbakir-Londres e com as reivindicações teóricas e práticas do PKK.[20]

Durante o conflito na Turquia, os advogados que procuraram expor os abusos dos direitos humanos dos curdos perante os tribunais nacionais e internacionais

---

[20] *Turkish Government's Observations in Timurtas v. Turkey*, s.d., recebido a 1 de julho de 1999 (arquivado na Secretaria do TEDH).

ESTADOS DE IMPUNIDADE 227

foram «recompensados» com condenações penais e sentenças de prisão ao abrigo das leis antiterrorismo.[21] Uma acusação contra 16 advogados de Diyarbakir por alegadamente pertencerem ao PKK incluía mesmo como prova dessa acusação o facto de esses advogados terem patrocinado queixas à Comissão Europeia de Direitos Humanos do Conselho da Europa.[22] Verificou-se o encerramento frequente de delegações da Associação de Direitos Humanos (*Human Rights Association* – HRA),[23] o assédio dos seus advogados[24] e a apreensão de documentos relacionados com os seus casos (KHRP, 1995: 4). De facto, um número de casos patrocinado pelo KHRP diz respeito ao assédio de defensores dos direitos humanos.[25] Mais preocupantes ainda são os relatos referentes a advogados vítimas de «assassínios por autores desconhecidos» (KHRP, 1995: 4). Neste clima, não admira que a HRA e o KHRP funcionem em função do princípio simples de segurança do quanto mais, melhor:

> A Associação dos Direitos Humanos foi bastante corajosa ao insistir em aceitar estes casos. Não eram advogados individuais... Era mais seguro sermos nós a aceitar os casos e era mais seguro para os documentos (Kerim Yildiz, entrevista, 25 de novembro de 2002).

A força relativa das ONG significa que têm uma maior capacidade de resistir a qualquer reação que ocorra na sequência de apelos para que os direitos humanos sejam respeitados. Além disso, o facto de o KHRP estar localizado fora da Turquia significou que não sofreu problemas de assédio e neste aspeto foi claramente vantajoso ter uma organização fora da Turquia a lidar com as queixas e a chamar a atenção para as violações do governo turco.

---

[21] Ver, em geral, KHRP (1995) e Buckley (2000: 154). A Amnistia Internacional (AI) chamou a atenção para a situação de vários advogados e defensores dos direitos humanos na Turquia. Ver, por exemplo, AI (1996b, 1999a, 1999b, 2001).

[22] Acusação datada de 12 de janeiro de 1995, reproduzida como apêndice 4 em KHRP (1995).

[23] Por exemplo, a delegação de Diyarbakir do HRA foi encerrada em maio de 1997 (AI, 1997).

[24] Por exemplo, Sezgin Tanrikulu, de Diyarbakir, tem sido um alvo particular de perseguição (AI, 2002).

[25] Ver, por exemplo, TEDH (2003).

2.3. Falta de Consciência Litigante

A suposição de que os indivíduos consideram o recurso a medidas legais quando confrontados com (aquilo a que os advogados designariam por) uma violação dos direitos humanos pode basear-se mais no otimismo dos advogados do que no realismo sociológico. A ideia do litigante independente não tem em conta o facto de que os indivíduos podem vivenciar violações sistemáticas dos direitos humanos sem necessariamente as nomear como tal (Petrova, 1994: 4).[26] Na verdade, a opressão e a marginalização – já para não falar da natureza cada vez mais tecnocrática dos direitos humanos – podem funcionar como forma de garantir que a linguagem enérgica e exigente dos direitos humanos não surja facilmente a minorias como os romanis e os curdos. Já se afirmou antes que na altura da morte do Sr. Tsonchev ocorriam impunemente violações dos direitos dos romanis na Bulgária. Por isso, não é de estranhar que nessa altura os romanis evitassem recorrer a medidas legais e à afirmação dos seus direitos. Em situações destas, não faz sentido ter a expetativa de que a força motriz da litigação seja o portador individual de direitos.

A perspetiva de quem trabalha no terreno é de que as ONG são necessárias para desempenhar um papel ativo nessas situações, de modo a criar uma cultura de direitos humanos e de gerar uma consciência litigante. Como explica um relatório do HRP:

> A presunção de que o cliente é a parte ativa na relação advogado-cliente – o que na Bulgária sempre fez parte dos estereótipos culturais – é contraproducente no caso da representação de clientes da minoria romani. A representação legal das vítimas romanis de abusos dos direitos humanos exige que o advogado de defesa assuma o papel de liderança. Para além de o cliente ter de confiar nele, é preciso que o siga, ou seja, o advogado tem de persuadir o cliente a cooperar com ele e a não desanimar. A passividade do povo romani, que faz parte do seu papel submisso na sociedade, torna a tarefa do advogado bastante diferente quando comparada com a prática «normal». O advogado de direitos humanos está lá para motivar a vítima a procurar a reparação por meio da lei (HRP, 1994: 15).

Quando o custo de interpor uma ação é potencialmente bastante elevado para o indivíduo, as ONG constataram que é preciso procurar os clientes e

---

[26] Sobre a mesma questão no contexto do Uganda, ver Susan Dicklitch e Doreen Lwanga (2003: 482-509).

incentivá-los a litigar.[27] Como afirmou Ivan Ivanov, antigo membro da equipa do HRP: «Os advogados não estão propriamente interessados em ir para o terreno. Mas as vítimas não vão ter com eles. Se se pretende que conheçam os seus direitos, é preciso ir ter com elas e perguntar-lhes qual é o problema».[28] Embora seja incorreto e demasiado simplista enfatizar a passividade de todos os romanis,[29] o HRP verificou que, apesar de terem experienciado situações de discriminação grave na era pós-comunista, para os romanis, «a lei e o judiciário em particular não eram encarados como uma ferramenta para a mudança» (HRP, 1996: 10). Isto pode ser pelo menos parcialmente explicado pela tradição da cultura romani de ceticismo e reserva em relação ao Estado e à burocracia que lhe está associada, que são vistos como estranhos e ao serviço dos interesses dos *gadje* (não ciganos – corresponde ao significado original de *gajo*). Pogany assinala que os «baixos níveis de literacia fazem com que a maioria dos romanis não possua as competências necessárias para comunicar eficazmente com a sociedade não romani» (Pogany, 2004: 46). Por isso, as ONG como o ERRC tiveram de abandonar a abordagem tradicional da advocacia a favor do desenvolvimento de um relacionamento pró-ativo com os (potenciais) queixosos. A linguagem dos direitos humanos é usada para legitimar esta luta pelo reconhecimento político dos romanis.[30]

Embora o KHRP, quando foi criado, em 1992, tivesse um papel de sensibilização em relação à Convenção, a situação em que atua é relativamente diferente da do ERRC. Os curdos da Turquia constituem um grupo numeroso, muitos dos quais têm formação escolar, vivem em cidades, e têm uma grande consciência política. Muitas das vítimas e dos requerentes envolvidos em casos patrocinados pelo KHRP são intelectuais curdos com um nível elevado de habilitações literárias, incluindo jornalistas, médicos e professores. Muitos são também politicamente ativos e conscientes dos seus direitos humanos, até porque a Turquia ratificou a Convenção em 1954. Por isso, a mensagem de direitos humanos do KHRP-HRA foi transmitida a um público recetivo e ávido, e o grande número de casos instaurados contra o governo turco é testemunho disso mesmo. No entanto, é evidente pela jurisprudência do TEDH que tem havido por parte

---

[27] Para um relato interessante das dificuldades do HRP em conseguir um requerente romani para cooperar na litigação, ver N. Ghughinski (1996: 7-10).

[28] Entrevista a Ivan Ivanov, 18 de setembro de 2002.

[29] Para uma descrição do aumento da política de pressão entre os ciganos de Inglaterra e do País de Gales, ver Thomas Acton (1974), particularmente as Partes 3, 4, 5 e 7.

[30] Ver, em geral, Nicolae Gheorghe e Thomas Acton (2001: 54-70).

OS DIREITOS HUMANOS ENTRE MOBILIZAÇÕES SOCIAIS E JUDICIAIS

do governo turco uma grave intimidação aos requerentes e aos advogados que tentam desafiar a sua atuação ao nível dos direitos humanos,[31] havendo numerosas queixas bem-sucedidas em relação à sua interferência no direito de petição.[32] Talvez o caso mais notável seja o de *Aksoy c. Turquia* (TEDH, 1996b), que foi o primeiro caso contra a Turquia relacionado com o Artigo 3.º da Convenção, em que o requerente foi morto em circunstâncias suspeitas antes de o Tribunal ter proferido sentença. Nestas circunstâncias, o papel do KHRP, juntamente com a HRA, é garantir a existência de um espaço em que a crescente consciência litigante possa prosperar e proporcionar o máximo incentivo e segurança possíveis aos requerentes que estão potencialmente a colocar-se em risco.

3. Conclusão

Está a emergir um paradigma global em que se atribui cada vez mais importância à sociedade civil enquanto espaço para dar forma aos direitos humanos e para os aplicar. Isto abre uma via particularmente interessante, e em grande parte inexplorada, para tirar partido da litigação no TEDH. Em particular, permite ir para além de uma visão da litigação do Tribunal como um processo de argumentação metafísica abstrata ou como a resolução de batalhas microcósmicas e discretas entre indivíduos e Estados e, em vez disso, abriu a possibilidade de o examinar como um processo sociopolítico tangível para o qual é atraída uma miríade de atores. Os direitos humanos, tal como são apresentados neste livro, emergem a partir de lutas sociais e políticas concretas e são o vocabulário daqueles que procuram alterar as estruturas de poder enraizadas.

Tanto o ERRC como o KHRP vêem-se a si próprios como tendo um papel a desempenhar na chamada de atenção para os padrões de discriminação que estão na base da litigação em que estão envolvidos e como meio pelo qual são promovidos conceitos como o Estado de Direito e os Direitos Humanos. Os casos discutidos neste capítulo podem ser descritos como construções deliberadas das ONG que são promovidas com a finalidade de realçar as violações sistemáticas dos direitos humanos.[33] No entanto, esses programas de litigação transformadores levantam inevitavelmente questões sobre quem é que beneficia da litigação. Em ambos os estudos de caso, os governos requeridos argumentaram

---

[31] Ver, por exemplo, TEDH (1996a, 1997, 1998).

[32] Ver, em geral, HRW (1996).

[33] Naturalmente que a litigação pode capacitar o indivíduo. Um dos objetivos do ERRC é aumentar a consciencialização dos ciganos para os seus direitos a fim de que eles próprios os possam usar. Ver, por exemplo, Claude Cahn (2001).

que a litigação em questão não tinha sido para benefício dos requerentes mas, sim, para beneficiar as ONG. No caso *Velikova c. Bulgária* (TEDH, 2000a), por exemplo, o Ministério da Justiça búlgaro referiu-se à:

tendência preocupante, que o governo búlgaro também já tinha observado antes, de o facto de se ter um processo no Tribunal Europeu se tornar em si mesmo num negócio rentável, e não para os clientes – que têm o direito de fazer valer os seus direitos –, mas para os seus defensores, que, depois de o processo avançar e de se tornar evidente que é o Estado – e não o cliente – que vai pagar, conseguem facilmente que os clientes requerentes assinem acordos de assistência jurídica fictícios, que incluem somas artificialmente empoladas que os clientes não pagaram. A aprovação dessas pretensões pelo Tribunal tem um efeito extremamente desmoralizador para a sociedade búlgara, lançando a dúvida sobre os objetivos humanos pretendidos através da [Convenção].[34]

Em certa medida, estas críticas aos programas de litigação das ONG têm um fundo de verdade. Uma vez que as ONG discutidas neste capítulo têm objetivos ambiciosos para a sua litigação, os seus casos não são selecionados com base no seu valor para o litigante individual, mas pela sua utilidade para lidar com questões de interesse mais amplo. Os casos de violações explícitas da Convenção são selecionados não apenas por causa da sua urgência, mas também pela sua eficácia na mobilização internacional. Por isso, é óbvio que os objetivos das ONG em levar tais casos à atenção do Tribunal podem diferir em alguns aspetos dos objetivos dos requerentes individuais.[35] A priorização dos objetivos das ONG nestas circunstâncias talvez seja ainda mais provável quando o financiamento e o direcionamento das estratégias de litigação das organizações têm pouco ou nada que ver com os requerentes em cujo nome são apresentados.

As críticas às estratégias de litigação das ONG são particularmente relevantes quando sublinham as ligações ténues entre a organização e as comunidades que declaram servir e, em particular, quando sugerem que estas organizações

---

[34] Telecópia sem data enviada ao TEDH, recebida a 17 de agosto de 2000 (arquivada na Secretaria do Tribunal). Também foram feitas críticas ao papel das ONG durante os processos internos. Ver, por exemplo, as críticas da polícia referidas em HRP (1996: 11).

[35] No caso *Velikova c. Bulgária* (TEDH, 2000a), conforme se referiu atrás, parece que não houve comunicação entre a requerente e o ERRC, embora, como já foi observado, ela tenha estado em contacto com o HRP.

são movidas pelos imperativos dos seus financiadores.[36] Na verdade, o ERRC é relativamente autocrítico em relação a este ponto:

> Seria melhor se fossem advogados ciganos a fazer isto. Nós não somos uma organização maioritariamente composta por ciganos. Pertencer à comunidade afetada faz uma grande diferença. Não nos podemos esquecer por que razão estamos aqui. Os advogados não estão interessados nas pessoas. Temos uma visão enviesada a favor da lei, não dos ciganos.[37]

A acusação de que organizações como o ERRC e o KHRP procuram ter um impacto transnacional significativo sobre as políticas internas dos Estados é absolutamente correta. Não só é introduzido conhecimento técnico sobre o sistema de Estrasburgo através dos seus programas de litigação, mas também a ideologia dos direitos humanos e do Estado de Direito. Naturalmente, a consequência disto é que as reais necessidades das comunidades em questão podem acabar por ser ignoradas uma vez que a luta pelos direitos ocorre sem um envolvimento estreito daqueles que deviam ser os seus beneficiários. Como observa Pogany em relação aos romanis, «o respeito pelos direitos básicos dos romanis não vai, por si só, resolver muitos dos problemas de fundo que a minoria enfrenta atualmente» (2004: 150).

Ainda que não haja dúvidas de que estas críticas são válidas, e que devem ser realmente levadas a sério pelas ONG envolvidas em estratégias proativas de litigação, os estudos de caso discutidos neste capítulo recomendam fortemente que elas não devem constituir um motivo para paralisar o trabalho destas organizações. Os mecanismos da Convenção foram concebidos com base num pressuposto de autonomia por parte do requerente individual, mas este capítulo destaca o facto de que, na prática, anos de opressão e a força relativa do potencial oponente na litigação podem tornar ilusória essa liberdade para aqueles que mais precisam das proteções da Convenção. É evidente que o ideal liberal do ator independente e capacitado (requerente) que é livre de levar a Estrasburgo a sua queixa contra o governo, um ideal refletido nos procedimentos do Tribunal, é inadequado para descrever a prática efetiva de litigação dos direitos humanos em situações extremas de abuso dos direitos. Tem havido comentadores a assinalar

---

[36] Para uma perspetiva crítica das ONG romanis, ver Nidhi Trehan (2001: 134-149). Para uma crítica das ONG de direitos humanos no contexto do Uganda, que contém uma bibliografia impressionante de literatura revisionista sobre o trabalho destas organizações, ver Dicklitch e Lwanga (2003: 483).

[37] Entrevista a Dimitrina Petrova, 20 de setembro de 2002.

que os mecanismos individuais do Tribunal não são um meio eficaz de lidar com violações sistemáticas da Convenção (Reidy *et al.*, 1997: 162). Os exemplos discutidos neste capítulo enfatizam o fracasso dos recursos internos e da litigação interestatal nestas situações. De facto, o mesmo padrão está a emergir em países que ratificaram a Convenção mais recentemente. A grande maioria dos inúmeros requerimentos apresentados ao TEDH resultantes do doloroso conflito na Chechénia, por exemplo, tem sido, e continuará a ser, proposta por ONG de direitos humanos.[38]

Aqueles que clamam pelos direitos das minorias nestas situações enfrentam uma enorme resistência popular e oficial e, dada a extensão e a natureza das violações dos direitos humanos enunciadas e a falta de influência política e económica dos grupos minoritários em causa, talvez não seja de estranhar que tenha havido organizações externas a tentar criar um espaço para estas comunidades expressarem os seus direitos. As limitações dos modelos individualistas de litigação deixaram uma lacuna clara – embora estreita – para as ONG desenvolverem estratégias de litigação em nome das comunidades excluídas, lacuna essa que elas estão a tentar explorar. A prevalência da atividade das ONG na litigação dessas situações sugere que é através da ação coletiva que os governos são confrontados de forma eficaz. É indiscutível que estas ONG criam casos que quase de certeza não existiriam se não fossem elas a acioná-los, e também é indiscutível que sem o seu envolvimento algumas das violações mais extremas da Convenção ficariam sem resposta. No entanto, dado o seu distanciamento relativamente ao terreno, a utilidade destas ONG é, em última análise, de valor limitado. É de esperar que os projetos discutidos neste capítulo sejam vistos como desnecessários – e talvez irrelevantes – à medida que as comunidades forem usando o espaço que foi criado em seu nome para articular a etapa seguinte da sua luta.

Por fim, o que dizer da questão de saber se as ONG politizam indevidamente os trabalhos do Tribunal ao expor situações com esta amplitude? Dunay escreve que as queixas que abordam problemas sistémicos colocam os tribunais perante um problema de difícil solução:

> Se estes organismos se continuam a concentrar em violações individuais, podem tornar-se politicamente irrelevantes. Se reagem ao desafio colocado pelos conflitos políticos, podem muito bem tornar-se demasiado politizados. A escolha não é

---

[38] Ver Philip Leach (2008).

fácil, particularmente à luz da possibilidade de se alargar o número de membros do Conselho da Europa, que passaria a incluir países que enfrentam conflitos ainda mais graves com minorias (Dunay, 1995: 41).

Proponho que o caminho a seguir seja o reconhecimento de que a litigação do Tribunal nessas circunstâncias é *inerentemente* político, e as ONG não o estão a *tornar* político. As ONG têm reconhecido que o Tribunal é um instrumento que tem o potencial para lidar com violações sistemáticas dos direitos humanos e as suas estratégias exigem que o Tribunal tome conhecimento do contexto em que ocorrem as violações dos direitos. Como Reidy *et al.* referem:

> A existência de uma situação de violação generalizada tem um impacto significativo na probabilidade de um indivíduo ser exposto a abusos de direitos humanos, bem como no caráter de tais abusos. Ignorar o contexto em que um indivíduo sofreu uma violação em tais circunstâncias é falhar na forma de lidar com a natureza da infração (Reidy *et al.*, 1997: 164).

Demonstrar respeito pelos direitos humanos pode exigir que um Estado tenha de lidar com as questões profundas de discriminação na sociedade e o Tribunal deve ter um papel na promoção desta abordagem. Na verdade, isto é implicitamente reconhecido por aqueles que atualmente defendem que o Tribunal tem uma «missão constitucional» a cumprir juntamente com o seu papel de fazer justiça individual.[39] Ao apresentar argumentos sobre a natureza estrutural das graves e sistemáticas violações dos direitos humanos, ONG como o ERRC e o KHRP dão um contributo importante para que o Tribunal seja um instrumento eficaz de proteção para algumas das comunidades mais vulneráveis da Europa.

Referências bibliográficas

Acton, Thomas (1974), *Gypsy Politics and Social Change: The Development of Ethnic Ideology and Pressure Politics Among British Gypsies from Victorian Reformists to Romany Nationalism*. London/ Boston: Routledge & Kegan Paul.

AI – Amnistia Internacional (1996a), *Turkey: No Security Without Human Rights*. London: Amnesty International Publications, 3.

AI (1996b), *Turkey: Lawyers Severely Ill-Treated Outside Buca Prison in Izmir* (1/03/1996, AI Index: EUR 44/031/1996) [disponível em: <http://www.amnesty.org/en/library/info/ EUR44/031/1996/en>].

---

[39] Ver, por exemplo, Steven Greer (2005).

AI (1997), *Turkey: Authorities Shut Down Key Human Rights Branch* (AI Index: Eur 44/039/ 1997, 23/05/1997) [disponível em: <http://www.amnesty.org/en/library/info/ EUR44/039/1997/en>].

AI (1999a), *Turkey: "Creating a Silent Society": The Turkish Government Prepares to Imprison Leading Human Rights Defender* (AI Index: Eur 44/005/1999, 01/02/1999) [disponível em: <http:// www.amnesty.org/en/library/info/EUR44/005/1999/en>].

AI (1999b), *Turkey: Öcalan Lawyers at Risk* (AI Index: Eur 44/020/1999, 26/02/1999) [disponível em: <http://www.amnesty.org/en/library/info/EUR44/020/1999/en>].

AI (2001), *Turkey: Fear for Safety/Fear of Arrest of Human Rights Defenders* (AI Index: Eur 44/003/2001, 16/01/2001) [disponível em: <http://www.amnesty.org/en/library/info/ EUR44/003/2001/en>].

AI (2002), *Turkey: Further Information on Medical Action: Harassment of Human Rights Foundation, Diyarbakir* (AI Index: EUR 44/009/2002, 18/02/2002) [disponível em: <http://www. amnesty.org/en/library/info/EUR44/009/2002/en>].

Bob, Clifford (org.) (2009), *The International Struggle for New Human Rights.* Philadelphia: University of Pennsylvania Press.

Buckley, Carla (2000), *Turkey and the European Convention on Human Rights: A Report on the Litigation Programme of the Kurdish Human Rights Project.* London: KHRP.

Cahn, Claude (2001), "Justice and Empowerment", *Roma Rights,* 1 [disponível em: <http:// www.errc.org/cikk.php?cikk=654>].

Charnovitz, Steve (2006), "Nongovernmental Organizations and International Law", *American Journal of International Law,* 100(2), 348-372 [disponível em: <http://www.jstor.org/ stable/3651151>].

Clark, Ann Marie (2001), *Diplomacy of Conscience: Amnesty International and Changing Human Rights Norms.* Princeton: Princeton University Press.

Cullen, Holly e Morrow, Karen (2001), "International Civil Society in International Law: The Growth of NGO Participation", *Non-State Actors and International Law,* 1, 7-39 [disponível em: <http://dx.doi.org/10.1163/15718070121003419>].

Dicklitch, Susan e Lwanga, Doreen (2003), "The Politics of Being Non-Political: Human Rights Organizations and the Creation of a Positive Human Rights Culture in Uganda", *Human Rights Quarterly,* 25(2), 482-509 [disponível em: <http://muse. jhu.edu/login?auth=0&type=summary&url=/journals/human_rights_quarterly/ v025/25.2dicklitch.html>].

Dunay, Pál (1995), "Nationalism and Ethnic Conflicts in Eastern Europe: Imposed, Induced or (Simply) Re-emerged", *in* Istvan Pogany (org.), *Human Rights in Eastern Europe.* Aldershot: Edward Elgar, pp. 17-45.

Galanter, Marc (1974), "Why the 'Haves' Come out Ahead: Speculations on the Limits of Legal Change", *Law and Society Review,* 9(1), 95-160 [disponível em: <http://www.lawforlife.org. uk/data/files/whythehavescomeoutahead-33.pdf>].

Gheorghe, Nicolae e Acton, Thomas (2001), "Citizens of the World and Nowhere", *in* Will Guy (org.), *Between Past and Future: the Roma of Central and Eastern Europe.* Hatfield: University of Hertfordshire Press, pp. 54-70.

Ghughinski, N. (1996), "Roma Wins a Lawsuit against the Ministry of Internal Affairs", *Focus*, 2 (HRP Newsletter, January-April), 7-10.

Greer, Steven (2005), "Protocol 14 and the Future of the European Court of Human Rights", *Public Law* (Spring), 83, 96-106.

Hodson, Loveday (2011), *NGOs and the Struggle for Human Rights in Europe*. Oxford: Hart.

HRP – Human Rights Project (1994), *Annual Report: 1994*. Sofia: HRP.

HRP (1996), *Focus*, 2 (HRP Newsletter May-June).

HRW – Human Rights Watch (1996), *Violations of the Right of Petition to the European Commission of Human Rights*. New York: Human Rights Watch/Helsinki [disponível em: <http://www. hrw.org/legacy/reports/1996/Turkey.htm>].

Kamminga, Menno (1994), "Is the European Convention on Human Rights Sufficiently equipped to Cope with Gross and Systematic Violations?", *Netherlands Quarterly of Human Rights*, 12(2), 153-164.

Keck, Margaret e Sikkink, Katherine (1998), *Activists Beyond Borders: Advocacy Networks in International Politics*. Ithaca, NY: Cornell University Press.

KHRP – Kurdish Human Rights Project (1993), *Freedom of the Press in Turkey: The Case of Özgür Gündem*. London: KHRP/Article 19/Medico International.

KHRP (1995), *The European Convention Under Attack: The Threat to Lawyers in Turkey and the Challenge to Strasbourg – A Report of Delegations to Turkey Between February and May 1995*. London: KHRP/the International Bar Association/the BHRC of England and Wales/Law Society.

KHRP (1998), *State Before Freedom: Media Repression in Turkey*. London: Article 19/KHRP.

Korey, William (1998), *NGOs and the Universal Declaration of Human Rights: "A Curious Grapevine"*. New York: St Martin's Press.

Leach, Philip (2008), "The Chechen Conflict: Analysing the Oversight of the European Court of Human Rights", *European Human Rights Law Review*, 6, 732-761.

Petrova, Dimitrina (1994), *Violations of the Rights of Gypsies in Bulgaria*. Sofia: Human Rights Project.

Pogany, Istvan (2004), *The Roma Café: Human Rights and the Plight of the Romani People*. London: Pluto Press.

Reidy, Aisling; Hampson, Françoise; e Boyle, Kevin (1997), "Gross Violations of Human Rights: Invoking the European Convention on Human Rights in the Case of Turkey", *Netherlands Quarterly of Human Rights*, 15(2), 161-173.

Steiner, Henry (1991), *Diverse Partners: Non-Governmental Organizations in the Human Rights Movement*. Cambridge, MA: Harvard Law School Human Rights Program.

TEDH – Tribunal Europeu dos Direitos Humanos (1996a), *Akdivar e Outros c. Turquia*, queixa n.º 21893/93, acórdão de 16 de setembro, R-1996-IV [disponível em: <http://cmiskp.echr. coe.int/tkp197/view.asp?action=html&documentId=695939&portal=hbkm&source=ext ernalbydocnumber&table=F69A27FD8FB86142BF01C1166DEA398649>].

TEDH (1996b), *Aksoy c. Turquia*, queixa n.º 21987/93, acórdão de 18 de dezembro, R-1996-VI [disponível em: <http://cmiskp.echr.coe.int/tkp197/view.asp?action=html&documentId =695880&portal=hbkm&source=externalbydocnumber&table=F69A27FD8FB86142B F01C1166DEA398649>].

TEDH (1997), *Mentes e Outros c. Turquia*, queixa n.º 23186/94, acórdão de 28 de novembro, R-1997-VIII [disponível em: <http://cmiskp.echr.coe.int/tkp197/view.asp?action=html& documentId=695997&portal=hbkm&source=externalbydocnumber&table=F69A27FD 8FB86142BF01C1166DEA398649>].

TEDH (1998), *Kurt c. Turquia*, queixa n.º 24276/94, acórdão de 25 de maio, R-1998-III [disponível em: <http://cmiskp.echr.coe.int/tkp197/view.asp?action=html&documentId=6 96075&portal=hbkm&source=externalbydocnumber&table=F69A27FD8FB86142BF0 1C1166DEA398649>].

TEDH (2000a), *Velikova c. Bulgária*, queixa n.º 41488/98, acórdão de 18 de maio, R-2000-VI [disponível em: <http://cmiskp.echr.coe.int/tkp197/view.asp?action=html&documentId =696708&portal=hbkm&source=externalbydocnumber&table=F69A27FD8FB86142B F01C1166DEA398649>].

TEDH (2000b), *Timurtas c. Turquia*, queixa n.º 23531/94, acórdão de 13 de junho, R-2000-VI [disponível em: <http://cmiskp.echr.coe.int/tkp197/view.asp?action=html&documentId =696778&portal=hbkm&source=externalbydocnumber&table=F69A27FD8FB86142B F01C1166DEA398649>].

TEDH (2000c), *Tas c. Turquia*, queixa n.º 24396/94, acórdão de 14 de novembro, 1.ª Secção [disponível em: <http://cmiskp.echr.coe.int/tkp197/view.asp?action=html&documentId =696853&portal=hbkm&source=externalbydocnumber&table=F69A27FD8FB86142B F01C1166DEA398649>].

TEDH (2000d), *Ertak c. Turquia*, queixa n.º 20764/92, acórdão de 9 de maio, R-2000-V [disponível em: <http://cmiskp.echr.coe.int/tkp197/view.asp?action=html&documentI d=697076&portal=hbkm&source=externalbydocnumber&table=F69A27FD8FB86142 BF01C1166DEA398649>].

TEDH (2000e), *Mahmut Kaya c. Turquia*, queixa n.º 22535/93, acórdão de 28 de março, R-2000-III [disponível em: <http://cmiskp.echr.coe.int/tkp197/view.asp?action=html& documentId=696400&portal=hbkm&source=externalbydocnumber&table=F69A27F D8FB86142BF01C1166DEA398649>].

TEDH (2000f), *Kilic c. Turquia*, queixa n.º 22492/93, acórdão de 28 de março, R-2000-III [disponível em: <http://cmiskp.echr.coe.int/tkp197/view.asp?action=html&documentI d=696401&portal=hbkm&source=externalbydocnumber&table=F69A27FD8FB86142 BF01C1166DEA398649>].

TEDH (2000g), *Akkoç c. Turquia*, queixas n.ᵒˢ 22947/93 e 22948/93, acórdão de 10 de outubro, R-2000-X [disponível em: <http://cmiskp.echr.coe.int/tkp197/view.asp?action=html&do cumentId=696782&portal-hbkm&source-externalbydocnumber&table=F69A27FD8F B86142BF01C1166DEA398649>].

TEDH (2000h), *Salman c. Turquia*, queixa n.º 21986/93, acórdão de 27 de junho, R-2000-VII [disponível em: <http://cmiskp.echr.coe.int/tkp197/view.asp?action=html&documentId =696612&portal=hbkm&source=externalbydocnumber&table=F69A27FD8FB86142B F01C1166DEA398649>].

TEDH (2000i), *Gul c. Turquia*, queixa n.º 22676/93, acórdão de 14 de dezembro [disponível em: <http://cmiskp.echr.coe.int/tkp197/view.asp?action=html&documentId=696958& portal=hbkm&source=externalbydocnumber&table=F69A27FD8FB86142BF01C1166 DEA398649>].

TEDH (2000j), *Özgür Gündem c. Turquia*, queixa n.º 23144/93, acórdão de 16 de março, R-2000-III [disponível em: <http://cmiskp.echr.coe.int/tkp197/view.asp?action=html& documentId=696385&portal=hbkm&source=externalbydocnumber&table=F69A27F D8FB86142BF01C1166DEA398649>].

TEDH (2000k), *Bilgin c. Turquia*, queixa n.º 23819/94, acórdão de 16 de novembro [disponível em: <http://cmiskp.echr.coe.int/tkp197/view.asp?action=html&documentId=696864& portal=hbkm&source=externalbydocnumber&table=F69A27FD8FB86142BF01C1166 DEA398649>].

TEDH (2000l), *Ilhan c. Turquia*, queixa n.º 22277/93, acórdão de 27 de junho, R-2000-VII [disponível em: <http://cmiskp.echr.coe.int/tkp197/view.asp?action=html&documentI d=696611&portal=hbkm&source=externalbydocnumber&table=F69A27FD8FB86142 BF01C1166DEA398649>].

TEDH (2003), *Elci e Outros c. Turquia*, queixas n.ᵒˢ 23145/93 e 25091/94, acórdão de 13 de novembro [disponível em: <http://cmiskp.echr.coe.int/tkp197/view.asp?action=html&d ocumentId=699319&portal=hbkm&source=externalbydocnumber&table=F69A27FD8 FB86142BF01C1166DEA398649>].

Trehan, Nidhi (2001), "In the name of the Roma? The role of private foundations and NGOs", *in* Will Guy (org.), *Between Past and Future: the Roma of Central and Eastern Europe*. Hatfield: University of Hertfordshire Press, pp. 134-149.

Treves, Tullio (org.) (2005), *Civil Society, International Courts and Compliance Bodies*. Den Haag: TMC Asser.

Weissbrodt, David (1997), "The Role of International Nongovernmental Organizations in the Implementation of Human Rights", *Texas International Law Journal*, 12, 293.

Welch, Claude E. (2000), *NGOs and Human Rights: Promise and Performance*. Philadelphia: University of Pennsylvania Press.

Willetts, Peter (org.) (1982), *Pressure Groups in the Global System: The Transnational Relations of Issue-Orientated Non-Governmental Organizations*. London: Frances Pinter.

Willetts, Peter (org.) (1996), *'The Conscience of the World': The Influence of Non-Governmental Organisation in the U.N. System*. London: Hurst.

CAPÍTULO 9

HOMOPARENTALIDADE E USO DOS TRIBUNAIS:
A RECONSTRUÇÃO DOS DIREITOS HUMANOS
NO CASO SILVA MOUTA

Cecília MacDowell dos Santos
Ana Cristina Santos
Teresa Maneca Lima
Madalena Duarte

Nas últimas décadas, acentuadas transformações socioculturais têm desafiado a conceção tradicional de família, em que a heterossexualidade é vista como norma. A crescente visibilidade social de «novas formas de família» (Almeida, S., 2008: 15-16), e em particular de famílias compostas por pessoas do mesmo sexo ou de parentalidades exercidas por indivíduos que não se autodefinem como heterossexuais, é um fenómeno recente que traz desafios ao direito e aos tribunais, nomeadamente o reconhecimento jurídico do direito à diferença e à não discriminação com base na orientação sexual. A homoparentalidade ilustra este desafio ao ser reivindicada como um direito de família e como um direito sexual e humano.[1] Mas, se considerarmos, como afirma Fineman (1993), que o direito é um instrumento de preservação e legitimação de uma ideologia heteronormativa hegemónica, poderá a mobilização judicial – aqui entendida como uso dos tribunais, seja por iniciativa individual ou coletiva, à escala nacional ou transnacional – desafiar o próprio direito e contribuir para a reconstrução dos direitos humanos reivindicados pelas minorias sexuais? De que maneira poderá fazê-lo, com que potencialidades e com que limites para a transformação social e jurídica?

---

[1] «Homoparentalidade» é um neologismo criado em 1997 pela Associação de Pais e Futuros Pais Gays e Lésbicas (APGL), em Paris, nomeando a situação na qual pelo menos um adulto que se autodesigna «homossexual», ou que assume uma identidade gay ou lésbica, é (ou pretende ser) pai ou mãe de, no mínimo, uma criança. As relações parentais não heterossexuais estabelecem-se por inúmeras vias: filiação natural, o/a filho/a biológico/a de um dos membros do casal, reprodução assistida, fecundação *in vitro*, inseminação artificial e adoção monoparental ou conjunta.

Este capítulo aborda esta questão a partir da análise do caso *Salgueiro da Silva Mouta c. Portugal* (doravante caso Silva Mouta), apresentado contra Portugal junto do Tribunal Europeu dos Direitos Humanos (TEDH) em 1996.[2] Em causa estava uma disputa judicial em torno do poder parental de um pai que se identificava como «homossexual». Em 1999, o Estado português foi condenado pelo TEDH por discriminação em função da orientação sexual (TEDH, 1999).

O caso Silva Mouta ganhou grande repercussão nos meios de comunicação social e trouxe visibilidade ao debate sobre a homoparentalidade.[3] Este debate surgiu, em Portugal, no conjunto de direitos reivindicados pelo movimento lésbico, gay, bissexual e transgénero (LGBT) a partir da década de 1990. Nesse contexto, o direito à homoparentalidade assumiu diversas formas, estando frequentemente associado a debates sobre união de facto ou casamento civil e, de uma forma mais específica, a discussões relativas a adoção, procriação medicamente assistida e custódia partilhada.

Como referido no Capítulo 4 deste volume, este foi o único caso contra Portugal relativo à discriminação com base na orientação sexual julgado pelo TEDH entre 1997 e 2007. Tratou-se, porém, de um caso emblemático que criou jurisprudência e constituiu um marco histórico na justiça europeia. A decisão do TEDH revestiu-se, também, de uma importância central no argumentário do movimento LGBT português em questões de homoparentalidade (Santos, A.C., 2008a, 2008b). Traduziu, ainda, um uso individual dos tribunais simultaneamente ancorado em conhecimentos de direito internacional dos direitos humanos, adquiridos por via da globalização destes e do ativismo LGBT.

Este capítulo procura contribuir para os estudos sobre a homoparentalidade e os direitos humanos ao analisar o modo como a mobilização judicial ou o uso dos tribunais, mesmo que individual, no âmbito da justiça portuguesa e do TEDH, contribuiu para a reconstrução do direito à homoparentalidade e dos direitos

---

[2] Uma versão semelhante deste capítulo foi publicada na *Revista Crítica de Ciências Sociais* (Santos, C.M. *et al.*, 2009) e no Relatório Final do projeto de investigação «Reconstruindo Direitos Humanos pelo Uso Transnacional do Direito? Portugal e o Tribunal Europeu de Direitos Humanos», desenvolvido no Centro de Estudos Sociais da Universidade de Coimbra (Santos, C.M. *et al.*, 2010).

[3] De que são exemplo as notícias da *Revista Expresso*, «Filha de um deus menor», de 25 de julho de 1994; da TVI, de 5 de outubro de 1996; do *Jornal de Notícias*, «E se fosse antes o dia dos Direitos dos Homens?», de 19 de março de 2005; e do *Jornal Portugal Diário*, «Ficar sem o filho por ser gay», de 25 de julho de 2007. Este caso foi ocupando algum espaço na imprensa escrita e falada ao longo de todas as fases da batalha judicial e inclusive mais recentemente, sendo referido em jornais de tiragem nacional e europeia.

humanos. No caso em questão, examinamos a forma como os tribunais nacionais e europeu responderam à demanda por direitos de minorias sexuais, definiram os conceitos de parentalidade, de família, de melhor interesse da criança, de discriminação e, em última instância, de direitos humanos.

Na esteira dos estudos críticos sobre direito e sociedade, concebemos o processo judicial como um espaço de lutas interpretativas e de lutas de poder, onde os direitos e as próprias identidades sexuais são negociados e construídos (Richman, 2002, 2007). De facto, a batalha judicial travada por Silva Mouta, desde os tribunais nacionais até ao TEDH, pode ser entendida como um espaço de negociação, quer de identidades, quer de direitos – de identidades, na medida em que Silva Mouta, ao longo de todo o processo, foi adquirindo maior conhecimento e força individual para defender tanto a sua orientação sexual como o seu direito parental; de direitos, uma vez que este caso contribuiu para uma jurisprudência inovadora em termos de direitos humanos, ainda que limitada à questão da homoparentalidade e ambígua em relação ao reconhecimento da diversidade familiar. Sublinhamos, porém, que há uma relação complexa e subtil entre o processo judicial e o reconhecimento não só de direitos como de identidades – neste caso, sexuais. A homossexualidade foi usada por Silva Mouta como argumento de negociação e afirmação positiva da sua identidade. Mas esta negociação não colocou a identidade sexual no centro do processo judicial. O principal objeto da disputa centrou-se no direito à não discriminação e não no direito à diferença identitária.

Para além de reconstruir direitos e identidades, a análise de discursos em diferentes escalas de atuação da justiça revela a contradição existente no direito português no que toca à homoparentalidade e ao direito à não discriminação com base na orientação sexual. Evidencia, também, a forma como o direito europeu, por via da jurisprudência do TEDH, trouxe desafios ao direito nacional. Este caso reflete, assim, tensões e disjunções entre diferentes escalas da justiça nacional e transnacional, por um lado, e entre o direito e a sociedade, por outro, donde a possibilidade de um enquadramento jurídico progressista dos direitos humanos e sexuais num contexto social e judicial predominantemente conservador.

1. O reconhecimento da não discriminação: a decisão do Tribunal de Família

João Salgueiro da Silva Mouta casou em 1983 e dessa união nasceu uma filha. Em 1990, separou-se e passou a viver com um homem. No âmbito do processo de divórcio, em 1991, Silva Mouta estabeleceu um acordo com a ex-mulher relativo à regulação do poder parental, onde a menor ficou a cargo da mãe, beneficiando o pai do direito de visita. Contudo, este direito nunca foi exercido por recusa da mãe da menor. Em março de 1992, Silva Mouta solicitou ao tribunal nova regulação, alegando que a sua filha não se encontrava a viver com a mãe, tal como tinha ficado estabelecido no acordo anterior, mas, sim, com os avós maternos. A mãe contestou esse pedido alegando práticas de abuso à integridade física e moral da menina, primeiro por parte do pai e, posteriormente, por parte do seu companheiro. Desde o início do processo Silva Mouta revelou a sua orientação sexual.

O Tribunal de Família e Menores, após a realização de exames à menor, ao pai e seu companheiro, à mãe e aos avós maternos, decidiu atribuir a guarda da criança ao pai, tendo concluído que os argumentos usados pela mãe para contestar o pedido não tinham encontrado fundamentos nos exames psicológicos. Na sentença proferida em 14/7/1994, o Tribunal afirmou que:

> A mãe mantém a sua postura pouco colaborante, sendo de todo improvável que a mude, desrespeitando, sucessivamente, as decisões do Tribunal. Forçoso é concluir-se que a mesma (a mãe) não se mostra, nesta altura, capaz de propiciar a M. a vivência equilibrada e tranquila que esta necessita. O pai mostra-se, nesta altura, mais capaz de o fazer. Para além de dispor de condições económicas e habitacionais para a ter consigo, mostra-se capaz de lhe transmitir os factores de equilíbrio de que esta necessita e respeitar o direito da menor em continuar a conviver regular e assiduamente com a mãe e os avós maternos, a quem se mostra, indubitavelmente, bastante ligada (*apud* TEDH, 1999).

Esta decisão do Tribunal de 1.ª instância mostra a forma como os juízes reconheceram o direito à não discriminação, não condicionando o debate em torno do «interesse da criança» à orientação sexual do pai. Apesar de não ter discutido o conceito de homoparentalidade, esta decisão deixa implícito o seu reconhecimento, corroborando a conclusão dos relatórios técnicos e psicológicos no sentido de que o facto de o pai viver com uma pessoa do mesmo sexo não diminuía a sua capacidade de cuidar da filha e a qualidade do seu relacionamento com esta. Tal decisão veio ao encontro de alguns dos argumentos presentes na literatura internacional sobre a homoparentalidade e a associação entre a homossexualidade dos pais/mães e o cuidado em relação aos/às filhos/as. Vários estudos sublinham como determinante de boa parentalidade a capacidade de cuidar e a qualidade do relacionamento com os/as filhos/as, independentemente da orientação sexual dos pais e das mães (Donovan e Wilson, 2005; Gartner, 2007; Norrie, 2005).

A decisão do Tribunal de 1.ª instância mostra o que tem vindo a ser a tendência desde os finais dos anos 1980, com os tribunais a agirem em nome do «melhor interesse da criança» independentemente da orientação sexual dos pais e das mães. Os tribunais passaram, assim, a conceder a guarda de menores, em caso de divórcio, a mães lésbicas, indo contra os debates em torno do estigma social que as crianças no seio das famílias compostas por pessoas do mesmo sexo poderiam alegadamente sofrer (Gesing, 2004). Neste sentido, a decisão do tribunal português tornou-se inovadora e desafiadora das práticas e dos discursos instituídos, uma vez que a orientação sexual de uma das partes não foi utilizada como argumento na atribuição da guarda da menor.

Contudo, Silva Mouta refere que, apesar de a sua orientação sexual não ter sido usada como argumento por parte dos juízes, sentiu necessidade de provar que essa orientação não era incompatível com os seus direitos de pai:

> O meu processo tem a ver com uma especificidade dentro da regulação do exercício do poder paternal, que é a questão da orientação sexual. [...] E, portanto, um dos meus trabalhos [...] foi demonstrar ao tribunal de família que a minha orientação sexual não era de forma alguma impeditiva para poder ter, no mínimo, visitas. Depois eu percebi que não era impeditivo de coisa nenhuma (João Salgueiro da Silva Mouta, Lisboa, entrevista realizada em 27 de setembro de 2008).

Neste espaço de litigação, a homossexualidade foi usada por Silva Mouta como argumento de negociação e afirmação positiva de uma identidade (Richman, 2002). O Tribunal acatou este argumento.

Para além de inovadora, esta decisão facilitou a visibilidade da homoparentalidade na sociedade portuguesa, permitindo, no caso em apreço, o reconhecimento da não discriminação em função da orientação sexual e, de um modo mais abrangente, o reconhecimento de alguns direitos LGBT. Antes mesmo de ter sido proferida a decisão judicial, o processo foi objeto de notícia, por exemplo, na Revista do *Expresso* que, num artigo sob o título «Filha de um deus menor», referia o caso Silva Mouta nos seguintes termos:

> O processo está a ser julgado [...] e tem sido muito complicado. Curiosamente, os relatórios técnicos e psicológicos que acompanham o processo dizem que a Maura deve ficar com o pai e que deve conviver com ele. [...] O juiz ainda não proferiu a sentença, mas se a guarda da Maura for atribuída ao pai será a primeira vez que a justiça portuguesa entrega a tutela de uma criança a um progenitor homem e homossexual (Revista do *Expresso*, n.º 1134, de 25 de junho de 1994, p. 36).

OS DIREITOS HUMANOS ENTRE MOBILIZAÇÕES SOCIAIS E JUDICIAIS

Se nos centrarmos nas questões em torno dos direitos LGBT, constatamos que, à data dos acontecimentos, o texto da Constituição da República Portuguesa (CRP, 2005) no que concerne à não-discriminação (art.º 13.º) não incluía de forma explícita a orientação sexual.[4] Aliás, nenhuma das normas internacionais de proteção dos direitos humanos apresentava nos seus textos, de forma explícita, a referência à proibição da discriminação com base na orientação sexual.[5]

Mas a ausência de proteção explícita na Constituição portuguesa não significa que a orientação sexual não estivesse implicitamente contemplada. Por exemplo, e no que se refere ao direito constitucional, a discriminação com base na orientação sexual é uma forma de discriminação, aspeto que o artigo 26.º proíbe (CRP, 2005).[6] Esta foi precisamente a argumentação utilizada por Silva Mouta em sua defesa:

> [já] na Constituição estava tudo garantido... uma das coisas que eu utilizei logo, no processo de família, foi exatamente a desmontagem dessa ausência, ou seja, o elenco que está no artigo 13.º [CRP], assim como o elenco dos diferentes motivos de discriminação que estão na Declaração Universal dos Direitos Humanos, ou na Convenção Europeia, não é exaustivo... é meramente indicativo, e a interpretação subjacente do legislador, à data, refere-se ao «nomeadamente», e essa expressão diz tudo. Portanto, aqueles são alguns dos itens, talvez os mais

---

[4] Em 24 de julho de 2004 foi publicada em Portugal a Lei n.º 1/2004, que alterou a Constituição da República Portuguesa, tornando explícita a discriminação com base na orientação sexual, até então não contemplada. Nos termos desta alteração: «Ninguém pode ser privilegiado, beneficiado, prejudicado, privado de qualquer direito ou isento de qualquer dever em razão de [...] orientação sexual» (AR, 2004: art.º 13.º).

[5] A Declaração Universal dos Direitos Humanos, de 1948, não refere a proteção de direitos sexuais e o mesmo é válido para as normas internacionais que nasceram desta declaração. Apenas a Convenção para os Direitos das Crianças, de 1989, contém referência, embora limitada, aos direitos sexuais, uma vez que obriga os Estados a combater a exploração sexual de menores (Helmut-Graupner, 2005: 109). No âmbito regional, porém, já no início da década de 1980, a Assembleia Parlamentar do Conselho da Europa estabelecera uma recomendação pioneira ao considerar os direitos LGBT como direitos humanos (Recomendação 924/1981), solicitando aos Estados-membros, entre outras coisas, que «garantam direitos de custódia e visita aos pais e mães lesbigays» (Santos, A.C., 2005: 65).

[6] Este artigo foi alterado em 1997 de forma a reconhecer a qualquer indivíduo o direito a «protecção legal contra qualquer forma de discriminação» (AR, 1997). No entanto, o princípio da igualdade e não discriminação não é considerado por si, e de forma geral, um direito fundamental. Apenas é tido como um princípio norteador dos direitos protegidos constitucionalmente.

utilizados, os mais gritantes, os mais aplicáveis à data da feitura do documento, mas não são exaustivos, logo, outros motivos de discriminação estão lá, no meu entender. Portanto, eu peguei nisso, esta foi também uma das bases da minha argumentação [no processo nacional] (Silva Mouta, Lisboa, entrevista realizada em 27 de setembro de 2008).

2. Na contramão da história: o Tribunal da Relação e a discriminação com base na orientação sexual

Se a decisão do Tribunal de 1.ª instância pareceu inovadora e desafiadora face aos saberes e discursos instituídos, certo é que com o recurso da mãe da menor a um tribunal superior assistimos a um *volte-face* na história. Em 9 de janeiro de 1996, o Tribunal da Relação de Lisboa atribuiu a guarda da menor à mãe e fixou os termos do direito de visita ao pai. Pode ler-se o seguinte no acórdão:

> Contestou a requerida não só a pretensão do requerente como invocou factos tendentes a demonstrar que a criança não deve estar na companhia do pai por este ser pederasta e viver em mancebia com outro homossexual (Acórdão do Tribunal da Relação de Lisboa, processo n.º 441/95).

Para fundamentar a sua decisão, o Tribunal da Relação fez-se valer de algumas disposições legais, nomeadamente as respeitantes ao processo de divórcio constantes no Código Civil:

> Nos casos de divórcio, separação judicial de pessoas e bens, declaração de nulidade ou anulação do casamento, destino do filho, os alimentos devidos e a forma de os prestar serão regulados por acordo dos pais, sujeito a homologação do Tribunal. A homologação será recusada se o acordo não corresponder ao interesse do menor, incluindo o interesse deste em manter com aquele progenitor a quem não seja confiado, uma relação de grande proximidade (AR, 1995: Art.º 1905.º, n.º 1).

Acrescenta o n.º 2 que, na falta de acordo, o Tribunal decidirá de acordo com «os interesses do menor, incluindo o de manter uma relação de grande proximidade com o progenitor a quem não seja confiado, podendo a sua guarda caber aos pais ou [...] a terceira pessoa ou estabelecimento de educação ou assistência» (AR, 1995: Art.º 1095.º, n.º 2).

Perante os factos apresentados pelas partes e a regulamentação portuguesa relativa aos direitos de menores e família, o Tribunal da Relação de Lisboa entendeu que a menor deveria ficar com a mãe. O texto do acórdão do Tribunal da Relação revela que esta decisão não foi tomada por terem sido provadas as alegações da mãe, mas porque o pai era homossexual e vivia com outro homem. Os juízes sustentaram esta decisão afirmando ser consensual que em matéria de regulação do poder parental deve, acima de tudo, prevalecer «o interesse do menor», com total abstração dos interesses, por vezes egoísticos, dos seus progenitores. Mas como foi definido este interesse? Nas palavras dos juízes, o julgador deve em cada caso atender aos valores familiares, educativos e sociais dominantes na comunidade em que o menor se acha inserido.

Verifica-se, assim, que o «interesse da criança» foi definido de acordo com uma interpretação acerca dos valores dominantes da sociedade. Os juízes deste tribunal vincularam a defesa dos interesses da menor à ponderação da homossexualidade do pai enquanto fator negativo determinante para a decisão sobre a atribuição do poder parental:

> Que o pai da menor, que se assume como homossexual, queira viver em comunhão de mesa, leito e habitação com outro homem, é uma realidade que se terá que aceitar, sendo notório que a sociedade tem vindo a mostrar-se cada vez mais tolerante para com situações deste tipo, mas não se defenda que é um ambiente desta natureza o mais salutar e adequado ao normal desenvolvimento moral, social e mental de uma criança, designadamente dentro do modelo dominante na nossa sociedade. [...] A menor deve viver no seio de uma família, de uma família tradicional portuguesa, e esta não é, certamente, aquela que seu pai decidiu constituir, uma vez que vive com outro homem, como se de marido e mulher se tratasse. [...] estamos perante uma anormalidade e uma criança não deve crescer à sombra de situações anormais; [...].
>
> [...] A circunstância de a menor ficar privada de contacto com o pai, constitui um factor de risco para o seu bom desenvolvimento e equilíbrio psicológico, actual e futuro. E bom será que a mãe compreenda e aceite esta realidade, sob pena de, afinal, ficar em causa a sua própria idoneidade para exercer o poder paternal (TRL, 1996 *apud* TEDH, 1999: 16-17).

Este discurso mostra que, apesar de não pretenderem discutir a noção de família, os juízes acabaram por reconhecer a existência de famílias compostas por pessoas do mesmo sexo, mas sem lhes conferirem legitimidade jurídica. De facto, como observa Kukura (2006), a família continua a ser percebida como uma instituição tradicional, correspondendo ao modelo da família nuclear e heterossexual: um pai, uma mãe e filhos. Contudo, contributos dos estudos antropológicos têm mostrado que a instituição família e a filiação vêm sofrendo

HOMOPARENTALIDADE E USO DOS TRIBUNAIS   247

mudanças culturais ao longo do tempo, passando a ser um local privilegiado de diferentes formas de afetividade (Ariés, 1981; Donzelot, 1986; Almeida, M.V., 2005; Ryan-Flood, 2005; Zambrano, 2006). De entre novas conceções de família e filiação emerge a família homoparental (Zambrano, 2006). Com a alteração do modelo tradicional de família surgem desafios ao próprio direito, no sentido de o impelir a acompanhar estas novas configurações, criando novas possibilidades legais de conjugalidade e filiação de forma a não as deixar à margem da proteção do Estado.

Apesar de estas mudanças serem uma realidade, Dias (2001a, 2001b) afirma que o campo jurídico não as reconhece. Bruns e Santos (2006) sugerem que o campo jurídico e judiciário terá que rever o direito de família, a fim de dar o devido respaldo a situações reais. Estamos perante o que Boaventura de Sousa Santos (1995) designa por desfasamento entre as normas jurídicas e as práticas sociais. Nesse sentido, a problemática da homoparentalidade desafia o direito (Gesing, 2004; Infanti, 2008).

A decisão do Tribunal da Relação não deixou de reconhecer que Silva Mouta constituiu uma família com o seu companheiro «em termos análogos às dos cônjuges», embora esta nova família tenha sido considerada «uma anormalidade» e por isso prejudicial ao desenvolvimento da criança (TRL, 1996 *apud* TEDH, 1999). Nestes termos, como Silva Mouta expressou:

> Na minha opinião os juízes do Tribunal da Relação de Lisboa fizeram uma interpretação [de família], ele vive com um homem e tem uma filha, que lhe foi confiada pelo Tribunal de Família, e isto é a família dele. Dizem isto, sem querer dizer. Aquilo escapou (João Salgueiro da Silva Mouta, Lisboa, entrevista realizada em 27 de setembro de 2008).

Em relação ao «interesse da criança», o Tribunal da Relação condicionou-o ao facto de o pai ser homossexual e manter uma relação com outro homem. O direito à família também foi negado a Silva Mouta com base na sua orientação sexual. Nas palavras deste: «[...] pura e simplesmente o preconceito prevaleceu e o coletivo de juízes fechou os olhos» (João Salgueiro da Silva Mouta, Lisboa, entrevista realizada em 27 de setembro de 2008).

Esta decisão chamou a atenção dos meios de comunicação social e o caso trouxe para a cena política e social o debate em torno dos direitos LGBT e o direito à não discriminação. Ao longo da última década, estes temas têm sido sobretudo protagonizados pelo ativismo LGBT português na esteira de eventos que lhe são externos, tais como a agenda político-partidária conducente à discussão parlamentar de determinado assunto, como as uniões de facto entre 1997 e 2001 (Santos, A.C., 2005), a procriação medicamente assistida, em 2006 (Santos, A.C., 2008a), ou a aprovação da lei do casamento civil em Espanha, em 2005 (Almeida, M.V., 2009).

Este debate marcou os anos 1990 um pouco por todo o mundo, tendo favorecido importantes mudanças jurídicas no âmbito de algumas instituições europeias e em alguns países da Europa. Por exemplo, em 1993, a Assembleia Parlamentar do Conselho da Europa reiterou o seu compromisso com os direitos humanos LGBT – pela primeira vez manifestado na Recomendação 924/1981 – ao proferir a declaração escrita n.º 227, determinando que se leve em consideração a existência de legislação ou prática nacional anti-homossexual quando os países se candidatam ao estatuto de membro. Atualmente, uma das condições de adesão é a abolição de legislação discriminatória contra a homossexualidade (Santos, A.C., 2005: 65 e ss.). Segundo Susana Almeida (2008), o TEDH também tem desempenhado um papel de extrema importância na evolução do direito de família europeu, na medida em que os ordenamentos internos dos Estados não têm ficado indiferentes às suas decisões, quer coagida, quer voluntariamente. Em diversos países, a união civil homossexual foi reconhecida, tendo como ápice a legislação holandesa que entrou em vigor em maio de 2001, permitindo e regulamentando não apenas o casamento entre pessoas do mesmo sexo, como também a adoção de crianças.

Foi neste cenário de mudanças sociais e jurídicas que a decisão do Tribunal da Relação de Lisboa constituiu um *volte-face* na história, retomando o argumento conservador de que as crianças filhas de pais e mães homossexuais teriam maior propensão a tornarem-se homossexuais e que o aumento do número de homossexuais seria um «perigo» para a sociedade. De acordo com Gesing (2004), os tribunais dos países europeus continuam a usar este tipo de argumento para discriminar os casais homossexuais e negar o direito ao reconhecimento jurídico de uma família. Assim, o Tribunal da Relação de Lisboa refletiu uma posição conservadora que parece ainda prevalecer nos tribunais.

Foi também neste cenário de tensões entre mudanças e conservadorismo que Silva Mouta tomou a iniciativa de enviar o seu caso ao TEDH, obtendo uma decisão que fez história na jurisprudência dos direitos humanos na Europa.

3. O caso Silva Mouta no Tribunal Europeu dos Direitos Humanos

Ao refletir sobre as razões que o motivaram a mobilizar o TEDH, Silva Mouta relatou-nos que, em primeiro lugar, sentiu o «desejo de justiça que decorre do profundo sentimento de injustiça». Também o motivou o «inconformismo» associado a um «sentimento de revolta». Por último, a «conjetura» ou suposição de que o seu direito era um direito humano e poderia ser reconhecido pelo TEDH.[7] Esta suposição encontrava apoio nas mudanças que então aconteciam na forma como a homossexualidade passava a ser tratada por algumas organizações internacionais. «Estávamos em 1996», explicou Silva Mouta, «1994 tinha sido o Ano Internacional da Família. Nesse mesmo ano de 1994 o Parlamento Europeu tinha emitido uma resolução sobre a igualdade de direitos dos homens e mulheres homossexuais na CE».[8] Além disso, «a OMS – Organização Mundial de Saúde –, em 1991 e 1993, conjuntamente com a revisão e publicação da 10.ª edição da Classificação Internacional de Doenças – CID 10 – deixou de considerar a homossexualidade como doença» (Silva Mouta, 2009).

O discurso dos direitos humanos, por sua vez, globalizava-se e era apropriado pelos movimentos sociais, inclusive o ativismo LGBT. Silva Mouta beneficiou da circulação deste discurso e começou a procurar informações no Centro de Informação Europeia Jacques Delors, em Lisboa. O contacto com esta organização e com o AIRE Centre – *Active on Individual Rights in Europe* – foi «determinante para conhecer as coletâneas de jurisprudência do TEDH».[9] Graças ao conhecimento adquirido através destas organizações e ao apoio que recebeu do companheiro e da advogada, Silva Mouta encaminhou uma queixa contra o Estado português junto do TEDH em 12 de fevereiro de 1996 (TEDH, 1999).[10] É importante frisar que a apresentação da queixa e o trâmite do caso no TEDH não se fizeram acompanhar da assistência ou do apoio de qualquer organização não-governamental. Tratou-se de uma mobilização

---

[7] Estas informações baseiam-se na apresentação realizada por Silva Mouta no Seminário Internacional «Direitos Humanos e Mobilização Jurídica Transnacional no Contexto Europeu», organizado na Universidade de Coimbra (Silva Mouta, 2009).

[8] Nota da organizadora deste volume: desde 1992 a CE – Comunidade Europeia – passou a ser UE – União Europeia

[9] *Ibidem.*

[10] Embora o acesso ao TEDH seja gratuito e o preenchimento da queixa seja simplificado, o facto de Silva Mouta estar numa posição socioeconómica que pode ser classificada como pertencente à classe média portuguesa certamente facilitou o seu acesso ao TEDH.

judicial transnacional de iniciativa individual e para fins de reposição da justiça e reparação de um dano individual, ou seja, a discriminação com base na orientação sexual do requerente.

Silva Mouta recorreu ao TEDH censurando o Tribunal da Relação por ter atribuído à ex-mulher, em seu detrimento, o exercício do poder parental relativo à sua filha unicamente em função da sua orientação sexual. Alegou que esta decisão violava o disposto no artigo 8.º (respeito pela vida privada e familiar) e no artigo 14.º (não discriminação) da Convenção Europeia dos Direitos Humanos e das Liberdades Fundamentais (CEDH). O artigo 8.º da CEDH dispõe que:

> 1. Qualquer pessoa tem direito ao respeito da sua vida privada e familiar, do seu domicílio e da sua correspondência.
> 2. Não pode haver ingerência da autoridade pública no exercício deste direito senão quando esta ingerência estiver prevista na lei e constituir uma providência que, numa sociedade democrática, seja necessária para a segurança nacional, para a segurança pública, para o bem-estar económico do país, a defesa da ordem e a prevenção das infrações penais, a proteção da saúde ou da moral, ou a proteção dos direitos e das liberdades de terceiros (CEDH, 2010: 6).

O artigo 14.º da CEDH refere que:

> O gozo dos direitos e liberdades reconhecidos na presente Convenção deve ser assegurado sem quaisquer distinções, tais como as fundadas no sexo, raça, cor, língua, religião, opiniões políticas ou outras, a origem nacional ou social, a pertença a uma minoria nacional, a riqueza, o nascimento ou qualquer outra situação (CEDH, 2010: 7).

O Estado português defendeu a decisão do Tribunal da Relação e a interpretação do coletivo de juízes. Desta forma, o Estado não reconheceu que tenha existido alguma interferência quanto ao desenvolvimento da personalidade de Silva Mouta ou a forma como este desenvolve o seu projeto de vida, em particular em matéria sexual (TEDH, 1999). Por outro lado, argumentou que, tratando-se da vida familiar, os Estados contratantes dispõem, em matéria de poder parental, de uma larga margem de apreciação no prosseguimento dos fins legítimos previstos no n.º 2 do mesmo artigo. Argumentou ainda que a decisão do Tribunal da Relação se baseou no «interesse da criança».

O Estado português implicitamente justificou o ato discriminatório como sendo necessário para garantir o «melhor interesse da criança» e o bem-estar desta, indo mais longe ao afirmar que o Tribunal da Relação visara um fim legítimo necessário numa sociedade democrática. Em suma, o Estado português concluiu que o Tribunal da Relação não tinha discriminado Silva Mouta em função da sua orientação sexual, tendo apenas agido no interesse da menor.

Na sua decisão, o TEDH considerou, em primeiro lugar, a anulação da decisão do Tribunal de 1.ª instância, por parte do Tribunal da Relação, como uma ingerência no direito ao respeito pela vida familiar e, portanto, como uma violação do artigo 8.º da CEDH. Em segundo lugar, considerou existirem factos para poder enquadrar a questão no âmbito do artigo 8.º conjugado com o artigo 14.º da CEDH. Na argumentação do TEDH, o art.º 14.º proíbe tratar de modo diferente, salvo justificação «objectiva e razoável». Na análise do caso, o TEDH não negou que o Tribunal da Relação tenha tido em conta o interesse da menor na apreciação dos vários dados. Contudo, ao anular a decisão do Tribunal de 1.ª instância e atribuir o poder parental à mãe em detrimento do pai, o Tribunal da Relação introduziu um novo elemento, o facto de Silva Mouta ser homossexual e viver com um homem. Para o TEDH existiu uma «diferença de tratamento» entre Silva Mouta e a sua ex-mulher, que não se baseou numa justificação «objectiva e razoável», ou seja, não se perseguiu um objetivo legítimo e não existiu uma relação de razoável proporcionalidade entre os meios empregues e o fim visado (TEDH, 1999).

A decisão do TEDH veio ao encontro das alterações a nível jurídico relativamente à homossexualidade. Para Borrillo (2005: 68), passou-se da penalização da homossexualidade à penalização da discriminação dos/as homossexuais. Esta mudança é entendida, segundo Hale (2005), como um reconhecimento jurídico e gradual da homossexualidade. Borrillo (2005) e Hale (2005) explicam que os primeiros passos desta mudança foram dados ao nível do direito penal com a despenalização das relações sexuais entre homens adultos, passando-se depois para o campo do direito civil, com a proibição da discriminação contra homossexuais no emprego, e, por fim, para o campo do direito de família, com o aparecimento de leis aplicáveis a casais homossexuais e o reconhecimento de relações parentais entre pais e mães homossexuais e os seus filhos.[11] De acordo

---

[11] Não queremos com isto afirmar que a proibição da discriminação em função da orientação sexual e da identidade de género tenha sido totalmente alcançada por todos os países da União Europeia. Para além da legislação laboral, onde persistem discriminações, o direito de família permanece uma área fortemente heteronormativa.

OS DIREITOS HUMANOS ENTRE MOBILIZAÇÕES SOCIAIS E JUDICIAIS

com Hale (2005), estas mudanças têm contribuído para a igualdade de tratamento entre casais heterossexuais e casais do mesmo sexo.

Perante estas mudanças jurídicas, a decisão do TEDH revelou-se bastante importante na consolidação da proibição da discriminação em função da orientação sexual e um passo também relevante no enquadramento dos direitos das minorias sexuais enquanto direitos humanos. Como comentou Nigel Warner, dirigente da ILGA-Europa:

> Foi extremamente importante por duas razões. Uma foi porque significou o começo de um alargamento dos julgamentos para além do direito criminal [...], é um caso muito, muito importante porque nos transporta para o direito da família, para o direito à paternidade. Mas foi também imensamente importante porque o Tribunal olhou para o caso e [...] a sua única preocupação foi «terá o tribunal português discriminado com base na orientação sexual?» E o governo português defendeu-se, dizendo que não. Mas o Tribunal Europeu disse «discriminou, sim, e a discriminação com base na orientação sexual não é aceitável no âmbito da Convenção». E ponto final (entrevista realizada por Ana Cristina Santos a Nigel Warner, dirigente da Ilga-Europa, *apud* Santos, A.C., 2005: 68-69).

Dito de outro modo, o caso Silva Mouta permitiu, para além da discussão sobre o conceito de família, uma discussão em termos dos direitos humanos. Esta discussão conduziu a uma expansão e reconstrução do significado da CEDH, reconhecendo direitos que até então não estavam contemplados nas normas internacionais de direitos humanos.

A decisão do TEDH confirma uma mudança no que toca a tomar decisões que se baseiem no argumento de que entregar uma criança a um pai gay ou mãe lésbica põe em risco o bem-estar da criança. Ainda que este argumento continue a ser usado em decisões judiciais, em finais da década de 1990 muitos tribunais europeus e norte-americanos passaram a rejeitar as decisões que excluíam os casais do mesmo sexo de benefícios que os casais heterossexuais detinham (Norrie, 2001, 2005). Pela mesma altura, a interpretação judicial dos instrumentos de direitos humanos trouxe a orientação sexual para o campo da não discriminação. Esta alteração foi então confirmada pela decisão do TEDH no caso Silva Mouta.

Por outro lado, o caso permitiu que a orientação sexual fosse considerada, em princípio, inteiramente irrelevante para as questões que perpassam o direito de família (Norrie, 2001), forçando o/a legislador/a, o/a juiz/a e outros/as aplicadores/as do direito a esvaziar-se das suas assunções pessoais e particulares que ou discriminam diretamente ou assumem a hegemonia da heteronorma-tividade e negam a igualdade de tratamento a pessoas LGBT. Tal princípio coexiste, porém, com leituras enviesadas do direito, ilustradas por decisões da justiça portuguesa posteriores ao caso Silva Mouta, de que são exemplo o acórdão proferido em 2003 pelo Supremo Tribunal de Justiça. Neste acórdão afirmou-se que a natureza dos atos homossexuais entre adultos e menores

> é [...] objectivamente mais grave do que a prática de actos heterossexuais com menores [porque] são substancialmente mais traumatizantes por representarem um uso anormal do sexo, condutas altamente desviantes, contrárias à ordem natural das coisas, comprometendo ou podendo comprometer a formação da personalidade e o equilíbrio mental, intelectual e social futuro da vítima (*apud* Santos, A.C., 2005: 143).[12]

4. A reconstrução dos direitos sexuais, da definição de família e dos direitos humanos na jurisprudência do TEDH

Apesar do êxito deste caso para a luta e o reconhecimento dos direitos sexuais e da homoparentalidade, nem todos os direitos sexuais reclamados perante as instituições judiciais europeias foram bem-sucedidos. Para gays e lésbicas, a privacidade reclamada obteve algum sucesso, enquanto as reivindicações baseadas no respeito pela vida familiar e igualdade, historicamente, não obtiveram os mesmos resultados (Walker, 2001: 123). Por muito tempo os pais gays e as mães lésbicas foram confrontados com diferentes problemas relacionados com a filiação. Em numerosos litígios familiares, quer se tratasse da guarda dos próprios filhos, quer do direito de visita aquando de um divór-cio ou do exercício da autoridade parental, a justiça decidia contra o pai ou a mãe homossexual (Borrillo, 2000). De facto, durante os anos 1950 e 1960 foram nove os casos apresentados ao TEDH respeitantes à criminalização das relações sexuais entre homens. Nestes casos, a ora extinta Comissão Europeia dos Direitos Humanos, que juntamente com o TEDH integrava o sistema de direitos humanos do Conselho da Europa, considerou as queixas inadmissíveis e «manifestamente infundadas». Somente nos anos 1980 o TEDH passou a defender que as leis que criminalizavam as relações sexuais consensuais entre homens adultos violavam o respeito pela vida privada, direito protegido pelo art.º 8.º da CEDH.

---

[12] Para uma discussão deste tema no âmbito do movimento LGBT, ver: <http://portugal pride.org/elgebete/2004/txt11.asp> [consultado em 21/11/2008].

254 OS DIREITOS HUMANOS ENTRE MOBILIZAÇÕES SOCIAIS E JUDICIAIS

Relativamente à constituição da família, o art.º 8.º da CEDH protege a família da interferência do Estado, bem como a vida privada individual. Contudo, as relações homossexuais nunca foram consideradas como fazendo parte da conceção de família, dentro dos propósitos do art.º 8.º. Muitos foram os casos trazidos perante a Comissão dos Direitos Humanos e o TEDH, mas nenhum deles com sucesso. De facto, a Comissão defendeu repetidamente que as relações entre pessoas do mesmo sexo não eram equivalentes às relações heterossexuais. Para autores como Infanti (2008), o TEDH tem desenvolvido um direito internacional de direitos humanos na área da sexualidade de lésbicas e gays. Contudo, ao longo do último quarto de século nem sempre teve decisões uniformemente positivas no que diz respeito à orientação sexual. Somente em finais dos anos 1990 o TEDH se tornou mais recetivo aos direitos humanos reivindicados pelos requerentes homossexuais. Por exemplo, o TEDH considerou violação da CEDH as seguintes situações: a) a existência de diferentes idades de consentimento para relações sexuais, sejam heterossexuais ou homossexuais; b) a situação de o Reino Unido não permitir homossexuais nas forças militares; c) o caso de Portugal ter negado a custódia de menor a pai homossexual; d) a criminalização de relações sexuais homossexuais com mais do que dois homens, em privado; e) os direitos de sucessão e de herança.

Contudo, o art.º 8.º da CEDH, apresentando um substrato – a vida familiar – particularmente vulnerável às mutações dos padrões socioculturais, tem sido objeto de uma interpretação dinâmica, que, por razões de efetividade, vai adaptando a sua redação «às condições de vida atuais» (cf. Acórdão do caso *Tyrer c. Reino Unido* – TEDH, 1978). A este propósito, Susana Almeida chama a atenção para o facto de que:

> em nome da efectividade do direito garantido, o desenvolvimento ou preenchimento destes conceitos tem permitido, ao juiz de Estrasburgo, alargar amplamente o campo de aplicação do art.º 8.º e, por conseguinte, o âmbito de tutela do Direito. Deste modo, realidades outrora não cobertas pelo escudo protector criado pelos redactores da Convenção, como a família adulterina, a família integrada por um transexual, ou mesmo o ambiente, são agora abrangidos, fruto da interpretação dinâmica da CEDH (Almeida, S., 2008: 66-67).

A noção de «vida familiar» foi sendo afastada do casamento, uma vez que, se em 1950 a forma de vida familiar privilegiada pelos autores da CEDH assentava na figura do casamento, o que refletia a tradição das ordens jurídicas internas dos Estados-membros, gradualmente foram-se desenhando outras formas de

HOMOPARENTALIDADE E USO DOS TRIBUNAIS 255

convivência afetiva constitutivas de laços familiares. Assim, na interpretação do art.º 8.º da CEDH, o TEDH tem feito coexistir a definição tradicional de família, fundada no casamento, com os laços familiares factuais que unem uma família. Aliás, só esta interpretação se releva consoante com a expressão «qualquer pessoa» contida no art.º 8.º, bem como com a proibição de discriminação fundada no art.º 14.º da CEDH (CEDH, 2010).

É neste contexto que, por exemplo no Acórdão do caso *Keegan c. Irlanda* (TEDH, 1994), o TEDH acentua que a noção de família subjacente ao art.º 8.º não se confina às relações fundadas no casamento, podendo compreender outros laços familiares de facto, decorrentes da circunstância de as pessoas viverem juntas fora do casamento. O TEDH tem ainda aliado o critério de efetividade de laços interpessoais ao critério de aparência de família, para averiguar a existência de vida familiar entre pessoas sem ligação de parentesco, casamento ou adoção. E foi este o critério usado pelo TEDH para reconhecer a existência de vida familiar no Acórdão do caso *X, Y e Z c. Reino Unido* (TEDH, 1997). O TEDH reconheceu que a relação existente entre X, transexual submetido a cirurgia de reconversão, Y, sua companheira, e Z, criança que Y havia dado à luz após a realização de inseminação artificial com doador, não se distinguia da noção tradicional de «vida familiar» (Almeida, S., 2008: 80).

Perante estes casos podemos afirmar que a jurisprudência do TEDH reconhece existir vida familiar nas relações familiares de sangue e nas de facto. Contudo, apesar das mobilizações e do reconhecimento legal – em alguns ordenamentos nacionais dos Estados-membros –, das uniões de facto ou do casamento entre pessoas do mesmo sexo, a jurisprudência do TEDH não tem enquadrado as relações entre pessoas do mesmo sexo no âmbito da noção de vida familiar, dispensando-lhes, em regra, tutela no âmbito da «vida privada» (Almeida, S., 2008: 83).

Portanto, perante esta breve resenha histórica e jurisprudencial constata-se que foi somente em 1999, com o julgamento do caso *Salgueiro da Silva Mouta c. Portugal*, que o TEDH modificou essa jurisprudência, ao considerar que a recusa dada a um pai homossexual ao exercício dos seus direitos de pai é contrária ao respeito e proteção da vida privada e familiar (art.º 8.º da CEDH) e constitui uma discriminação que contraria o art.º 14.º da CEDH (Dumitriu--Segnana, 2006; Infanti, 2008; Kukura, 2006; entre outros).

No caso Silva Mouta, o TEDH considerou que o pai homossexual gozava de vida familiar com a sua filha. Neste sentido, esta decisão representou alguma esperança para o reconhecimento das famílias constituídas por pessoas do mesmo sexo e foi um passo muito significativo para os direitos humanos LGBT. O TEDH susteve que a orientação sexual se inclui indiscutivelmente no âmbito do art.º 14.º da CEDH, uma vez que não existiu nenhuma justificação razoável, por parte do Estado português, para o tratamento diferenciado das partes no caso da disputa pela custódia da menor. Segundo Walker (2001) e Sanders (2002), este caso foi o virar de uma longa história de negação de queixas com base na discriminação apresentadas ao abrigo do art.º 14.º da CEDH. No entanto, convém salientar que, neste caso, o que estava em causa não era o reconhecimento da relação homossexual mas, sim, o direito de um pai homossexual a relacionar-se com a sua filha.

De referir ainda, a propósito da análise do papel do TEDH na reconstrução de direitos e da própria noção de família, que, apesar de um maior reconhecimento de que a discriminação com base na orientação sexual constitui uma violação dos direitos humanos, os grandes instrumentos de proteção dos direitos humanos estão comprometidos com a proteção de uma noção restrita e heteronormativa de família, descrita como «grupo natural e fundamental da sociedade» (Kukura, 2006). De outro modo, a análise de alguns casos respeitantes ao direito de família ilustra a forma como o TEDH tem sido cauteloso na proteção dos direitos dos indivíduos em famílias não tradicionais. Evidências são encontradas em casos relacionados com uniões de facto – coabitação entre pessoas não casadas heterossexuais; filhos nascidos fora do casamento entre pessoas heterossexuais;[13] seguindo-se casos onde o TEDH considerou os direitos parentais de homossexuais.[14] No que respeita ao casamento entre pessoas do mesmo sexo, o TEDH decidiu mais recentemente, em Acórdão proferido em meados de 2010, no caso *Schalk e Kopf c. Áustria* (TEDH, 2010),

---

[13] O TEDH examinou primeiramente um caso de coabitação entre indivíduos não casados em 1977, num caso apresentado contra a Suíça, em que considerou a existência de vida familiar entre pessoas que vivem na mesma casa, mesmo que não casados. Num outro caso, desta vez apresentado contra a Irlanda, o TEDH considerou a existência de vida familiar mesmo quando o casal, não tendo casado e tendo-se separado, planeou o nascimento de um filho enquanto viviam juntos. Contudo, todos estes casos envolveram indivíduos heterossexuais.

[14] O primeiro caso levado ao TEDH por homossexuais foi apresentado em 1983 contra o Reino Unido. Neste caso, a ora extinta Comissão Europeia de Direitos Humanos negou a existência de vida familiar entre pessoas do mesmo sexo. Num outro caso, contra a Holanda, a Comissão não considerou existir violação do artigo 8.º quando a Holanda negou autoridade parental conjunta de uma criança nascida através de inseminação artificial a uma lésbica, afirmando que uma relação homossexual entre duas mulheres não entra dentro da conceção do respeito pela vida privada (isto em 1989).

que a CEDH não obriga os Estados partes a reconhecer o direito ao casamento entre pessoas do mesmo sexo. Neste caso, o facto de dois homens austríacos terem sido proibidos de casar na Áustria não configurou, segundo o TEDH, uma violação ao artigo 12.º (direito ao casamento). Neste aspeto, a decisão do TEDH foi unânime. Com relação ao artigo 14.º (diferença de tratamento e discriminação), considerado em conjunto com o artigo 8.º (respeito pela vida privada e familiar), o TEDH decidiu, por quatro votos contra três, que também não houve violação.

Além das limitações do caso Silva Mouta e da ambiguidade da posição do TEDH em matéria de direito de família e diversidade sexual, Grigolo (2003: 1028) argumenta, a partir da perspetiva da teoria *queer*, que o caso Silva Mouta e outros casos relacionados com o direito à não discriminação com base na orientação sexual são limitados porque o TEDH acaba por «normalizar» as identidades heterossexual e homossexual, sem que o discurso jurídico rompa com a lógica da exclusão de identidades sexuais que desafiam os limites do género e do dualismo heterossexualidade-homossexualidade.

Apesar da pertinência da crítica feita por Grigolo e do papel ambíguo do TEDH, o caso Silva Mouta criou jurisprudência, revestindo-se de uma importância central no argumentário do próprio movimento LGBT português em questões de homoparentalidade. Com efeito, o caso Silva Mouta é exemplar a vários níveis. Desde logo por traduzir um uso individual do direito simultaneamente ancorado em conhecimentos de direito internacional de direitos humanos adquiridos também por via da globalização do ativismo LGBT. Depois, porque ao colocar o tema da homoparentalidade no centro da discussão pública sobre temas LGBT, o caso Silva Mouta forçou o movimento a um posicionamento político, nem sempre fácil, face a questões como a família ou o melhor interesse da criança.

Conclusões
A análise deste caso nas diversas escalas da justiça, desde os tribunais portugueses até ao TEDH, permite-nos contribuir para a reflexão em torno das potencialidades e dos limites do uso do direito, designadamente da mobilização judicial dos direitos humanos. O caso mostra de que forma os discursos em conflito no campo judicial constroem conceitos como o de família, de discriminação, de melhor interesse da criança e de direitos humanos. Esta análise permite-nos, ainda, descortinar o modo como a mobilização *individual* da justiça, às escalas nacional e transnacional, pode reconstruir os direitos

humanos emanados do TEDH, contribuindo para mudar discursos e argumentos dominantes. Cabe, no entanto, salientar que o caso Silva Mouta é excecional no sentido de que a maior parte dos casos apresentados ao TEDH contra Portugal não criam jurisprudência. Como já referido nos Capítulos 4 e 5 deste livro, esses casos dizem respeito, maioritariamente, a disputas relativas à morosidade dos tribunais portugueses. A aplicação da CEDH a tais casos não traz desafios quer ao direito nacional, quer à jurisprudência do TEDH e ao alcance e significado dos direitos humanos previstos na CEDH (Santos, C.M. *et al.*, 2010).

A importância do uso internacional dos direitos humanos na defesa e promoção dos direitos LGBT é inegável. No caso do direito à homoparentalidade, algumas das decisões judiciais e da jurisprudência europeia têm providenciado uma proteção considerável dos direitos sexuais, reconhecendo, por exemplo, a proteção da autonomia da vida sexual, a proteção dos menores e a proteção contra a discriminação baseada na orientação sexual (Helmut-Graupner, 2005). Contudo, o TEDH tem-se posicionado de maneira ambígua em relação à diversidade familiar. E na contramão da jurisprudência internacional mais progressista, os tribunais nacionais têm tido um fraco desempenho na defesa dos direitos sexuais (*ibidem*: 111).

Apesar destas ressalvas, e partindo de uma posição dos tribunais que, nos anos 1980, consideravam as relações entre pessoas do mesmo sexo como um «desvio» do qual as crianças deveriam ser protegidas, chegámos, no início do século XXI, a uma posição que já não encara as relações do mesmo sexo como prejudiciais ao bem-estar das crianças e que parece atribuir maior reconhecimento à existência de laços e de vida familiar entre casais do mesmo sexo (Kilkelly, 2004). Neste sentido, podemos afirmar que o campo jurídico e judicial aparece como um espaço de redefinição do conceito de família e de sexualidade, campo este que tanto se apresenta aberto como fechado. Esta característica permite também que se reconstrua o direito da família, das minorias sexuais e, em última análise, os próprios direitos humanos. Como aponta Richman (2002: 286), não podemos esquecer o poder da lei e dos tribunais na alteração de significados e identidades. Estas alterações dependem, por sua vez, das mudanças e das mobilizações sociais e culturais.

Na história do ativismo LGBT português verifica-se, segundo Santos, uma «acentuada centralidade discursiva do argumentário jurídico, canalizando grande parte das reivindicações políticas formuladas até ao momento» (Santos, A.C., 2005: 152). O discurso do ativismo LGBT português apropria-se do referencial discursivo global dos direitos humanos, mas fá-lo de maneira seletiva e estratégica, adaptando a noção universalista de direitos humanos ao contexto histórico, político e cultural nacional. As reivindicações dos direitos LGBT dão-se primordialmente no campo legislativo. Ana Cristina Santos (2005: 154 e ss.) questiona, porém, se o aumento da intervenção jurídica assegura necessariamente um maior reconhecimento dos direitos LGBT. O formalismo e o conservadorismo do direito são algumas das limitações deste tipo de intervenção. Além disso, o uso do direito por minorias sexuais apresenta um potencial emancipatório limitado e ambíguo.

Considerando-se a mobilização judicial do direito como estratégia para a defesa de direitos de minorias sexuais, podem acrescentar-se outras limitações como as dificuldades de acesso à justiça em geral, a individualização e despolitização dos conflitos nos tribunais, o alcance limitado de decisões judiciais que apenas se aplicam a casos concretos, bem como a eficácia limitada das decisões judiciais em produzir transformações jurídicas e sociais, quer no âmbito nacional, quer no âmbito transnacional.

A condenação do Estado português por discriminação com base na orientação sexual poderia levar a uma interpretação linear de progresso jurídico e social, ou a uma visão de que a sociedade estaria mais aberta a reconhecer que lésbicas, gays, bissexuais e transgéneros têm os mesmos direitos e deveres e devem receber tratamento igual perante a lei. No entanto, convém recordar que em Portugal a questão dos direitos sexuais teve um trajeto irregular e pautado pela colagem aos direitos reprodutivos. É de referir que, no ordenamento jurídico nacional, as questões dos direitos sexuais e reprodutivos eram tratadas, até 2009, de forma direta apenas em três documentos, datados, respetivamente, de 1984, 1999 e 2001,[15] e a «inclusão do direito à não discriminação com base na orientação sexual ou na identidade de género na agenda internacional de direitos humanos tem pouco mais de vinte anos» (Santos, A.C., 2005: 63).

No âmbito estrito das questões de orientação sexual e identidade de género, parece haver uma pequena mudança de mentalidades, com particular incidência após a revisão constitucional de 2004, tendo a Constituição, no seu artigo 13.º, passado a proibir a discriminação com base na orientação sexual (Almeida, M.V., 2009). Há uma crescente visibilidade pública da

---

[15] Educação Sexual e Planeamento Familiar: Lei n.º 3/1984, de 24 de março; Saúde Sexual e Reprodutiva: Lei n.º 120/1999; Contracepção de Emergência: Lei nº 12/2001, de 29 de maio.

temática – incluindo meios de comunicação social, debates em meio escolar e publicação de artigos académicos (Cascais, 2004). Esta visibilidade pública foi acentuada aquando da discussão e aprovação da lei n.º 9/2010, que veio permitir o casamento entre pessoas do mesmo sexo. Contudo, a lei proíbe a adoção por pessoas casadas com cônjuge do mesmo sexo.[16] E a visibilidade pública da temática não se traduz necessariamente em aumento da visibilidade individual lésbica, gay, bissexual e/ou transgénero. Nesse sentido, cabe destacar o estudo realizado por Carneiro (2009), segundo o qual um grande número de indivíduos homossexuais (71% da amostra) mantém a sua vida íntima em segredo absoluto, o que pode ser explicado, de acordo com o autor, pela acentuada homofobia na sociedade portuguesa.

As contradições e ambiguidades da realidade social portuguesa também aparecem no âmbito da aplicação do direito. De acordo com Freitas (2004), não é certo que os tribunais portugueses analisem a orientação sexual dentro do atual art.º 13.º da CRP, e também não está assegurado o momento em que estes aplicarão a garantia constitucional da igualdade e não discriminação em questões relacionadas com lésbicas, *gays*, bissexuais e transgéneros. Como afirma Ana Cristina Santos,

> A experiência tem revelado que a protecção jurídica não garante, por si só, o respeito por direitos previamente estabelecidos. É sobejamente reconhecido que mentalidades não se mudam por decreto e que, como tal, são frequentemente morosos os processos que conduzem a transformações socioculturais efectivas. Acresce que, mesmo após ocorrerem mudanças na esfera jurídica, as atitudes vigentes continuam a reportar-se ao quadro legal precedente por via do hábito ou da atribuição de valor moral independentemente da evolução dos códigos legais (Santos, A.C., 2005: 168-169).

---

[16] A lei n.º 9/2010, que permite o casamento civil entre pessoas do mesmo sexo, foi publicada em Diário da República a 31 de maio de 2010, tendo sido aprovada pela Assembleia da República a 10 de janeiro de 2010. O Presidente da República, Cavaco Silva, promulgou a lei a 17 de maio de 2010, com muita contrariedade e após haver submetido o diploma legal à apreciação do Tribunal Constitucional. Portugal tornou-se, assim, o oitavo país no mundo a legalizar o casamento entre pessoas do mesmo sexo. (cf. <http://antigo.esquerda.net/content/view/15966/27>, consultado em 25/05/2010). Os debates em torno desta lei ocuparam grande espaço nos meios de comunicação social. A título de ilustração, consultar: <http://aeiou.expresso.pt/governo-aprova-casamento-homossexual=f553572> [consultado em 25/05/2010].

Esta realidade está fortemente presente na trajetória pessoal e profissional de Silva Mouta, que, depois de ganhar a luta pelo reconhecimento da homoparentalidade e da não discriminação, se filiou não numa associação de defesa dos direitos sexuais mas, sim, numa associação de defesa dos direitos dos pais, denominada Pais para Sempre – Associação para a Defesa dos Filhos dos Pais Separados.[17] Silva Mouta diz-nos que o lugar que ocupa hoje na associação está em muito relacionado com o processo e com as dificuldades que enfrentou na justiça e sociedade portuguesas.

Assim, apesar de as decisões do TEDH, a exemplo da proferida no caso Silva Mouta, contribuírem para a reconstrução progressista dos direitos humanos e dos direitos sexuais, criando precedentes e marcos jurídicos importantes, elas não são suficientes para uma mudança ampla das práticas, mentalidades e discursos instituídos.

Referências bibliográficas

Almeida, Miguel Vale (2005), "O casamento entre pessoas do mesmo sexo: sobre 'gentes remotas e estranhas' numa 'sociedade decente'", comunicação apresentada na VI Reunião de Antropologia do Mercosul, Montevideu.

Almeida, Miguel Vale (2009), *A chave do armário. Homossexualidade, casamento, família*. Lisboa: Imprensa de Ciências Sociais.

Almeida, Susana (2008), *O respeito pela vida (privada e) familiar na jurisprudência do Tribunal Europeu dos Direitos do Homem: A tutela das novas formas de família*. Coimbra: Coimbra Editora.

AR – Assembleia da República (1995), "Lei n.º 89/95, de 31 de Agosto: Altera o Código Civil, permitindo a opção dos pais pelo exercício comum do poder paternal", *Diário da República*, n.º 201, série I-A, de 31 de agosto [disponível em: <http://dre.pt/pdfgratis/1995/08/201A00.pdf>].

AR (1997), "Lei Constitucional n.º 1/97, de 20 de Setembro: Quarta revisão constitucional", *Diário da República*, n.º 218, série I-A, de 20 de setembro [disponível em: <http://dre.pt/pdfgratis/1997/09/218A00.pdf>].

AR (2004), "Lei Constitucional n.º 1/2004, de 24 de Julho: Sexta revisão constitucional", *Diário da República*, n.º 173, série I-A, de 24 de julho [disponível em: <http://dre.pt/pdfgratis/2004/07/173A00.pdf>].

Ariés, Philippe (1981), *História social da criança e da família*. Rio de Janeiro: Guanabara.

Borrillo, Daniel (2000), "La protection juridique des nouvelles formes familiales: Le case des familles homoparentales", *Mouvements*, 8, 54-59.

Borrillo, Daniel (2005), "O indivíduo homossexual, o casal de mesmo sexo e as famílias homoparentais: Análise da realidade jurídica francesa no contexto internacional", *Revista da Faculdade de Direito de Campos*, VI (7), 63-112.

---

[17] Para informações sobre esta associação, consultar: <http://www.paisparasempre.eu>.

Bruns, Maria Alves; Santos, Claudiene (2006), "A homoparentalidade em questão: A voz de gays e lésbicas com filhos", *Revista da Abordagem Gestáltica*, XII(2), 89-108.

Carneiro, Nuno Santos (2009), *"Homossexualidades": Uma psicologia entre ser, pertencer e participar*. Porto: Livpsic.

Cascais, Fernando (org.) (2004), *Indisciplinar a teoria. Estudos gays, lésbicos e queer*. Lisboa: Fenda.

CEDH (2010), *Convenção para a protecção dos Direitos do Homem e das Liberdades Fundamentais – com as modificações introduzidas pelos Protocolos n.os 11 e 14 – acompanhada do Protocolo adicional e dos Protocolos n.os 4, 6, 7 e 13* [disponível em: <http://www.echr.coe.int/NR/rdonlyres/7510566B-AE54-44B9-A163-912EF12B8BA4/0/POR_CONV.pdf>].

CRP – Constituição da República Portuguesa (2005), *Constituição da República Portuguesa, VII Revisão Constitucional* [disponível em: <http://www.parlamento.pt/Legislacao/Documents/constpt2005.pdf>].

Dias, Maria Berenice (2001a), "Vínculos hetero e homoafetivos", *in* Instituto Interdisciplinar de Direito de Família (IDEF), *Homossexualidade. Discussões jurídicas e psicológicas*. Curitiba: Juruá.

Dias, Maria Berenice (2001b), "União homossexual: Aspectos sociais e jurídicos", *Âmbito Jurídico*, 6 [disponível em: <http://www.ambito-juridico.com.br>, consultado em 17/09/08].

Donovan, Catherine; Wilson, R. Angelia (2005), "New Parenting: Opportunities and challenges", *Sexualities*, 8(2), 131-136 [disponível em: <http://dx.doi.org/10.1177/1363460705050848>].

Donzelot, Jacques (1986), *A política das famílias*. Rio de Janeiro: Graal.

Dumitriu-Segnana, Eugenia (2006), "Case-Law of the European Court of Human Rights related to child rights, role of the family and alternative care", comunicação apresentada na International Conference on Child Rights, Bucareste.

Fineman, Martha Albertson (1993), "Our Sacred Institution: The ideal of family in American law and society", *Utah Law Review*, 2, 387-403.

Freitas, Miguel (2004), "Chapter 14: Portugal", *in* Kees Waaldijk e Matteo Nonini-Baraldi (dir.), *Combating Sexual Orientation Discrimination in Employment: Legislation in Fifteen EU Members States. Report of the European Group of Experts on Combating Sexual Orientation Discrimination*. Leiden: Universidade de Leiden [disponível em: <https://openaccess.leidenuniv.nl/handle/1887/12587>].

Gartner, Nadine A. (2007), "Lesbian (M)otherhood: Creating an alternative model for settling child custody disputes", *Law and Sexuality*, 16, 45-75 [disponível em: <https://litigation-essentials.lexisnexis.com/webcd/app?action=DocumentDisplay&crawlid=1&doctype=cite&docid=16+Law+%26+Sex.+45&srctype=smi&srcid=3B15&key=14beced6ec97397e10f354232310ca8c>].

Gesing, Erica (2004), "The Fight to be a Parent: How courts have restricted the constitutionally-based challenges available to homosexuals", *New England Law Review*, 38(3), 841-896.

Grigolo, Michele (2003), "Sexualities and the ECHR: Introducing the universal legal subject", *EJIL*, 14(5), 1023-1044 [disponível em: <http://www.ejil.org/pdfs/14/5/446.pdf>].

Hale, Brenda (2005), "Sexuality and human rights", comunicação apresentada na Keele University, 21 de outubro.

Helmut-Graupner, J. D. (2005), "Sexuality and human rights in Europe", *in* J. D. Helmut-Graupner e Philipe Tahmindjis (orgs.), *Sexuality and Human Rights: A Global Overview*. New York: Harrington Park Press, pp. 108-139.

Infanti, Anthony C. (2008), *Everyday Law for Gays and Lesbian and Those Who Care About Them*. Boulder, CO: Paradigm Publishers.

Kilkelly, Ursula (2004), "Children's rights in the committed relationships of their parents", comunicação apresentada na HRC & Law Society Conference. Dublin: Law Society of Ireland.

Kukura, Elizabeth (2006), "Finding Family: Considering the recognition of same-sex families in International Human Rights ant the European Court of Human Rights", *Human Rights Brief*, 13(2), 17-20 [disponível em: <http://digitalcommons.wcl.american.edu/hrbrief/vol13/iss2>].

Norrie, Kenneth McK. (2001), "Sexual orientation and family law", *in* Alison Cleland (ed.), *Family Dynamics: Contemporary Issues in Family Law*. Edinburgh: Tottel Publishing, pp. 151-176.

Norrie, Kenneth McK. (2005), "Marriage and civil partnership for same-sex couples: The international imperative", *Journal of International Law & International Relations*, 1(1-2), 249-260 [disponível em: <http://www.jilir.org/volume1.html>].

Richman, Kimberly (2002), "Lovers, legal strangers and parents: Negotiating parental and sexual identity in family law", *Law & Society Review*, 36(2), 285-324.

Richman, Kimberly (2007), "Talking Back: The discursive role of the dissent in LGBT custody and adoption cases", *Law and Sexuality*, 16, 77-109 [disponível em: <https://litigation-essentials.lexisnexis.com/webcd/app?action=DocumentDisplay&crawlid=1&doctype=cite&docid=16+Law+%26+Sex.+77&srctype=smi&srcid=3B15&key=14e4fb70867a3b6b1c431f2917ceae5b>].

Ryan-Flood, Róisín (2005), "Contested heteronormativities: Discourses of fatherhood among lesbian parents in Sweden and Ireland", *Sexualities*, 8(2), 189-204 [disponível em: <http://dx.doi.org/10.1177/1363460705050854>].

Sanders, Douglas (2002), "Human rights and sexual orientation in international law", *International Journal of Public Administration*, 25(1), 13-44 [disponível em: <http://dx.doi.org/10.1081/PAD-120006537>].

Santos, Ana Cristina (2005), *A lei do desejo: Direitos humanos e minorias sexuais em Portugal*. Porto: Afrontamento.

Santos, Ana Cristina (2008a), "Enacting Activism: The political, legal and social impacts of LGBT activism in Portugal", tese de doutoramento, Centre for Interdisciplinary Gender Studies, Universidade de Leeds.

Santos, Ana Cristina (2008b), "Acção colectiva e minorias sexuais: Uma análise sociológica de um movimento social em Portugal", *Revista Finisterra*, n.º 58/59/60, 265-290.

Santos, Boaventura de Sousa (1995), *Toward a new common sense: Law, science and politics in the paradigmatic transition*. New York: Routledge.

Santos, Cecília MacDowell; Santos, Ana Cristina; Duarte, Madalena; Lima, Teresa Maneca (2009), "Homoparentalidade e desafios ao direito: O caso Silva Mouta na justiça portuguesa e no Tribunal Europeu de Direitos Humanos", *Revista Crítica de Ciências Sociais*, 87, 43-68 [disponível em: <http://www.ces.uc.pt/rccs/index.php?id=2299&id_lingua=1>].

Santos, Cecília MacDowell; Santos, Ana Cristina; Duarte, Madalena; Lima, Teresa M. (2010), *Reconstruindo Direitos Humanos pelo Uso Transnacional do Direito? Portugal e o Tribunal Europeu de Direitos Humanos.* Relatório final de projecto, financiado pela Fundação para a Ciência e a Tecnologia (FCOMP-01-0124-FEDER-007551). Coimbra: Centro de Estudos Sociais da Universidade de Coimbra.

Silva Mouta, João Salgueiro (2009), "João Manuel Salgueiro da Silva Mouta c. Portugal – uma experiência pessoal", comunicação apresentada no Seminário Internacional "Direitos humanos e mobilização jurídica transnacional no contexto europeu". Coimbra: Centro de Estudos Sociais da Universidade de Coimbra, 3 de julho.

TEDH – Tribunal Europeu dos Direitos Humanos (1978), *Tyrer c. Reino Unido*, queixa n.º 5856/72, acórdão de 25 de abril, série A26 [disponível em: <http://cmiskp.echr.coe.int/tkp197/view.asp?action=html&documentId=695464&portal=hbkm&source=externalbydocnumber&table=F69A27FD8FB86142BF01C1166DEA398649>].

TEDH (1994), *Keegan c. Irlanda*, queixa n.º 16969/90, acórdão de 26 de maio, série A290 [disponível em: <http://cmiskp.echr.coe.int/tkp197/view.asp?action=html&documentId=695758&portal=hbkm&source=externalbydocnumber&table=F69A27FD8FB86142BF01C1166DEA398649>].

TEDH (1997), *X, Y e Z c. Reino Unido*, queixa n.º 21830/93, acórdão de 22 de abril, R-1997-II [disponível em: <http://cmiskp.echr.coe.int/tkp197/view.asp?item=1&portal=hbkm&action=prof&highlight=X%2C%20|%20Y%20|%20Z&sessionid=78565208&skin=hudoc-en>].

TEDH (1999), *Salgueiro da Silva Mouta c. Portugal*, queixa n.º 33290/96, acórdão de 21 de dezembro de 2009, R-1999-IX [tradução disponível em: <http://www.gddc.pt/direitos-humanos/portugal-dh/acordaos/traducoes/Trad_Q33290_96.pdf>].

TEDH (2010), *Schalk e Kopf c. Áustria*, queixa n.º 30141/04, acórdão de 24 de junho [disponível em: <http://cmiskp.echr.coe.int/tkp197/view.asp?action=html&documentId=870457&portal=hbkm&source=externalbydocnumber&table=F69A27FD8FB86142BF01C1166DEA398649>].

Walker, Kristen (2001), "Moving gaily forwards? Lesbian, gay and transgender human rights in Europe", *Melbourne Journal of International Law*, 2(1), 122-143 [disponível em: <http://mjil.law.unimelb.edu.au/go/issues/issue-archive/volume-2-1>].

Zambrano, Elizabeth (2006), "Parentalidades 'impensáveis': Pais/mães homossexuais, travestis e transexuais", *Horizontes Antropológicos*, ano 12, n.º 26, 123-147 [disponível em: <http://www.scielo.br/pdf/ha/v12n26/a06v1226.pdf>].

CAPÍTULO 10

FAZER ONDAS NOS MARES DA JUSTIÇA: DOS DIREITOS DAS MULHERES AOS DIREITOS HUMANOS DAS ONG

Cecília MacDowell dos Santos
Madalena Duarte

Em 2004, a organização não-governamental (ONG) holandesa *Women on Waves* (WOW), autorizada pelo governo holandês a realizar interrupções da gravidez (na sua clínica móvel ou em águas internacionais), rumou a Portugal no navio *Borndiep*, a convite das ONG portuguesas Acção Jovem para a Paz (AJP), Clube Safo, Não Te Prives – Grupo de Defesa dos Direitos Sexuais, e União de Mulheres Alternativa e Resposta (UMAR), para desenvolver a campanha «Fazer Ondas», cujo enfoque era a despenalização do aborto e, portanto, a luta pelos direitos reprodutivos das mulheres. O governo português interditou, porém, a entrada do navio *Borndiep* em águas nacionais. Considerando que tal decisão atentava contra os direitos humanos (liberdade de expressão, circulação e reunião) das ONG envolvidas na campanha, estas recorreram aos tribunais portugueses, que decidiram a favor do governo. O caso foi, então, levado ao Tribunal Europeu dos Direitos Humanos (TEDH), cuja decisão, proferida em 2009, condenou o Estado português pela violação de direitos humanos.

Baseando-se no caso *Women on Waves e Outros c. Portugal* (TEDH, 2009), o presente capítulo analisa o papel da mobilização judicial coletiva iniciada pelas ONG junto dos tribunais nacionais e do TEDH. São discutidas as estratégias e os discursos dos/as litigantes e dos/as juízes/as envolvidos/as na disputa judicial às escalas nacional e transnacional, bem como o impacto da decisão do TEDH na reconstrução dos direitos humanos. A análise e os dados que se seguem têm por base o Relatório Final do projecto de investigação «Reconstruindo direitos humanos pelo uso transnacional do direito? Portugal e o Tribunal Europeu dos Direitos Humanos», desenvolvido no Centro de Estudos Sociais da Universidade de Coimbra (Santos, C.M. *et al.*, 2010).[1] Tal como referido no Capítulo 4 deste

---

[1] Agradecemos às demais coautoras do Relatório Final, Ana Cristina Santos e Teresa Maneca Lima, que nos autorizaram a utilizar os resultados do projeto como base para o presente capítulo.

livro, este foi o único caso do estudo envolvendo uma mobilização judicial iniciada por um conjunto de ONG junto do TEDH. Este foi também o único caso cujo conflito social de origem estava relacionado com os direitos das mulheres e cuja disputa judicial se centrou nos direitos humanos das ONG.

A mobilização do TEDH por iniciativa das ONG não é uma prática tão comum como a que ocorre no âmbito do sistema interamericano de direitos humanos (Hanashiro, 2001; Santos, C.M., 2007). Contudo, há estudos que demonstram o papel de destaque desempenhado pelas ONG no processo de produção de políticas públicas europeias em matérias relativas, por exemplo, à igualdade de género e meio ambiente, através da mobilização sociopolítica e da litigação perante o Tribunal Europeu de Justiça (Cichowski, 2007). Alguns estudos destacam, ainda, que as ONG têm uma atuação relevante perante o TEDH no que diz respeito ao trabalho de apoio jurídico e político na denúncia dos casos de violações de direitos humanos considerados emblemáticos e/ou «graves», nomeadamente os casos de tortura, prisão arbitrária, execução extrajudicial e discriminação (Hodson, 2009; cf. também o Capítulo 8 neste volume). Porém, na investigação que serve de base ao presente capítulo, não foi encontrado qualquer caso em que alguma ONG tivesse prestado este tipo de acompanhamento jurídico (Santos, C.M. *et al.*, 2010). No caso *Salgueiro da Silva Mouta c. Portugal*, analisado no Capítulo 9 deste volume, Silva Mouta contou com o apoio das ONG para a obtenção de informações sobre as normas internacionais de direitos humanos, mas a apresentação e o acompanhamento do seu caso junto do TEDH foram feitos sem a assistência de uma ONG.

O caso excecional *Women on Waves e Outros c. Portugal* apresenta, por sua vez, uma mobilização judicial coletiva que se diferencia do padrão de atuação das ONG descrito por Cichowski (2007) e Hodson (2009), visto que as vítimas e requerentes no caso em apreço são as próprias ONG. Neste aspeto, cabe recordar os limites da legitimidade processual ativa impostos pela Convenção Europeia dos Direitos Humanos e das Liberdades Fundamentais (CEDH). Ao contrário do sistema interamericano de direitos humanos, que permite às ONG enviar petições à Comissão Interamericana de Direitos Humanos independentemente de estas terem sofrido uma violação, o TEDH apenas recebe petições das vítimas. Como se lê no art.º 34.º da CEDH, «O Tribunal pode receber petições de qualquer pessoa singular, organização não-governamental ou grupo de particulares que se considere vítima de violação por qualquer Alta Parte Contratante dos direitos reconhecidos na Convenção ou nos seus protocolos» (CEDH, 2010).

Mas o caso *Women on Waves e Outros c. Portugal* é importante não apenas pela sua exemplaridade no que se refere ao tipo de mobilização judicial – coletiva e iniciada pelas ONG – perante os tribunais nacionais e o TEDH. O caso contribuiu para a jurisprudência do TEDH ao colocar em discussão a *forma* pela qual se exerce a liberdade de expressão, que passou a ser entendida pelo Tribunal como um aspeto essencial deste direito humano. Saliente-se, contudo, que, enquanto a campanha «Fazer Ondas» se centrou nos direitos das mulheres, a mobilização judicial traduziu a luta social numa disputa em torno dos direitos humanos das ONG. A tradução de uma luta social e política para o campo jurídico acarreta sempre transformações semânticas, mas neste caso houve uma mudança de enfoque no próprio direito violado e alteraram-se as «vítimas», ou seja, os sujeitos de direitos humanos em causa.

Como se verá adiante, o contexto político-jurídico nacional e a posição do governo português contribuíram para a mudança do enfoque da luta social e política no processo de tradução desta luta numa disputa judicial. A atuação do governo português, ao impedir a entrada do navio em águas nacionais, influenciou a posterior ênfase da mobilização nos direitos humanos das ONG, que passaram então a constituir-se em vítimas de uma violação por um Estado Parte da CEDH, com legitimidade processual ativa perante o TEDH. As estratégias políticas e jurídicas das ONG também foram moldadas pelos limites da legalidade tanto no âmbito jurídico nacional como no âmbito da mobilização do TEDH. De referir ainda que, no percurso da mobilização judicial desde os tribunais nacionais até ao TEDH, houve divergências entre as ONG, nem todas tendo optado pela estratégia da mobilização judicial como um instrumento político-jurídico para a defesa dos direitos humanos das ONG e para a reconstrução dos direitos humanos emanados da CEDH.

1. A campanha «Fazer Ondas»: o direito das mulheres à IVG

1.1. *Antecedentes da campanha*

Embora o objetivo deste capítulo não seja analisar em detalhe a campanha «Fazer Ondas», a breve contextualização dos antecedentes, dos objetivos e das estratégias da campanha será necessária para uma melhor compreensão e análise dos discursos e das estratégias das ONG envolvidas na mobilização judicial às escalas nacional e transnacional.[2]

---

[2] Para mais informações e uma análise sociojurídica da campanha e da luta feminista pela despenalização do aborto em Portugal, ver Duarte (2007) e Boaventura de Sousa Santos *et al.* (2010: 93-181).

A campanha «Fazer Ondas» insere-se no contexto da luta feminista pela despenalização do aborto em Portugal e pelos direitos reprodutivos das mulheres na Europa. O direito da mulher à interrupção voluntária da sua gravidez não foi consagrado no conjunto de direitos das mulheres adquiridos após o 25 de Abril de 1974, com a Constituição da República Portuguesa de 1976. Em 1984, foi aprovada a Lei n.º 6/84, de 11 de maio, que esteve em vigor até 2007. De acordo com essa lei, as mulheres que se faziam abortar e as pessoas que realizavam a intervenção estavam a cometer um crime (artigo 140.º e seguintes do Código Penal). A lei contemplava algumas causas de exclusão de ilicitude, mas não permitia a interrupção voluntária da gravidez (IVG), tendo sido considerada pelas associações feministas muito restritiva, uma vez que não previa razões económicas para uma mulher interromper a sua gravidez (UMAR, 1999).[3] A luta feminista nas décadas seguintes pautou-se pela inserção de mais uma causa de exclusão de ilicitude: o pedido da mulher, ou seja, a IVG.

Em 1998 teve lugar um referendo em que a maioria dos votos expressos foi contrária à IVG, impedindo, naquele momento, qualquer possibilidade de alteração da Lei n.º 6/84. De referir que este referendo não teve efeito vinculativo uma vez que o número de votantes não foi superior à metade dos eleitores inscritos no recenseamento. Portanto, mesmo que a maioria de votos tivesse sido favorável à IVG, a Lei n.º 6/84 poderia ter sido mantida sem alterações. O pós-referendo foi uma altura de grande desânimo de um movimento que se sentia impotente face à constituição da Assembleia da República e às demandas da democracia representativa (Duarte, 2007). As manifestações públicas do movimento pela despenalização eram mais reativas, valendo-se sobretudo de protestos em frente aos tribunais onde as mulheres estavam a ser julgadas pela prática de aborto. Em 2004, foi entregue uma petição com 120 mil assinaturas na Assembleia da República para a realização de um novo referendo. Esta ação revelou-se infrutífera, levando o movimento a procurar novas estratégias de luta.

Neste cenário de um ativismo esmorecido e de ausência de discussão sobre a regulamentação da IVG na agenda política, um conjunto de associações portuguesas (Acção Jovem para a Paz, Clube Safo, Não Te Prives – Grupo de

---

[3] A lei contemplava as seguintes causas de exclusão de ilicitude: se fosse o único meio de evitar a morte da mãe (sem prazo); se houvesse sério risco para a saúde física e mental da mãe (até às 12 semanas); se a gravidez resultasse de violação (até às 16 semanas); se houvesse grave malformação do feto ou se o recém-nascido viesse a sofrer, de forma incurável, de doença grave (até às 24 semanas); e se houvesse inviabilidade fetal (sem prazo).

Defesa dos Direitos Sexuais, e a União de Mulheres Alternativa e Resposta – UMAR) voltou-se para o apoio de alianças transnacionais, convidando a organização holandesa *Women on Waves* (WOW) a promover, em parceria com as associações locais, uma campanha pela despenalização do aborto em Portugal. A seguir damos conta brevemente da ação da WOW, que idealizou a campanha e a promoveu à luz dos objetivos desta ONG e das estratégias utilizadas em campanhas similares que desenvolvera em outros países (Irlanda, Polónia e Malta).

1.2. Objetivos e estratégias da WOW

Em 23 de agosto de 2004, o navio *Borndiep*, de pavilhão holandês e fretado pela organização WOW pelo período de 26 dias, navegou para Portugal. Antes da partida, o navio foi inspecionado pelas autoridades holandesas e todos os medicamentos a bordo selados por um notário holandês. Tal como as campanhas anteriores promovidas pela WOW em outros países, a campanha «Fazer Ondas» tinha como objetivos chamar a atenção para as consequências do aborto ilegal, fornecer informação e educação sobre saúde sexual e reprodutiva e potenciar a alteração de uma lei restritiva que criminalizava a IVG.

A WOW é uma ONG autorizada pelo Ministério da Saúde holandês, desde 2001, a realizar interrupções da gravidez até 16 dias de atraso em relação ao dia esperado de início da menstruação. Este tratamento médico pode ser realizado na clínica móvel quando situada na Holanda ou em águas internacionais.[4] A WOW tem, ainda, permissão para realizar interrupções da gravidez, tanto médicas como cirúrgicas, até 12 semanas de gravidez, na clínica móvel apenas quando em Amesterdão. Tendo como base um campo de ação transnacional, a WOW desenvolve atividades mediáticas nos países onde a IVG é criminalizada, procurando chamar a atenção para as consequências nefastas dos abortos clandestinos e para a necessidade do aborto ser despenalizado. Inspirada pela organização ambientalista *Greenpeace*, onde a líder da WOW, Rebecca Gomperts, trabalhava como médica, esta ONG assenta a sua campanha na viagem de um navio que traz consigo um contentor onde funciona uma clínica ginecológica equipada para realizar abortos. A ação da WOW, em parceria com as ONG locais, mostra como o direito tem sido mobilizado pelas

---

[4] De acordo com a Convenção das Nações Unidas sobre o Direito do Mar, de 1982, o limite exterior do mar territorial é fixado nas 12 milhas náuticas, definindo-o como uma zona marítima contígua ao território do Estado costeiro e sobre a qual se estende a sua soberania.

lutas feministas, em diferentes escalas de ação, com o objetivo de mudar o *statu quo* legal de um determinado país. A ação da WOW procura pautar-se pelos limites da legalidade, articulando normas do direito nacional com normas do direito internacional. Nas palavras de Gomperts,

> A nossa principal ação é responder a uma necessidade e construir uma logística legal que permita essa resposta. A força da WOW consiste em encontrar possibilidades e vazios nas leis de todo o mundo (Rebecca Gomperts, entrevista por correio eletrónico em 25 de novembro de 2009).

Sublinhe-se que para além de ações mais radicais, como auxiliar as mulheres a interromper uma gravidez indesejada, a ação da WOW também assenta numa vertente (in)formativa ao disponibilizar informação e distribuição de contracetivos, testes de gravidez, consultas de planeamento familiar, sensibilização para a prevenção de gravidez não desejada ou ainda a realização de oficinas e debates com profissionais de saúde, políticos, ativistas e demais cidadãos/ãs.

A preparação logística da campanha «Fazer Ondas» decorreu durante cerca de um ano de forma confidencial, para garantir o sucesso da campanha, e no dia 23 de agosto de 2004, data de realização da conferência de imprensa, foi divulgada publicamente a vinda a Portugal do navio *Borndiep*. O porto da Figueira da Foz foi o local escolhido para o desenvolvimento da campanha, que perdurou até o navio retornar à Holanda em 9 de setembro do mesmo ano. A experiência de Rebecca Gomperts e de ativistas holandesas, assim como de uma equipa de advogados/as em Portugal,[5] foi crucial, permitindo a capacitação dos/as voluntários/as para agir e/ou reagir em todas as circunstâncias. Embora a ação da WOW consistisse em atividades variadas, foi a possibilidade de ajudar as mulheres portuguesas, com uma gravidez até seis semanas, que desejassem interromper a sua gravidez, deslocando-as, para tal, até águas internacionais, que alcançou maior mediatismo e reações negativas por parte do governo português.

---

[5] As associações portuguesas contrataram uma equipa de advogados/as para acompanhar a campanha desde o seu início e assim poderem precaver e/ou resolver eventuais litígios de ordem jurídica e assegurar que tudo decorreria dentro da legalidade.

1.3. A reação do governo português

A 25 de agosto de 2004, o gabinete do então Ministro da Defesa e dos Assuntos do Mar, Paulo Portas, informou que estaria a proceder a um levantamento da legislação existente para averiguar se a iniciativa respeitava a legislação nacional. A Associação Portuguesa de Maternidade e Vida (APMV) apresentou, a 26 de agosto de 2004, uma denúncia junto da Procuradoria-Geral da República contra a WOW por alegadamente desrespeitar a lei portuguesa. Ainda assim, foi de forma inesperada que o governo negou ao navio a entrada em águas portuguesas, remetendo à tripulação do *Borndiep*, constituída somente por membros da WOW, um *fax* com a seguinte informação:

> Considerando que existem fortes indícios, formados a partir de notícias surgidas na comunicação social nacional e internacional, de que o navio Borndiep, transportando elementos de uma organização intitulada "Women on Waves", pretende atravessar o mar territorial português com destino a um porto nacional para praticar, no todo ou em parte, as seguintes condutas:
> – Desembarcar, distribuir ou publicitar produtos farmacêuticos não autorizados pelas autoridades sanitárias portuguesas;
> – Em reuniões de carácter público, através de meio de comunicação social, por divulgação de escrito ou outro meio de reprodução técnica, provocar ou incitar à prática de determinados actos que são crime à luz do ordenamento jurídico português;
> – Desenvolver uma actividade típica de uma instalação sanitária, sem licenciamento ou fiscalização pelas autoridades portuguesas, criando, pela impossibilidade de prestação dos cuidados médicos normalmente tidos por adequados, um perigo para a saúde pública; [...]
> Determino o seguinte:
> 1 – Não deve ser autorizada a passagem do navio Borndiep pelo mar territorial português;
> [...]
> (Despacho n.º 0010/SEAM/2004, proferido em 27 de Agosto de 2004, pelo Secretário de Estado dos Assuntos do Mar).

Apesar das precauções para não ultrapassar os limites da lei portuguesa, fazendo declarações públicas de que a tripulação do *Borndiep* e as ONG envolvidas na campanha não tinham qualquer intenção de praticar a interrupção voluntária da gravidez no território português, o governo português considerou, como se constata pela leitura do despacho, que as atividades a desenvolver no navio constituíam uma ameaça quer à soberania nacional, quer à saúde pública:

> O nosso mar territorial não é uma selva. [...] [A vinda do navio] Incentiva a prática de actos que são considerados crime em Portugal. [Se não tivesse proibido o navio de entrar] Amanhã nenhuma autoridade nacional teria legitimidade para combater o tráfico de droga, a pesca ilegal e a imigração clandestina (Paulo Portas, *Público*, 29/08/2004).

O governo português foi ainda mais longe ao enviar no mesmo dia um navio de guerra da Marinha para se posicionar perto do navio *Borndiep* e impedi-lo de entrar nas águas portuguesas. Pela primeira vez, um navio ao serviço da ação da WOW era proibido de entrar nas águas territoriais de um país. Entre o dia 29 de agosto e 12 de setembro de 2004, o *Borndiep* permaneceu fundeado na zona contígua portuguesa, a cerca de 3 milhas de águas territoriais, ao largo do porto da Figueira da Foz.

A questão da legalidade ou ilegalidade da ação governamental foi amplamente debatida, levando a posições divergentes mesmo entre os opositores à despenalização. Assim, a favor da interdição, encontravam-se os representantes dos partidos no governo de coligação PSD/CDS e as associações antiescolha, por considerarem que se tratava de «incitamento ao crime» e de desrespeito para com a legislação nacional. Contra a decisão governamental manifestaram-se os partidos da oposição, a Juventude Socialista, Jorge Nuno Sá, presidente da Juventude Social Democrata, a Confederação Geral dos Trabalhadores Portugueses (CGTP) e diversas figuras públicas, inclusive algumas contra a despenalização do aborto.

A decisão do governo português foi entendida como injusta por parte dos/as ativistas, uma vez que toda a campanha estava preparada para não atentar contra qualquer lei, portuguesa, holandesa ou internacional. A suposta ilegalidade da ação foi, do mesmo modo, contestada pelos/as ativistas envolvidos/as, como ilustram as seguintes declarações de Rebbeca Gomperts, representante da WOW, e de Maria José Magalhães, representante da UMAR:

> O Ministro da Defesa considerou que o barco constituía uma ameaça à segurança nacional, apesar de não carregar armas e apesar de nenhum elemento da tripulação ou voluntários ter registo criminal. Ao negar a entrada em águas territoriais portuguesas, o Ministro violou todas as convenções europeias e internacionais, bem como direitos internacionais reconhecidos (Rebecca Gomperts, entrevista por correio eletrónico, a 25 de Novembro de 2009).

Não nego que a nossa intenção era desafiar o quadro legal vigente em Portugal, mas esse desafio, como sempre frisamos, passa por cumprir escrupulosamente a lei do País. Não esperava que em nome da defesa da lei, o governo violasse o quadro legal em vigor (Rebecca Gomperts, *Diário de Notícias*, 02/09/2004).

O objectivo não é resolver o problema do aborto mas promover o debate e a sensibilização [...]. Portugal é o único país europeu que leva mulheres a tribunal [...]. Não se pretende cometer nenhum acto ilegal nem incitar a nenhum acto ilegal. É a livre expressão de convicções (Maria José Magalhães, *Público*, 26/08/2004).

2. A mobilização dos tribunais nacionais: entre os direitos das mulheres e os direitos das ONG

2.1. O consenso em torno da mobilização judicial na primeira instância

A interdição da entrada do *Borndiep* em águas territoriais portuguesas levou a que a campanha tivesse de sofrer transformações, já que grande parte dos eventos teria lugar no navio. A estratégia até então delineada teve de ser repensada à luz dos novos acontecimentos. No seio do movimento foram equacionadas três hipóteses: o regresso do navio à Holanda; a entrada do navio nas águas territoriais à revelia da decisão do governo português; ou a mobilização judicial dos tribunais para remoção da decisão governamental.

Por considerarem que a campanha tinha sido conduzida dentro dos limites da legalidade e que a decisão governamental só poderia ser revogada por uma instância judicial, as ONG decidiram mobilizar os tribunais. Como nos referiu a representante de uma das ONG envolvidas na campanha:

A via judicial pareceu-nos a única maneira de, de facto, conseguir ultrapassar a situação que estava bloqueada. Portanto, a nossa ida para os tribunais deveu-se principalmente à tentativa de tentar desbloquear a situação que o Estado português tinha criado aqui e tentar com isso garantir o melhor funcionamento possível do projeto (Fabíola Cardoso, Clube Safo, Santarém, entrevista a 20 de outubro de 2009).

Em 1 de setembro de 2004, a WOW, os seis tripulantes do navio *Borndiep* e as quatro associações portuguesas envolvidas na campanha (Acção Jovem para a Paz, Clube Safo, Não Te Prives – Grupo de Defesa dos Direitos Sexuais, e União de Mulheres Alternativa e Resposta – UMAR) propuseram perante o Tribunal Administrativo e Fiscal de Coimbra uma ação judicial contra o Ministério da Defesa Nacional e dos Assuntos do Mar e o Instituto Portuário e dos Transportes Marítimos, valendo-se da figura, então recente, do «processo urgente de intimação para a protecção de direitos, liberdades e garantias» (TAFC, 2004). O objetivo de garantir a liberdade de expressão das ONG visava, em última instância, desbloquear a campanha.

A WOW, as organizações portuguesas e a tripulação do *Borndiep* requereram autorização judicial para a entrada do navio nas águas territoriais portuguesas e atracação no porto da Figueira da Foz ou a intimação dos réus para conceder esta autorização em prazo a determinar. Argumentaram que o despacho da Secretaria de Estado violava o direito comunitário e internacional e os mais elementares direitos, nomeadamente os direitos de livre circulação, de expressão e divulgação do pensamento, de informação, de reunião, de manifestação e direito de se informar e de ser informado. Alegaram que o aludido despacho impedira os/as requerentes de reunirem num local de sua escolha (no *Borndiep*), de se manifestarem através do meio que escolheram (a bordo do *Borndiep*), de informarem e se informarem através dos materiais informativos que se encontravam a bordo do *Borndiep*. Invocaram, ainda, que o despacho se baseava em informações e/ou pressupostos errados, dado o navio e a sua clínica móvel terem sido licenciados e fiscalizados pelas autoridades holandesas, e ainda que a administração da pílula RU486, não comercializada em Portugal, ocorreria em águas internacionais e, por isso, sob jurisdição do país de proveniência do navio, a Holanda. Alegaram também que a medida do governo, restringindo os direitos fundamentais dos/as autores/as, era inadequada e desproporcional.

Por seu lado, os réus argumentaram que a clínica ginecológica a bordo do *Borndiep* possuía, entre outros, o RU486 – medicamento de prescrição não autorizada em Portugal – que não provoca por si só a expulsão do embrião, mas que «envolve normalmente a administração posterior de prostaglandinas, destinadas a causar contracções uterinas e a provocar a expulsão do embrião» (TAFC, 2004). Haveria, conforme os argumentos dos réus, continuidade do processo abortivo em território português, mesmo sendo o RU486 administrado em águas internacionais. Sustentaram, ainda, que «as viagens sucessivas entre o porto e as águas internacionais consubstanciam uma prática de fraude à lei, visando contornar a lei portuguesa respeitante à interrupção voluntária da gravidez» (TAFC, 2004).

Em sentença datada de 6 de setembro de 2004, o Tribunal Administrativo e Fiscal de Coimbra decidiu a favor dos réus, considerando como provados os factos por eles apresentados. Na sentença, a juíza que presidiu ao processo argumentou que a concessão de autorização de entrada e atracação do navio *Borndiep* no porto da Figueira da Foz não era «indispensável para assegurar o exercício daqueles direitos fundamentais de expressão, informação, reunião e de manifestação dos Autores» (TAFC, 2004).

A juíza decidiu não só que os direitos fundamentais invocados pelos/as autores/as não eram absolutos, podendo ser restringidos face a interesses maiores em risco – pressupondo-se que definiu que o interesse em causa era superior aos direitos reivindicados –, como também que não cabia aos juízes ir contra os poderes discricionários do governo, demitindo-se de uma intervenção que pudesse ser entendida como politizada.

Comentando a decisão do Tribunal Administrativo e Fiscal de Coimbra, Paula Fernando, então advogada estagiária do escritório de advocacia que representou os/as autores/as, observou:

> Foi a primeira vez que a juíza estava a decidir numa intimação para a proteção de direitos, liberdades e garantias altamente politizada... e eu acho que ela teve medo. Quer dizer, esta é a minha posição pessoal... teve medo. Não teve medo de uma decisão; teve medo de ir mais além na decisão de direito e escusou-se em algumas questões, mais aparentes do que reais. Não posso dizer que tenha sido, enfim, pressionada, não por alguém, mas pelas circunstâncias do caso (Paula Fernando, advogada, Coimbra, entrevista em 20 de novembro de 2009).

No mesmo sentido comentou Fabíola Cardoso, da associação Clube Safo,

> Não há decisões neutras. Todas as decisões são sempre encaixadas por uma estrutura política, uma estrutura ideológica, uma estrutura social e cultural que está presente. Possivelmente o trabalho do juiz é, partindo desse quadro e tendo como referente a lei, aplicar a lei de uma maneira mais correta possível. Agora eu acho que se esta situação se passasse agora, nestes poucos anos mas que já causaram bastantes mudanças sociais e até culturais no nosso país, possivelmente a reação do juiz não teria sido a mesma (Fabíola Cardoso, Clube Safo, Santarém, entrevista em 20 de outubro de 2009).

Alguns juristas portugueses, como Wladimir Brito (2005), também criticaram a decisão do Tribunal Administrativo e Fiscal de Coimbra. Por exemplo, o Tribunal baseou parte da sua decisão na informação constante no *site* da WOW, apresentado pelos réus, em particular na enumeração dos serviços que esta indica prestar, como a interrupção médica da gravidez se o período estiver atrasado 16 dias. Brito defende que essas informações, embora pudessem ser utilizadas pelo Tribunal, «não ofendem a ordem jurídica portuguesa nem ameaçam qualquer direito fundamental nela consagrado» (2005: 203).

2.2. A divergência sobre a mobilização dos tribunais de recurso

Apesar de contrários à decisão do tribunal de primeira instância, os/as autores/as divergiram a respeito da apresentação de um recurso de apelação. De um lado, as associações portuguesas AJP e UMAR discordaram da estratégia política e jurídica da WOW e consideraram desnecessário dar continuidade à mobilização dos tribunais. Convém referir que a AJP e a UMAR desistiram do processo antes de o recurso ser interposto no Tribunal Central Administrativo do Norte. Esta decisão não se prendeu propriamente com a descrença na mobilização do direito ou no papel dos tribunais superiores e no TEDH, mas sobretudo com opiniões divergentes sobre a estratégia a seguir perante a recusa governamental de entrada do *Borndiep* em águas territoriais portuguesas. Um primeiro momento de divergência prendeu-se, desde logo, com a hipótese de, apesar da vigilância e da mediatização em torno do navio, ainda assim transportar mulheres para águas internacionais, auxiliando-as na sua interrupção da gravidez. Como referiu Teresa Cunha, da associação AJP,

> Participámos muito ativamente em todas as ações que era preciso serem feitas no terreno. Até que a certa altura, de facto, internamente começou a haver um certo desconforto. A reação do governo português foi a que se sabe: colocaram uma fragata de guerra ao largo para impedir que o barco entrasse em águas territoriais portuguesas. E, portanto, a contra-estratégia a essa resposta, que sobretudo a líder da *Women on Waves* formou, seria levar as mulheres para águas internacionais, uma vez que a partir desse momento, em águas internacionais, o Estado português não tinha jurisdição sobre o que quer que acontecesse. [...] Acontece que, a partir dessa altura, a nossa interpretação dos factos, a nossa, eu digo sempre a da AJP, começou a ter dois problemas com que se confrontou. Em primeiro lugar, havia muitas pessoas, um número relevante de pessoas que telefonava a pedir ajuda e de facto a manifestar o seu desespero, mesmo, e a sua vontade de ser ajudada porque não queria levar uma gravidez avante e, portanto, manifestava essa intenção de ser ajudada, etc., mas ao mesmo tempo extraordinárias reservas de o fazer daquela forma. Reservas porque as pessoas de facto tinham medo, manifestavam medo de virem a ser arguidas, de virem a ser acusadas, que lhes trouxesse de algum modo problema para elas e que houvesse publicidade, uma vez que naquela altura foi uma campanha muito mediatizada. E a nossa pergunta interior foi «qual é o melhor para estas mulheres?» (Teresa Cunha, AJP, Coimbra, entrevista em 9 de outubro de 2009).

Esta primeira tensão levou, inclusive, a que algumas associações equacionassem a compatibilidade entre os seus objetivos e os objetivos da WOW relativamente à campanha.

> E, por outro lado, e aqui foi de facto um grande debate também que depois travámos entre nós, AJP, e depois travámos entre as associações, era se efetivamente a própria *Women on Waves* não estava a pôr para além dos interesses de Portugal, da mudança da lei em Portugal e das mulheres de Portugal, se não estava a pôr acima disso tudo, digamos, o seu próprio prestígio, a sua própria reputação internacional, não se importando muito com aquilo que iria acontecer uma vez que saísse do território português com as mulheres que ficariam sempre, não é? (Teresa Cunha, AJP, Coimbra, entrevista a 9 de outubro de 2009).

Um segundo momento de cisão prendeu-se com o rumo pelo qual a via legal deveria enveredar. Mais concretamente, não foi consensual entre as diferentes associações o recurso ao «processo urgente para intimação de liberdades e garantias», opção recomendada pela equipa de advogados portugueses que acompanhava o caso:

> Recordo que nesse mesmo momento nós, AJP e UMAR, pedimos opinião jurídica a outros advogados porque nos pareceu que, logo de imediato, era importante termos várias opiniões. E, em segundo lugar, porque nos pareceu que o argumentário não era forte o suficiente, não nos parecia suficiente o caminho jurídico pelo qual as coisas estavam a caminhar. [...] Ainda assim, num primeiro momento nós dissemos «sim, senhor, vamos embora, vamos alinhar porque o mais importante neste momento é lançarmos a campanha e andarmos com isto para a frente», embora tivéssemos sido precavidas de que isto, digamos, o passo jurídico não seria o mais adequado à situação. Portanto, o mais adequado à situação era uma providência cautelar que pudesse parar o processo. [...] Mas as coisas de facto começaram a mostrar que havia diferentes interpretações da parte das ONG portuguesas quanto aos objetivos da *Women on Waves*. E aí para nós começou a tornar-se muito complicado mantermos uma solidariedade mesmo em termos jurídicos (Teresa Cunha, AJP, Coimbra, entrevista a 9 de outubro de 2009).

Para as associações que tinham uma posição discordante (AJP e UMAR), a decisão do Tribunal Administrativo e Fiscal de Coimbra emergiu como um fator derradeiro de suspeição em perseguir a via judicial:

E depois vem a decisão do Tribunal Administrativo. Naquela altura começa então a parecer-nos que o caso não tinha pernas para andar e que, muito embora houvesse muitas razões para pensarmos que efetivamente havia entraves à liberdade de expressão, o caso não tinha a solidez necessária para nós estarmos novamente a colocar a questão do ponto de vista jurídico só para manter uma posição. Porque, para nós, a questão de princípios estava clara, o que não estava clara era a estratégia e era também até do ponto de vista tático o que é que deveria ser feito. Foi aí que apareceu essa fratura. Não vamos continuar com uma batalha jurídica porque vamos estar a dar visibilidade a uma estratégia com a qual de facto não concordamos e que pensamos não ser a mais eficaz (Teresa Cunha, AJP, Coimbra, entrevista a 9 de outubro de 2009).

Além das divergências relativas às estratégias políticas e jurídicas das ONG, havia dúvidas também sobre a eficácia da ação judicial após a derrota na primeira instância. Paula Fernando, do escritório de advocacia que acompanhava o caso nos tribunais, entendeu que, naquele momento, pouco poderia ser feito perante os tribunais nacionais. Nas palavras de Paula Fernando:

A partir do momento em que o Tribunal de Primeira Instância decidiu neste sentido, o navio voltou naturalmente para a Holanda, não ia ficar ao largo de Portugal, e foi nossa convicção na altura que efetivamente em Portugal pouco haveria para fazer em relação a este processo. O recurso é interposto para o Tribunal Central Administrativo do Norte. Nessa altura a matéria em discussão já teria pouco utilidade, o navio já não estava cá. Obviamente que poderia sempre voltar, mas não tinha efeito prático imediato (Paula Fernando, advogada, Coimbra, entrevista em 10 de outubro de 2009).

Não obstante a decisão judicial desfavorável, a mobilização judicial na primeira instância não foi de todo entendida como uma derrota, sob o ponto de vista dos objetivos das ONG portuguesas em trazer o tema da despenalização do aborto para o centro do debate público em Portugal. Como nos explicou Maria José Magalhães, da UMAR,

o que queríamos era pôr o aborto na discussão pública e na agenda política e isso conseguimos. O facto de termos perdido a ação foi... enfim, até porque a justiça em Portugal também não tem o valor, nem para o bem, nem para o mal (risos), percebe? O debate político estava ganho, estava ganho, portanto aquela ação foi vitoriosa, 10 vezes mais vitoriosa mesmo com a decisão negativa do tribunal (Maria José Magalhães, UMAR, Porto, entrevista em 26 de outubro de 2009).

FAZER ONDAS NOS MARES DA JUSTIÇA 279

Apesar do sucesso da campanha no tocante à reinserção do tema da IVG no debate público em Portugal, a decisão do Tribunal Administrativo e Fiscal de Coimbra foi também um fator desmobilizador da luta, uma vez que confirmou a interdição da entrada do navio em águas territoriais portuguesas e o *Borndiep* regressou, a 9 de setembro de 2004, à Holanda.[6] Algumas das ONG envolvidas decidiram, então, avançar com o caso para os tribunais de recurso. Esta decisão foi impulsionada sobretudo pela WOW, que, contrariamente às ONG portuguesas envolvidas, tinha já recorrido aos tribunais nacionais (holandeses) para obter a licença para a sua clínica ginecológica.

Devemos aqui sublinhar que as ONG portuguesas raramente acorrem aos tribunais como via de mobilização social e política, sendo a sociedade civil organizada marcada por uma cultura de fuga à mobilização judicial, embora várias associações deem apoio jurídico (Duarte, 2011). Esta perceção ficou bem presente em algumas entrevistas com os/as representantes das associações portuguesas envolvidas nesta campanha. Como nos explicou uma das representantes da associação portuguesa Clube Safo,

> muitas vezes as associações em Portugal não têm essa capacidade de mobilização e de recorrer ao poder judicial como um aliado. Pelo contrário, há muito uma certa reserva e uma certa dificuldade, de facto, em aceder a essas vias. [...] Portanto, nós nunca tivemos nenhum profissional pago, nenhuma avença com nenhum advogado ou com um escritório de advogados, portanto nunca houve, digamos assim, um trabalho sério relativamente à utilização da justiça como forma de garantir os direitos das pessoas (Fabíola Cardoso, Clube Safo, Santarém, entrevista a 20 de outubro de 2009).

Tendo em vista os objetivos das ONG portuguesas em promover uma campanha para alterar uma lei no país, compreende-se por que algumas associações percebiam como desnecessário e inócuo continuar a dedicar esforços e recursos de mobilização no campo judicial. Mas para a WOW, cuja ação é de âmbito transnacional e não apenas nacional, parecia evidente que aquela decisão de um tribunal português – contrária à entrada de um navio sob a chancela da WOW em águas territoriais nacionais dentro de um espaço comunitário europeu – colocaria em risco o futuro das suas ações em outros países. Como referia o

---

[6] Para uma análise do sucesso da campanha e dos efeitos da mobilização judicial sobre a luta social e política, ver Duarte (2007).

comunicado de imprensa emitido pela WOW aquando da decisão do Tribunal Administrativo e Fiscal de Coimbra:

> A decisão da juíza cria um precedente perigoso. Também afeta outras organizações que usam barcos nas suas missões, como a Greenpeace ou os Médicos sem Fronteiras. Ou a próxima vez a um cruzeiro gay poderá ser negada a entrada em águas nacionais. Qualquer navio com uma mensagem que um determinado governo não goste pode, a partir de agora, ser parado sem qualquer razão. É inaceitável que os direitos das mulheres possam ser considerados uma ameaça nacional. A *Women on Waves* vai recorrer da decisão do tribunal e irá continuar a lutar contra a injustiça que foi feita.

Os diferentes interesses, estratégias de mobilização e visões das ONG a respeito dos direitos humanos, diferenças essas que se relacionam também com as escalas de ação das mesmas, tornam-se patentes ao observarmos o percurso da mobilização judicial desde os tribunais nacionais até ao TEDH. A despeito da posição discordante da AJP e UMAR, o caminho pelos tribunais nacionais, esgotando as vias de recurso, era um percurso fundamental, na opinião de vários/as ativistas, para se obter justiça perante o TEDH. As ONG portuguesas Clube Safo e Não Te Prives seguiram adiante na mobilização judicial coletiva junto com a WOW e os tripulantes do *Borndiep*, embora, como se verá adiante, não parecesse muito clara às ONG nacionais a importância de se obter uma decisão judicial favorável à entrada do navio em águas territoriais portuguesas.

Assim, os/as autores/as no processo de primeira instância, salvo a AJP e a UMAR, interpuseram um recurso de apelação perante o Tribunal Central Administrativo do Norte, o qual, em decisão proferida a 16 de dezembro de 2004, julgou «extinta a instância por inutilidade superveniente da lide» (TCAN, 2004). Na data deste acórdão, o navio *Borndiep* já havia regressado à Holanda. Embora não julgando o mérito do despacho que proibira a entrada do navio no mar territorial português, o acórdão não deixou de reprovar a forma como os/as recorrentes haviam solicitado autorização de entrada no porto da Figueira da Foz:

> Ora, no caso concreto, sabendo que precisavam de autorização para entrar em águas portuguesas e para atracar num porto nacional, tiveram tempo mais que suficiente para solicitar a prévia autorização, mas preferiram criar uma situação de facto consumado com todos os prejuízos que daí poderiam surgir, designadamente a impossibilidade de em tempo útil ser decretada, com transito em julgado, a decisão definitiva (TCAN, 2004).

Inconformados/as com esta decisão, os/as recorrentes interpuseram, em 4 de janeiro de 2005, um recurso de revista perante o Supremo Tribunal Administrativo, argumentando, entre outras coisas, que o regresso do navio à Holanda não eliminava a necessidade de o mesmo ser autorizado a entrar em águas territoriais portuguesas, sendo intenção dos/as recorrentes fazê-lo caso o recurso fosse julgado procedente, o que também se tornava importante para evitar danos em casos futuros semelhantes. Alegaram, ainda, que o pedido às autoridades portuguesas fora feito de acordo com os procedimentos e prazos previstos na lei.

O Supremo Tribunal Administrativo proferiu a sua decisão em 16 de fevereiro de 2005, indeferindo o recurso interposto. Tendo em vista o regresso do navio à Holanda, o Supremo Tribunal Administrativo considerou que,

> não sendo este o meio processual de impugnação da legalidade do despacho que não a concedeu, é manifesto que a decisão recorrida ao julgar a inutilidade superveniente da lide não se reveste hoje, pela sua (ir)relevância jurídica ou social, de uma importância fundamental, pois a questão em causa não oferece qualquer complexidade na sua resolução e não se vislumbra, ao contrário do alegado pelos Recorrentes, a possibilidade de tal questão se colocar em casos futuros semelhantes.
>
> [...]
>
> Igualmente carece a referida questão de importância fundamental face à pouca relevância social que hoje assume. Já a teve, por certo, quando o navio, em águas internacionais, pretendia entrar em águas portuguesas e atracar no porto da Figueira da Foz. Mas regressado o mesmo ao seu país de origem tal questão deixou de ser premente e actuante (STA, 2005).

3. A mobilização judicial transnacional: do Parlamento Europeu ao TEDH

Não obstante as diferentes posições relativamente à mobilização dos tribunais, a WOW tomou a iniciativa de mobilizar o sistema europeu de direitos humanos, primeiro apresentando uma queixa junto da Comissão das Petições do Parlamento Europeu, e depois junto do TEDH. A primeira queixa, embora admissível, foi considerada infundada pela Comissão das Petições, enquanto a segunda queixa obteve uma decisão favorável do TEDH.

A WOW enviou uma carta-queixa à Comissão das Petições, a 21 de setembro de 2004, aquando da apreciação da petição individual que fora encaminhada pela cidadã portuguesa Maria Isabel Afreixo (Petição 0866/2004), relativa às leis restritivas do aborto em Portugal e às iniciativas da WOW. Tal como citado na Comunicação da Comissão das Petições aos Membros do Parlamento Europeu, datada de março de 2006, a peticionária alegava que,

> [o]s abortos eram efectuados no barco, utilizando medicação não autorizada em Portugal. No entanto, uma vez que o navio estava em águas internacionais, estava sujeito à legislação neerlandesa. A peticionária afirma que a reacção à iniciativa constitui uma violação do direito dos cidadãos europeus à liberdade de circulação e de expressão e à liberdade de circulação de bens e serviços (comunicação da Comissão das Petições ao Membros do Parlamento Europeu, 28 de Março de 2006, CM\612182PT.doc, PE 367.718v02-00/REV).

A Comissão das Petições considerou a petição admissível e consultou as partes envolvidas, nomeadamente as autoridades portuguesas e a WOW. Esta última respondeu com a aludida carta datada de setembro de 2004, que foi registada pela Comissão das Petições como uma queixa. Conforme referido na aludida Comunicação da Comissão das Petições, as autoridades portuguesas responderam que,

> a sua decisão não constitui uma violação da legislação comunitária sobre a livre circulação das pessoas, uma vez que os elementos da organização "Women on Waves" tinham autorização para desembarcar e os cidadãos portugueses tinham acesso ao navio. Argumentaram que, se a decisão fosse considerada como uma restrição da livre circulação, seria, mesmo assim, justificada em termos da ordem pública e obedecia ao princípio da proporcionalidade (comunicação da Comissão das Petições ao Membros do Parlamento Europeu, 28 de março de 2006, CM\612182PT.doc, PE 367.718v02-00/REV).

Em 15 de novembro de 2005, a Comissão das Petições enviou uma carta à peticionária, comunicando a sua posição a favor das autoridades portuguesas e a sua intenção de encerrar a queixa.

> A organização "Women on Waves" assume que a intenção era provocar abortos tomando a pílula abortiva a bordo do navio *Borndiep*, em águas internacionais. Uma vez que o aborto é considerado um crime em Portugal, a proibição da entrada do navio em águas portuguesas e de acostar na Figueira da Foz, parece ser justificada à luz da jurisprudência do Tribunal de Justiça, por razões de ordem pública. [...] Os serviços da Comissão consideram a este respeito que, embora a proibição da entrada do navio *Borndiep* em águas portuguesas

tenha sido uma limitação à livre circulação, as autoridades portuguesas não impediram os seus passageiros ou tripulação de desembarcarem, nem outras pessoas de ter acesso ao navio. Esta medida parece ser adequada à realização do objectivo de impedir que sejam provocados abortos a bordo do navio *Borndiep*, em águas territoriais nacionais (comunicação da Comissão das Petições ao Membros do Parlamento Europeu, 28 de março de 2006, CM\612182PT.doc, PE 367.718v02-00/REV).

Com relação ao direito à liberdade de expressão e informação, a Comissão das Petições considerou que não houve violação do artigo 10.º, n.º 2, da CEDH, afirmando que

o exercício do direito à liberdade de expressão e informação pode ser submetido a certas formalidades, condições, restrições ou sanções, previstas pela lei, que constituam providências necessárias, numa sociedade democrática, para a segurança nacional, a integridade territorial ou a segurança pública, a defesa da ordem e a prevenção do crime, a protecção da saúde ou da moral (comunicação da Comissão das Petições ao Membros do Parlamento Europeu, 28 de março de 2006, CM\612182PT.doc, PE 367.718v02-00/REV).

3.1. A mobilização do TEDH: repor a justiça ou garantir a legalidade da ação transnacional das ONG?

Na mobilização do TEDH, as associações portuguesas Clube Safo e Não Te Prives juntaram-se à WOW, apresentando, a 18 de agosto de 2005 (quase um ano depois da carta da WOW à Comissão das Petições do Parlamento Europeu), uma queixa contra o Estado português (TEDH, 2009). Esta queixa, cuja tramitação será comentada adiante, resultou numa vitória para as ONG e foi importante por contribuir para a jurisprudência do TEDH.

Foram várias as motivações e os objetivos das ONG que decidiram encaminhar o caso para o TEDH. Para os/as ativistas portugueses/as tratava-se, sobretudo, de uma questão de repor a justiça, como ilustram os excertos das entrevistas que transcrevemos a seguir.

Porque é que decidimos ir para o Tribunal Europeu? Muito sinceramente, acho eu, por uma questão de sentimento de injustiça, e sentíamos que, apesar de sermos juridicamente analfabetos, entre aspas, não tínhamos claramente a sensação e a profunda convicção de que aquela decisão tinha sido política e não jurídica, ou seja, que o tribunal tinha sido, não se tinha regido ao escrupuloso cumprimento da lei mas tinha havido aqui motivações políticas por detrás da decisão. E [...] foi mesmo por acharmos que foi uma decisão injusta e infundada em termos jurídicos (Magda Alves, Não Te Prives, Coimbra, entrevista a 10 de outubro de 2009).

O Tribunal Europeu surgiu como uma hipótese a mais, a única hipótese possível para ainda assim conseguirmos, de facto, repor alguma justiça e contribuir para que o nosso projeto comum fosse reconhecido e não permanecesse, de alguma maneira, enxovalhado como foi aquilo que aconteceu (Fabíola Cardoso, Clube Safo, Santarém, entrevista a 20 de outubro de 2009).

Apesar da falta de conhecimento em relação ao TEDH, havia também uma visão de que o Tribunal Europeu seria mais progressista do que os tribunais nacionais. Nas palavras de Magda Alves, da associação Não Te Prives,

Também tínhamos a ideia de que o Tribunal Europeu era tido como mais progressista e por ter uma visão bem mais abrangente e mais aberta, entre aspas, das leis [...]. Também tínhamos ideia de que no Tribunal Europeu tínhamos mais hipóteses de ganhar (Magda Alves, Não te Prives, Coimbra, entrevista a 10 de outubro de 2009).

A WOW realçou, sobretudo, a necessidade de reverter uma decisão que poderia ser perigosa para a ação dos movimentos sociais, especialmente para a ação transnacional, como referimos acima. Ao contrário das ONG portuguesas, a WOW tinha já experiência prévia não só no uso dos tribunais holandeses como também do TEDH, embora a primeira queixa apresentada pela ONG não tivesse sido aceite. Portanto, não surpreende que, no caso da campanha em Portugal, a WOW tenha sido a principal impulsionadora da mobilização tanto dos tribunais nacionais como do TEDH. Os objetivos da WOW não se restringiam a repor a justiça para um caso concreto, mas antes criar precedentes para que a mobilização social, política e jurídica dos direitos humanos, em escala transnacional, continuasse a ocorrer dentro dos marcos da legalidade, na qual a WOW sustenta a legitimidade da sua ação. Com base no pressuposto de um pluralismo jurídico onde se cruzam ordens jurídicas nacionais e internacionais a regular os direitos humanos dos indivíduos e das ONG, o uso do TEDH apresentava-se, para a WOW, como uma luz no fim do túnel desde o início da mobilização judicial à escala nacional. Como nos referiu a advogada Paula Fernando, que representou as três ONG na queixa encaminhada para o TEDH, o objetivo da WOW de acionar o TEDH tornou-se percetível desde o início da mobilização dos tribunais nacionais. Nas palavras da advogada,

> percorremos este caminho, principalmente o recurso para o Supremo Tribunal Administrativo precisamente tendo como objetivo o recurso ao Tribunal Europeu dos Direitos Humanos. Este objetivo partiu essencialmente, enfim, pelo menos na minha perceção, da *Women on Waves*, que sempre teve uma posição bastante segura em relação a isto e que, em relação a esta questão, sempre teve uma posição em que seria necessário, através da atuação dos tribunais, forçar uma decisão no sentido de acolher as reivindicações que eram das associações em causa (Paula Fernando, advogada, Coimbra, entrevista a 20 de novembro de 2009).

3.2. *Os argumentos das partes*

A legitimidade processual ativa das ONG encontrou fundamento no art.º 34.º da CEDH. Na queixa que apresentaram junto do TEDH, as requerentes argumentaram que o Estado português, ao impedir a entrada do navio *Borndiep* em águas territoriais nacionais, violara os direitos das ONG à liberdade de expressão e de associação, expressos respetivamente nos artigos 10.º e 11.º da CEDH.

Artigo 10.º
(Liberdade de expressão)

1. Qualquer pessoa tem direito à liberdade de expressão. Este direito compreende a liberdade de opinião e a liberdade de receber ou de transmitir informações ou ideias sem que possa haver ingerência de quaisquer autoridades públicas e sem considerações de fronteiras. [...].
2. O exercício destas liberdades, porquanto implica deveres e responsabilidades, pode ser submetido a certas formalidades, condições, restrições ou sanções, previstas pela lei, que constituam providências necessárias, numa sociedade democrática, para a segurança nacional, a integridade territorial ou a segurança pública, a defesa da ordem e a prevenção do crime, a proteção da saúde ou da moral, a proteção da honra ou dos direitos de outrem, para impedir a divulgação de informações confidenciais, ou para garantir a autoridade e a imparcialidade do poder judicial (CEDH, 2010: 6-7).

Artigo 11.º
(Liberdade de reunião e de associação)

1. Qualquer pessoa tem direito à liberdade de reunião pacífica e à liberdade de associação, incluindo o direito de, com outrem, fundar e filiar-se em sindicatos para a defesa dos seus interesses.

2. O exercício deste direito só pode ser objeto de restrições que, sendo previstas na lei, constituírem disposições necessárias, numa sociedade democrática, para a segurança nacional, a segurança pública, a defesa da ordem e a prevenção do crime, a proteção da saúde ou da moral, ou a proteção dos direitos e das liberdades de terceiros. [...] (CEDH, 2010: 7).

Em síntese, as ONG requerentes argumentaram que não tinham a intenção de contrariar as leis portuguesas e que a medida do governo, impedindo a entrada do navio *Borndiep* no mar territorial português e colocando um navio de guerra ao lado daquele, foi inadequada e desproporcional. Esta medida constituiu uma

irreversível lesão que causa a determinados direitos, liberdades e garantias, das Requerentes, nomeadamente, ao direito à livre circulação, ao direito à reunião, ao direito à manifestação, ao direito a informar, ao direito a ser informado e à liberdade de expressão (Petição inicial, caso *Women on Waves e Outros c. Portugal* – TEDH, 2009).

Alegaram ainda que a medida do governo impediu as requerentes e seus membros

[...] de reunirem num local da sua escolha, o BORNDIEP, de se manifestarem através do meio que escolheram, a bordo do BORNDIEP, de informarem todos os cidadãos que assim o entendessem, através de todos os elementos informativos que se encontravam a bordo do BORNDIEP, de se informarem através de todos os elementos informativos que se encontravam a bordo do BORNDIEP (Petição inicial, caso *Women on Waves e Outros c. Portugal* – TEDH, 2009).

As ONG requereram a condenação do Estado português pela violação das disposições da CEDH e, em consequência, ao pagamento de uma indemnização.

O Estado português, então representado pelo agente português no TEDH, procurador adjunto João M. Miguel, refutou as alegações das requerentes, argumentando que a medida fora proporcional ao risco da prática criminosa do aborto e fora necessária para defender a saúde pública em Portugal.

Argumentou também que as ONG puderam exercer os direitos de circulação, reunião e liberdade de expressão, uma vez que a tripulação do navio *Borndiep* não foi proibida de entrar em Portugal e pôde desenvolver, no território português, as atividades programadas em favor da despenalização do aborto no país.

Na fase de negociação de um acordo, que sempre se apresenta como uma possibilidade na tramitação das queixas perante o TEDH, as requerentes não eram unânimes a respeito da realização de um acordo. Como nos relatou a advogada das requerentes,

> [...] a decisão de apresentar uma proposta de acordo não foi pacífica entre as associações, porque o que as associações pretendiam era precisamente uma decisão condenatória, não tinha nada a ver com o valor indemnizatório, tinha a ver, sim, com o reconhecimento da violação de direitos (Paula Fernando, advogada, Coimbra, entrevista a 20 de novembro de 2009).

As requerentes acabaram por enviar uma proposta de acordo ao Estado português, mas este nem sequer respondeu.

3.3. *A decisão do TEDH: que reconstrução dos direitos humanos?*

Em 3 de fevereiro de 2009, o TEDH decidiu sobre o mérito do caso em favor das requerentes. Embora tenha entendido legítimas as preocupações do Estado português com a prevenção da desordem e a proteção da saúde, o TEDH sublinhou que o pluralismo, a tolerância e a abertura perante ideias que ofendem, chocam e, mesmo, perturbam são pré-requisitos de uma sociedade democrática. Considerou que o direito à liberdade de expressão pressupõe a escolha quanto à *forma* como as ideias são transmitidas, sem que haja interferência não razoável por parte das autoridades, especialmente no caso de ações de protesto simbólicas. O TEDH entendeu que, neste caso, as restrições impostas pelas autoridades portuguesas afetou a substância das ideias e a informação que se pretendia transmitir. A escolha em realizar as atividades pretendidas no *Borndiep* era crucial para as associações envolvidas, tendo em conta, sobretudo, o modo de agir da WOW desde há vários anos noutros Estados europeus.

O TEDH considerou que não existiram provas suficientes que demonstrassem que a ação das associações iria atentar contra a lei do aborto em Portugal. Reiterou que o direito à liberdade de expressão não pode ser restringido no curso de uma ação pacífica, desde que a pessoa em causa não cometa qualquer

288 OS DIREITOS HUMANOS ENTRE MOBILIZAÇÕES SOCIAIS E JUDICIAIS

ato condenável. Defendeu, ainda, que se o objetivo era prevenir a desordem e proteger a saúde, as autoridades portuguesas deveriam ter recorrido a outros meios, menos restritivos dos direitos das requerentes, tal como vigiar os medicamentos a bordo. Considerou um ato radical e desproporcionado o recurso a navios de guerra. Concluiu, por unanimidade, que o artigo 10.º da CEDH tinha sido violado e condenou o Estado português a pagar uma indemnização por danos morais no valor de 2000 Euros a cada associação requerente (TEDH, 2009).

Esta decisão foi proferida depois do referendo realizado em Portugal, em 2007, que aprovou a despenalização da IVG e abriu o caminho para a alteração da lei até então em vigor.[7] Embora tardia e pouco noticiada nos meios de comunicação social em Portugal, a decisão do TEDH teve consequências a vários níveis. Em primeiro lugar, permitiu uma legitimação e credibilização da campanha que, para os/as ativistas, era fundamental. É interessante observar que, apesar dos efeitos práticos desta decisão no que respeita à legalidade de ações transnacionais de ONG como a WOW, as associações portuguesas destacaram o significado simbólico para «repor justiça» e «validar» o tipo de mobilização coletiva que desenvolveram em 2004.

> As associações Não Te Prives – Grupo de Defesa dos Direitos Sexuais, e Clube Safo congratulam-se com a recente decisão do Tribunal Europeu dos Direitos Humanos (TEDH) relativamente à Campanha 'Fazer Ondas'.
> [...]
> Para além dos efeitos práticos desta decisão, o seu importante significado simbólico vem **repor justiça** face aos eventos decorridos em 2004. Fica assim provada a validade de uma iniciativa que consistiu num expoente da mobilização cívica em Portugal e que mudou, indubitavelmente, a história da acção colectiva existente no nosso país até então e, mais especificamente, o rumo do activismo pró-escolha que culminou com a despenalização do aborto até às 10 semanas a pedido da mulher em 2007.
> Este é um dia de celebração da liberdade, da escolha e do activismo feminista em Portugal, hoje como em 2004. Estamos, portanto, todas e todos de parabéns. (Não Te Prives, 2009) .

---

[7] Para uma análise sociológica dos resultados e dos discursos dos diferentes atores envolvidos na campanha em torno do referendo de 2007, ver Boaventura de Sousa Santos *et al.* (2010: 150-181).

A legitimação do ativismo em Portugal acabou por ser mais valorizada do que a indemnização recebida, embora este aspeto da decisão também tenha sido salientado:

[...] não foi só pela situação em si mas foi também por termos uma perceção de que este poderá ser um caso significativo que abra portas a eventuais outras ações de associações relacionadas com questões dos direitos humanos, questões dos direitos das mulheres, questões dos direitos de gays e lésbicas. Portanto, por um lado, um sentimento de vitória por termos de facto conseguido a condenação do Estado português. Ainda, nós em Portugal não estamos muito habituados à questão das indemnizações, penso que foi também uma vitória acrescida no sentido em que houve uma retribuição económica, portanto, não houve só uma questão moral, mas houve de facto uma condenação económica, ainda que não muito significativa, mas bastante simbólica para a nossa realidade. E que de facto nos devolveu um sentido de que aquilo que tínhamos feito tinha sido correto e de que aquilo que o Estado português tinha feito não tinha sido correto, foi condenado e isso foi reconhecido (Fabíola Cardoso, Clube Safo, Santarém, entrevista a 20 de outubro de 2009).

Em segundo lugar, a decisão criou jurisprudência fundamental para o ativismo transnacional, preocupação enunciada por diversos/as ativistas, como vimos, em particular por Rebecca Gomperts da WOW. O art.º 10.º da CEDH foi discutido não apenas no que concerne ao seu conteúdo, mas também à *forma*, isto é, ao modo como as ONG e associações se podem manifestar.

Também os operadores do TEDH destacaram a importância do acórdão para a interpretação do art.º 10.º da CEDH no que se refere à forma da liberdade de expressão, como se pode observar nos excertos das entrevistas a seguir transcritos,

A importância do acórdão é a afirmação: a liberdade de expressão engloba o modo e a forma como se quer exprimir uma determinada ideia. Não tenho qualquer dúvida de que as duas organizações tiveram uma rara possibilidade de exprimir tudo aquilo que queriam dizer. Só que não o fizeram do modo como elas o queriam fazer, no fundo o modo como elas queriam transmitir a mensagem e esse modo de transmissão da mensagem, digamos, está incluído no direito à liberdade de expressão. Essa é, na minha maneira de ver, a grande ou a pequena novidade que o acórdão trouxe. Não basta nós dizermos: «elas puderam expressar-se, elas puderam exercer o seu direito à liberdade de expressão». Mesmo que isso aconteça, é preciso que elas se expressem do modo como entendiam que deviam fazê-lo. É essa a grande mensagem desse acórdão (Ireneu Cabral Barreto, juiz do TEDH, Estrasburgo, entrevista a 28 de maio de 2009).

É interessante porque, do ponto de vista jurídico, há um aspeto da jurisprudência do artigo 10.º que é interessante, que é não tanto a proteção das ideias enquanto tal, das ideias que se pretende exprimir mas também a proteção da maneira como se pretende exprimir essas ideias. Será essa um pouco a inovação do *Women on Waves*. Não é tanto a questão «eu quero, tenho esta ideia, quero exprimir esta ideia, quero fazer passar esta ideia, quero comunicar isto», não é só isto. Não é tanto isto, é também a maneira como eu quero comunicar isto. Portanto, que quero comunicar isto desta maneira porque se eu não conseguir comunicar isto desta maneira a minha mensagem não vai chegar em condições ideais ou não vai chegar em boas condições às pessoas que eu quero sensibilizar. Portanto, e é esse aspeto que é um bocadinho..., que é relativamente inovador na jurisprudência do Tribunal. Daí eu ter dito que é interessante (Abel Campos, jurista português no TEDH, Estrasburgo, entrevista a 28 de maio de 2009).

Podemos, pois, afirmar que a decisão do TEDH foi importante na clarificação e no reforço do direito à liberdade de expressão por parte de associações e ONG, não apenas no conteúdo dos direitos que querem reivindicar, mas também na *forma* de fazer essa reivindicação. Como consequência, ampliou o espectro de atuação da sociedade civil organizada, a nível nacional e transnacional, salvaguardando a sua ação, sempre que legítima, face aos desmandos dos Estados nacionais. A interpretação do direito à liberdade de expressão foi, sem dúvida, ampliada, ainda que não tenha havido uma reconstrução dos direitos humanos no sentido de reconhecer novos sujeitos de direitos. Na verdade, este caso de mobilização judicial coletiva deslocou o foco da luta social e política, centrada nos direitos das mulheres ao aborto, para uma luta em torno dos direitos humanos (à liberdade de expressão, circulação e reunião) das ONG.

Conclusões

Os processos de globalização têm potenciado o ativismo em rede para a defesa de direitos de terceiros, de causas e de princípios norteadores dos direitos humanos (Keck e Sikkink, 1998). A mobilização «contra-hegemónica do direito» também tem sido globalizada nas últimas décadas (Santos, B.S. e Rodriguez--Garavito, 2005). Vários estudos de caso, em diferentes contextos, mostram como os tribunais nacionais e internacionais passaram a ser acionados pelas ONG

em defesa dos direitos humanos numa escala de mobilização social e jurídico-
-política que vai além das fronteiras do Estado-nação (Rodríguez-Garavito e
Arena, 2005; Dale, 2007; Santos, C.M., 2007; Hodson, 2009). Ao mobilizar os
sistemas internacionais de direitos humanos, as ONG têm a possibilidade de
repolitizar o direito e relegalizar a política (Santos, C.M., 2007). O caso *Women
on Waves e Outros c. Portugal* é paradigmático da mobilização judicial por parte
das ONG e dos movimentos sociais que, crescentemente, articulam diferentes
escalas da justiça na sua ação social e política.

Mas ao contrário do padrão de atuação das ONG na defesa transnacional dos
direitos de terceiros, o caso *Women on Waves e Outros c. Portugal* apresenta uma
especificidade interessante. No decorrer da campanha «Fazer Ondas», as ONG
passaram da posição de «defensoras dos direitos das mulheres» à situação de
«vítimas» de «violação dos direitos humanos das ONG». Ao ser bloqueada pelo
governo português, a campanha teve de tomar novos rumos. Nesse contexto,
o objeto e o cenário de luta da WOW e das ONG portuguesas tiveram de ser
repensados, elegendo-se a mobilização judicial como a melhor estratégia de
luta em resposta à violação. Nos mares da justiça – às escalas nacional e transnacional – as ONG que mobilizaram os tribunais tiveram de demandar os seus
próprios direitos humanos, não os direitos humanos das mulheres portuguesas.

A análise deste caso mostra, portanto, que, no percurso da mobilização
judicial desde os tribunais nacionais até ao sistema europeu de proteção dos
direitos humanos, o enfoque da mobilização social e política transformou-se. Mas
essa transformação não foi pacífica entre as protagonistas da campanha «Fazer
Ondas». Os interesses das ONG em causa eram divergentes quanto à defesa dos
direitos humanos das próprias ONG. Na perspetiva da WOW, principal ONG
que idealizou e promoveu a campanha, a legitimidade e a legalidade da ação
transnacional das ONG tornou-se o principal problema, fundamental para a
própria continuidade não apenas da campanha em Portugal como de futuras
campanhas em outros países. A mobilização dos tribunais nacionais, tendo como
luz no fim do túnel a mobilização do TEDH, passou a ser a estratégia de luta da
WOW para garantir os direitos humanos das ONG. As ONG portuguesas que se
opuseram à continuidade da mobilização judicial desconfiavam dos interesses
da sua aliada internacional, como se a luta pelos direitos humanos das ONG
significasse um abandono ou uma perda da luta pela despenalização do aborto
e pelos direitos das mulheres. As ONG portuguesas que prosseguiram na mobilização judicial à escala transnacional não pareciam fazê-lo pelas mesmas razões
que impulsionaram a atuação da WOW. A reposição da justiça e a legitimidade

da campanha eram os seus principais objetivos na mobilização do TEDH. Se considerarmos que a ação coletiva é fundamental para a conquista dos direitos individuais, parece-nos que os dois enfoques são complementares. E, neste caso, a campanha «Fazer Ondas» também beneficiaria da luta pela liberdade de expressão das ONG.

A decisão do TEDH teve, de facto, um importante efeito simbólico de legitimação da campanha «Fazer Ondas», ainda que a decisão tenha sido proferida vários anos após o fim da campanha. A ação da WOW, ao pautar-se pelos limites das leis nacionais, articulando-as com as normas internacionais, permitiu, por um lado, mostrar que Portugal se encontrava numa posição política isolada no que se referia ao enquadramento jurídico normativo do direito ao aborto; por outro, que a ação transnacional da WOW era legítima e protegida por direitos consagrados na CEDH.

A mobilização do TEDH teve ainda um outro efeito considerável. Como observa Smart, «[i]ndependentemente da sua (in)eficácia na proteção de certas garantias, a verdade é que há poucas dúvidas de que a redução de direitos é equacionada como uma perda de poder ou proteção» (Smart, 1989: 143). Para esta autora os instrumentos políticos e legais conferidos pelo direito tornam-se mais visíveis quando os direitos são violados. Esta acabou por ser a situação com a qual as ONG envolvidas na campanha «Fazer Ondas» se confrontaram: a violação da sua liberdade de expressão. Nesta medida foi, pois, fundamental, no nosso entender, a jurisprudência criada sobre a liberdade de expressão, não apenas quanto ao seu conteúdo, mas também no que diz respeito à forma como esse direito é exercido. E a garantia desta liberdade foi tão importante quanto a luta pela despenalização do aborto.

Saliente-se por fim o caráter inovador e inédito deste caso de mobilização coletiva e de iniciativa das ONG junto do TEDH no contexto português. De acordo com os dados recolhidos para o projeto de investigação em que se baseia este capítulo, não identificámos, no período de análise das decisões do TEDH sobre queixas contra o Estado português (1997-2007), qualquer outro caso que envolvesse a participação das ONG ou associações civis nacionais ou estrangeiras, seja na qualidade de requerentes, rés ou assistentes das partes. De facto, do ponto de vista político, a mobilização transnacional do direito no caso *Women on Waves e Outros c. Portugal* fortaleceu as ONG portuguesas e ampliou os seus conhecimentos dos direitos humanos, uma vez que foi a primeira vez que estas mobilizaram os tribunais nacionais e o TEDH. Resta saber se novas mobilizações judiciais coletivas serão levadas a cabo por essas e outras ONG. Caberia, aliás, indagar se este caso teria sido encaminhado para o TEDH se a campanha «Fazer Ondas» não tivesse contado com a participação da ONG holandesa, cuja experiência prévia nos mares da justiça transnacional foi fundamental para a mobilização judicial do TEDH no contesxto português.

Referências bibliográficas

Brito, Wladimir (2005), "Caso Women on Waves e o seu navio Borndiep. Intimação para protecção de direitos, liberdades e garantias", *Revista do Ministério Público*, 104, 117-210.

CEDH (2010), *Convenção para a proteção dos Direitos do Homem e das Liberdades Fundamentais – com as modificações introduzidas pelos Protocolos n.ᵒˢ 11 e 14 – acompanhada do Protocolo adicional e dos Protocolos n.ᵒˢ 4, 6, 7 e 13* [disponível em: <http://www.echr.coe.int/NR/rdonlyres/7510566B-AE54-44B9-A163-912EF12B8BA4/0/POR_CONV.pdf>].

Cichowski, Rachel A. (2007), *The European Court and civil society: Litigation, mobilization and governance*. Cambridge, UK: Cambridge University Press.

Dale, John (2007), "Transnational legal conflict between peasants and corporations in Burma: human rights and discursive ambivalence under the US Alien Tort Claims Act", *in* M. Goodale e S. E. Merry (orgs.), *The practice of human rights: Tracking law between the global and the local*. Cambridge, UK: Cambridge University Press.

Duarte, Madalena (2007), "Entre o radicalismo e a contenção: O papel do direito na campanha Women on Waves em Portugal", *Oficina do CES*, 279 [disponível em: <http://www.ces.uc.pt/publicacoes/oficina/index.php?id=2470>].

Duarte, Madalena (2011), *Movimentos na Justiça. O direito e o movimento ambientalista em Portugal*. Série Direito e Sociedade. Coimbra: CES/Almedina.

Hanashiro, Olaya Sílvia Machado (2001), *O sistema interamericano de proteção aos direitos humanos*. São Paulo: Editora da Universidade de São Paulo/Fapesp.

Hodson, Loveday (2009), "States of Impunity: The Role of NGOs in Addressing Gross and Systematic Violations of the European Convention on Human Rights", comunicação apresentada no Centro de Estudos Sociais da Universidade de Coimbra, 30 de junho.

Keck, Margaret E. e Sikkink, Kathryn (1998), *Activists beyond borders: Advocacy networks in international politics*. Ithaca, NY/London: Cornell University Press.

Não Te Prives e Clube Safo (2009, 4 de fevereiro), Comunicado de imprensa "Campanha 'Fazer Ondas' – Tribunal Europeu dos Direitos Humanos dá razão a associações feministas portuguesas" [disponível em: <http://naoteprives.blogspot.pt/2009/02/campanha-fazer-ondas-tribunal-europeu.html>].

Rodríguez-Garavito, César A. e Arena, Luis Carlos (2005), "Indigenous rights, transnational activism, and legal mobilization: the struggle of the U'wa people in Colombia", *in* Boaventura de Sousa Santos e César A. Rodríguez-Garavito (orgs.), *Law and globalization from below: Towards a cosmopolitan legality*. Cambridge, UK: Cambridge University Press, pp. 241-266.

Santos, Boaventura de Sousa e Rodríguez-Garavito, César A. (orgs.) (2005), *Law and globalization from below: Towards a cosmopolitan legality*. Cambridge, UK: Cambridge University Press.

Santos, Boaventura de Sousa; Santos, Ana Cristina; Duarte, Madalena; Barradas, Carlos; Alves, Magda (2010), *Cometi um crime? Representações sobre a (i)legalidade do aborto.* Porto: Afrontamento.

Santos, Cecília MacDowell (2007), "Ativismo jurídico transnacional e o Estado: reflexões sobre os casos apresentados contra o Brasil na Corte Interamericana de Dreitos Humanos", *Sur – Revista Internacional de Direitos Humanos*, 7, 29-59 [disponível em: <http://www.surjournal.org/index7.php>.

Santos, Cecília MacDowell; Santos, Ana Cristina; Duarte, Madalena; Lima, Teresa M. (2010), *Reconstruindo Direitos Humanos pelo Uso Transnacional do Direito? Portugal e o Tribunal Europeu de Direitos Humanos.* Relatório final de projeto, financiado pela Fundação para a Ciência e a Tecnologia (FCOMP-01-0124-FEDER-007551). Coimbra: Centro de Estudos Sociais da Universidade de Coimbra.

Smart, Carol (1989), *Feminism and the power of law.* London: Routledge.

STA – Supremo Tribiual Administrativo (2005), "Acórdão de 16 de Fevereiro de 2005", 1.ª Secção, Proc. N.º 0172/05 [disponível em: <http://www.dgsi.pt/jsta.nsf/35fbbbf22e1 bb1e680256f8e003ea931/2cdeeeffcc47967880256fb0004d65ef?OpenDocument&Exp andSection=1#_Section1>].

TAFC – Tribunal Administrativo e Fiscal de Coimbra (2004), Processo n.º 496/04.1.1BECBR.

TCAN – Tribunal Central Administrativo Norte (2004), "Acórdão de 16 de Dezembro de 2004", 1.ª Secção, Proc. N.º 00496/04.1BECBR [disponível em: <http://www.dgsi.pt/jtcn.nsf/a10cb5082dc606f9802565f600569da6/83c4b6f4a58578b580256f7100592cea?OpenDocument>].

TEDH – Tribunal Europeu dos Direitos Humanos (2009), *Women on Waves e Outros c. Portugal*, queixa n.º 31276/05, acórdão de 3 de fevereiro de 2009 [tradução disponível em: <http://direitoshumanos.gddc.pt/acordaos/AFFAIRE_WOMEN_ON_WAVES_ET_AUTRES_c.pdf>].

UMAR – União de Mulheres Alternativa e Resposta (1999), *Aborto – decisão da mulher. História do movimento pelo aborto e contracepção em Portugal.* Lisboa: UMAR – União de Mulheres Alternativa e Resposta.

NOTA SOBRE OS AUTORES

Ana Cristina Santos – Investigadora no Centro de Estudos Sociais, Universidade de Coimbra, e Honorary Research Fellow no Birkbeck Institute for Social Research, Universidade de Londres. O seu próximo livro será *Sexual Citizenship and Social Movements in Southern Europe* (Palgrave Macmillan, 2012). Publicações recentes incluem *Cometi um Crime? Representações sobre a (I)Legalidade do Aborto* (Afrontamento, 2010, coautora), *Bound and Unbound: Interdisciplinary Approaches to Genders and Sexualities* (Cambridge Scholars Publishing, 2008, coorganizadora) e *A Lei do Desejo: Direitos Humanos e Minorias Sexuais em Portugal* (Afrontamento, 2005). Endereço eletrónico: acsantos1975@yahoo.com

Cecília MacDowell dos Santos (Org.) – Professora Associada de Sociologia na Universidade de São Francisco (Califórnia, EUA) e Investigadora no Centro de Estudos Sociais, Universidade de Coimbra. De entre as suas publicações, destacam-se os livros: *Repressão e Memória Política no Contexto Ibero-Brasileiro: Estudos sobre Brasil, Guatemala, Moçambique, Peru e Portugal* (Ministério da Justiça do Brasil, 2010, coorganizadora), *Desarquivando a Ditadura: Memória e Justiça no Brasil* (Hucitec, 2009, coorganizadora) e *Women's Police Stations: Gender, Violence, and Justice in São Paulo, Brazil* (Palgrave Macmillan, 2005). Endereços eletrónicos: santos@usfca.edu e cecilia@ces.uc.pt

Ireneu Cabral Barreto – Ex-Juiz do Tribunal Europeu dos Direitos Humanos. Autor de *A Convenção Europeia dos Direitos do Homem Anotada*, 4.ª edição revista e atualizada (Wolters Kluwer e Coimbra Editora, 2010). Endereço eletrónico: ireneu_barreto@hotmail.com

Jayme Benvenuto – Professor Adjunto da Universidade Federal da Integração Latino-Americana, vinculado ao curso de Relações Internacionais e Integração. Autor de *Justiciabilidade Internacional dos Direitos Humanos: Os Casos*

Mayagna Awas Tingni contra Nicaragua e Lustig-Prean e Beckett contra o Reino Unido (Recife, Edição do Autor, 2009). Organizou diversos livros sobre direitos humanos, nomeadamente *Direitos Humanos Econômicos, Sociais e Culturais* (Recife, Bagaço/Plataforma Interamericana de Direitos Humanos, Democracia e Desenvolvimento, 2004). Endereço eletrónico: benvenutolima@uol.com.br

Loveday Hodson – Professora de Direito na Universidade de Leicester, Reino Unido. Autora de *NGOs and the Struggle for Human Rights in Europe* (Hart Publishing, 2011). Endereço eletrónico: lch8@le.ac.uk

Madalena Duarte – Investigadora no Centro de Estudos Sociais, Universidade de Coimbra, e Doutoranda em Sociologia na Faculdade de Economia da Universidade de Coimbra. Publicações recentes incluem *Movimentos na Justiça – O Direito e o Movimento Ambientalista em Portugal* (Edições Almedina, 2011), *Cometi um Crime? Representações sobre a (I)Legalidade do Aborto* (Afrontamento, 2010, coautora) e *Tráfico de Mulheres em Portugal para Fins de Exploração Sexual* (CIG – Comissão para a Igualdade de Género, 2008, coautora). Endereço eletrónico: madalena@ces.uc.pt

Mikael Rask Madsen – Professor de Direito e Integração Europeia e Diretor do Centro de Estudos de Cultura Jurídica da Faculdade de Direito da Universidade de Copenhaga, Dinamarca. De entre os seus livros publicados recentemente sobre o Tribunal Europeu dos Direitos Humanos, destacam-se *The European Court of Human Rights between Law and Politics* (Oxford University Press, 2011, coorganizador) e *La Genèse de l'Europe des Droits de l'Homme: Enjeux Juridiques et Stratégies d'Etat (France, Grande-Bretagne et pays scandinaves, 1945-1970)* (Presses Universitaires de Strasbourg, 2010). Endereço eletrónico: mikael.madsen@jur.ku.dk

Rodrigo Deodato de Souza Silva – Assessor Jurídico em Direitos Humanos Internacionais do Gabinete de Assessoria Jurídica às Organizações Populares – GAJOP – e Mestrando em Direito pela Universidade Católica de Pernambuco, Brasil. Autor do capítulo "Direitos Humanos Internacionais e Legislação Brasileira", publicado no livro *Resistência à Violência: Construção Social da Juventude como Sujeito de Direitos*, organizado por C. D. G. Rique, J. C. de Carvalho e K. R. S. da Silva (Bagaço, 2011, v. 5, pp. 41-45). Endereço eletrónico: deorodrigo@gmail.com

Teresa Maneca Lima – Investigadora no Centro de Estudos Sociais, Universidade de Coimbra, e Doutoranda no Programa de Direito, Cidadania e Justiça do Século XXI da Faculdade de Economia, Faculdade de Direito e do Centro de Estudos Sociais, Universidade de Coimbra. Artigos publicados recentemente em revistas jurídicas portuguesas incluem "Transformações do Ministério Público em Portugal: de ator institucional a ator social?" (*Revista do Conselho Nacional do Ministério Público*, 1 (2011), 43-80, coautora) e "Portugal e o Tribunal Europeu dos Direitos Humanos: Reflexões sobre a Literatura Jurídica" (*Revista do Ministério Público*, 117 (2009), 127-158, coautora). Endereço eletrónico: tmaneca@ces.uc.pt